技術士 第二次試験

「建設部門」難関突破のための受験万全対策

森 浩光 著

日刊工業新聞社

はじめに

本書を手に取っていただき、ありがとうございます。

本書は、技術士第二次試験「建設部門」に初めて挑戦される方、また何度か挑戦するも、なかなか合格にたどりつけない方のために、この1冊をしっかり学ぶことによって、技術士第二次試験を体系的に理解し、着実に合格していただくことを目指し執筆しました。

技術士第二次試験（建設部門）の合格率は10％前後という難関試験です。その難関突破のための対策として、試験制度や出題傾向、技術士に求められる8つの資質能力（コンピテンシー）を正確に理解することが重要です。それらの理解ができていなければ正確なアウトプットもできません。

そこで本書では、

・技術士第二次試験（建設部門）について、俯瞰的かつ体系的な理解ができるように解説しています。

・筆記試験の添削解答例、口頭試験再現メモなども豊富に記載し、試験に対応できる考え方を伝えています（建設部門11科目のうち、6科目の添削解答例、5科目の口頭試験再現メモを掲載）。

・今までの指導経験から勉強すべきポイントを絞って、階段を一段ずつ着実に上がる形で合格に近づくように構成しています。

著者はこれまで10年間、延べ400名を超える受験者への受験指導を行ってまいりました。最短で合格するためには、正しい勉強法を知る必要があります。多くの受験指導の経験で得た学習法の工夫も併せてお伝えすることで、皆様の合格にお役に立てればと願っています。

2023年1月　　　　森　浩光

本書の3大特長

①技術士に求められている資質能力（コンピテンシー）の本質的・体系的な理解が進む

②筆記試験の丁寧な解答ステップ、豊富な添削例

③出願から口頭試験まで、すべてを網羅した内容

本書の使い方

まずは、「第1章　技術士第二次試験（建設部門）に着実に合格するために」を読んで、「技術士第二次試験の全体像」や「技術士に求められる資質能力（コンピテンシー）」を正しく把握してください。

そのうえで、「第2章　出願の留意点」を読んで、技術士としての必要要件を把握し、出願に臨んでください。出願は、筆記試験と口頭試験にも直結しますので、時間をじっくりかけましょう。

出願が終わったら、筆記試験に向けてのスタートです。「第3章　筆記試験対策」を読んで、問題の分析方法や解答のプロセスを掴んでください。実際にA評価（60%以上）を得た実例（再現論文）を示し、A評価を得ることができたポイント等を解説していますので、ご自身の論文と比較してみると良いでしょう。また、「第4章　論文解答例〈添削セミナー方式〉」も参考にしてください。実例をもとに添削前と添削後を比較することで、A評価を得るためのポイントを理解できることでしょう。

筆記試験が終わりましたら、「第5章　口頭試験対策」を読み、早めかつ十分な口頭試験対策を進めてください。

1年間におよぶ受験対策と時期ごとの本書の活用について、「図表　受験スケジュールと本書の使い方の手順例」も確認してください。

本書を読み進めながら時折、第1章に立ち戻って再確認することをお勧めします。

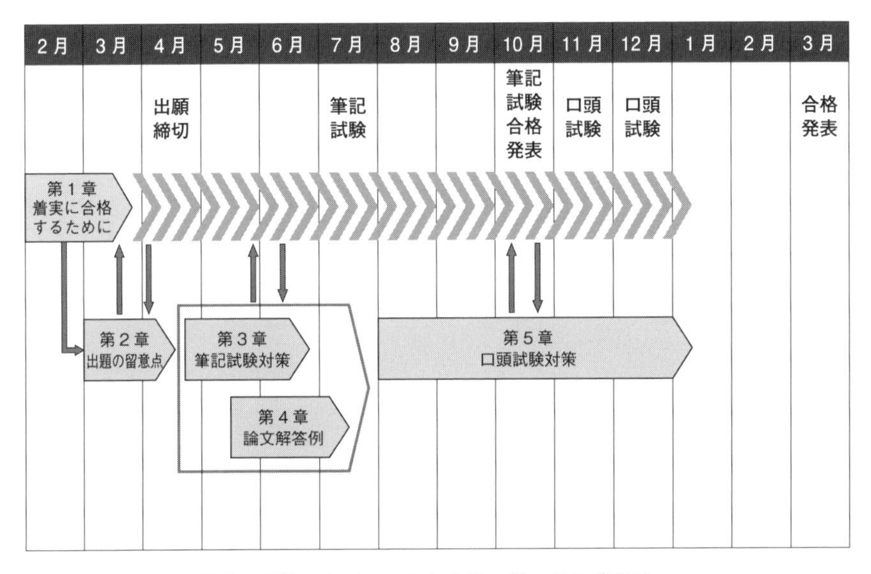

図表　受験スケジュールと本書の使い方の手順例

目　次

第1章

技術士第二次試験（建設部門）に着実に合格するために

1.1　技術士とは？

技術士制度は、「科学技術に関する技術的専門知識と高等の専門的応用能力及び豊富な実務経験を有し、公益を確保するため、高い技術者倫理を備えた、優れた技術者の育成」を図るための国による技術者の資格認定制度（技術士法に基づく制度）です。

技術士は、機械部門から総合技術監理部門まで21の技術部門ごとに行われる技術士第二次試験に合格し、登録した人だけに与えられる名称独占の資格です。

この資格を取得した者は、科学技術に関する高度な知識と専門的応用能力及び高い技術者倫理を備えていることを国によって認定されたことになります。したがって、科学技術の応用面に携わる技術者にとって最も権威のある国家資格とされているのが技術士です。

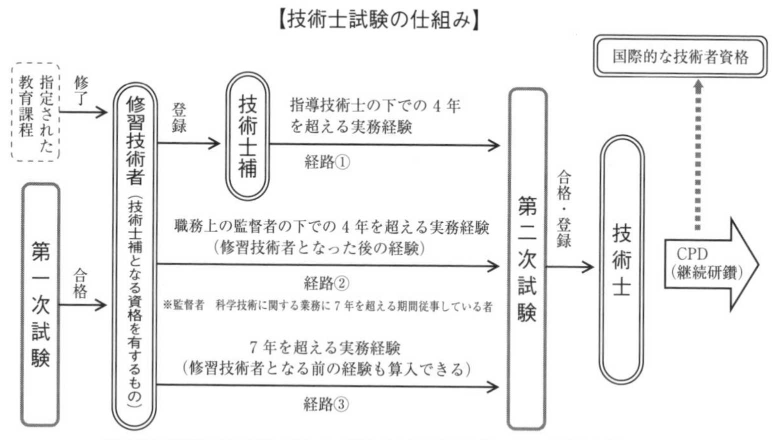

出典：令和４年度　技術士第二次試験受験申込み案内
（日本技術士会　技術士試験センター）

図表1.1　技術士試験の仕組み

また、技術士法第一条、第二条において、技術士法の目的と技術士の定義が明記されています。

技術士法は、1957年5月20日に制定されています。技術士等の資格を定め、その業務の適正を図り、もって科学技術の向上と国民経済の発展に資することを目的としています。

（目的）
第一条　この法律は、技術士等の資格を定め、その業務の適正を図り、もって科学技術の向上と国民経済の発展に資することを目的とする。

（定義）
第二条　この法律において「技術士」とは、第三十二条第一項の登録を受け、技術士の名称を用いて、科学技術（人文科学のみに係るものを除く。以下同じ。）に関する高等の専門的応用能力を必要とする事項についての計画、研究、設計、分析、試験、評価又はこれらに関する指導の業務（他の法律においてその業務を行うことが制限されている業務を除く。）を行う者をいう。

1.2　技術士はなぜ必要か？（一考察）

技術士はなぜ必要だと思いますか？

受験するにあたり、少し立ち止まって考えていただきたいと思います。

この問いは、口頭試験でも試問されることがあります。技術士がいなければ、どんな問題が生じるのか？　を考えてみるとわかりやすいかも知れません。

例えば、科学技術に関する問題解決を行いたい人・企業（以下、クライアントと呼びます）がいるとします。このクライアントは科学技術に関する知識を

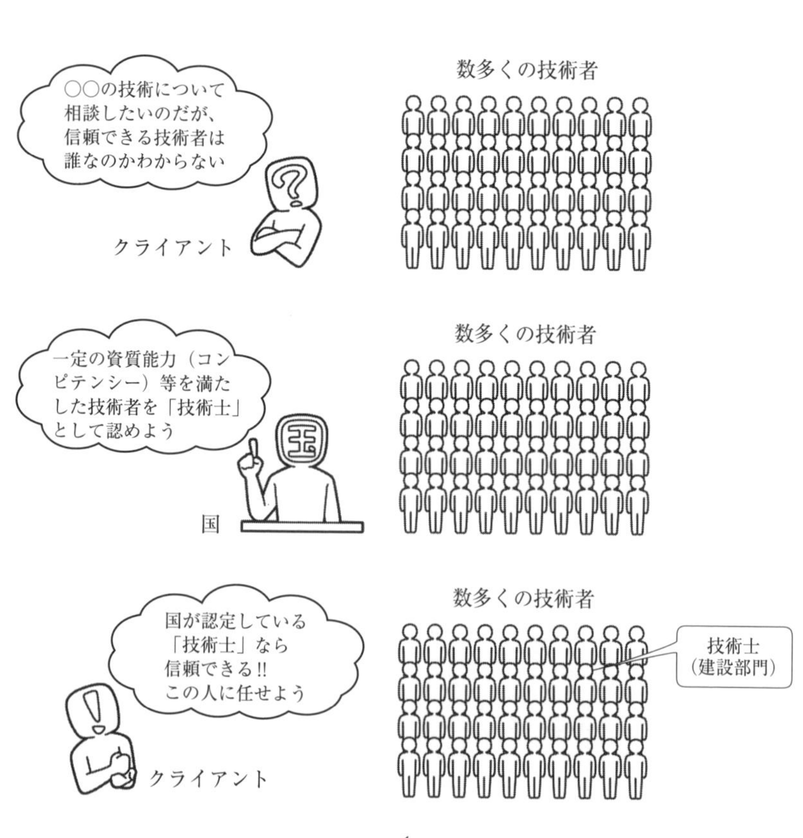

持ち合わせていないため、信頼できる技術者を見つけて、この問題解決を一刻も早く実施したいと思っています。しかし、たくさんの技術者と会うことができても、どの技術者を信頼して良いのかわかりません。

もし、国が認めた技術者＝技術士がいて、その技術者が技術士の名称表示をしていれば、クライアントは関連部門の技術士に仕事を依頼することができ、ひいては科学技術の向上及び国民経済の発展につながることになります。

技術士第二次試験に挑戦するにあたり、皆さんの業務が「科学技術の向上と国民経済の発展」にどのように寄与しているか？（技術士法第一条）、建設部門においてどのような業務を行ってきているのか？（同第二条）を再確認してみましょう。これらを十分に念頭に置きながら、出願→筆記試験→口頭試験に臨んでいただければと思います。

1. 3　試験概要

1. 3. 1　試験方法及び合格基準

2019年度（平成31年度・令和元年度）に総合技術監理部門以外の20部門（以下、「一般部門」といいます。）の第二次試験においては試験方法が変更されました。

試験方法及び合格基準は図表1. 2のとおりです。

図表1. 2　試験方法及び合格基準

<table>
<tr><th colspan="2">試験の種類</th><th>概念／評価項目（資質能力（コンピテンシー））</th><th>解答／試問時間等</th><th>配点</th><th>合格基準</th></tr>
<tr><td rowspan="4">筆記試験</td><td>I
必須科目</td><td>専門知識、応用能力、問題解決能力及び課題遂行能力／専門的学識、コミュニケーション、問題解決、評価、技術者倫理</td><td>２時間</td><td>40点</td><td>60%以上の得点</td></tr>
<tr><td>II−1
選択科目</td><td>専門知識／専門的学識、コミュニケーション</td><td rowspan="3">３時間30分</td><td rowspan="2">30点</td><td rowspan="3">60%以上の得点</td></tr>
<tr><td>II−2
選択科目</td><td>応用能力／専門的学識、コミュニケーション、マネジメント、リーダーシップ</td></tr>
<tr><td>III
選択科目</td><td>問題解決能力及び課題遂行能力／専門的学識、コミュニケーション、問題解決、評価</td><td>30点</td></tr>
<tr><td colspan="2">口頭試験</td><td>I技術士としての実務能力
①コミュニケーション、リーダーシップ
②マネジメント
II技術士としての適格性
①技術者倫理
②継続研さん</td><td>20分
（10分程度の延長有）</td><td>I
60点
II
40点</td><td>60%以上の得点</td></tr>
</table>

出典：令和４年度　技術士第二次試験受験申込み案内
（日本技術士会　技術士試験センター）

2019年度以降、一般部門において、筆記試験及び口頭試験の出題形式が概ね一元化・統一化され、技術士に求められる8つの資質能力（コンピテンシー）が評価基準となりました（※資質能力（コンピテンシー）については後述します）。

これにより、従来と比べて、的を絞った学習・準備がしやすくなったといえます。一方で、近年の合格率は若干低下傾向にあり、試験の「傾向と対策」をしっかりとつかんで、良い準備をしていくことが重要といえます。

I 必須科目

「技術部門」全般にわたる専門知識、応用能力、問題解決能力及び課題遂行能力に関するもの

記述式　600字×3枚［40点］【2問出題1問選択解答】

概　念	専門知識 専門の技術分野の業務に必要で幅広く適用される原理等に関わる汎用的な専門知識
	応用能力 これまでに習得した知識や経験に基づき、与えられた条件に合わせて、問題や課題を正しく認識し、必要な分析を行い、業務遂行手順や業務上留意すべき点、工夫を要する点等について説明できる能力
	問題解決能力及び課題遂行能力 社会的なニーズや技術の進歩に伴い、社会や技術における様々な状況から、複合的な問題や課題を把握し、社会的利益や技術的優位性などの多様な視点からの調査・分析を経て、問題解決のための課題とその遂行について論理的かつ合理的に説明できる能力
出題内容	現代社会が抱えている様々な問題について、「技術部門」全般に関わる基礎的なエンジニアリング問題としての観点から、多面的に課題を抽出して、その解決方法を提示し遂行していくための提案を問う。
評価項目	技術士に求められる資質能力（コンピテンシー）のうち、専門的学識、問題解決、評価、技術者倫理、コミュニケーションの各項目

出典：令和4年度技術士第二次試験受験申込み案内
（日本技術士会　技術士試験センター）

参考1　筆記試験の概要

Ⅱ　選択科目

1.「選択科目」についての専門知識に関するもの

記述式　600字×1枚［10点］【4問出題1問選択解答】

概　念	「選択科目」における専門の技術分野の業務に必要で幅広く適用される原理等に関わる汎用的な専門知識
出題内容	「選択科目」における重要なキーワードや新技術等に対する専門知識を問う。
評価項目	技術士に求められる資質能力（コンピテンシー）のうち、専門的学識、コミュニケーションの各項目

2.「選択科目」についての応用能力に関するもの

記述式　600字×2枚［20点］【2問出題1問選択解答】

概　念	これまでに習得した知識や経験に基づき、与えられた条件に合わせて、問題や課題を正しく認識し、必要な分析を行い、業務遂行手順や業務上留意すべき点、工夫を要する点等について説明できる能力
出題内容	「選択科目」に関係する業務に関し、与えられた条件に合わせて、専門知識や実務経験に基づいて業務遂行手順が説明でき、業務上で留意すべき点や工夫を要する点等についての認識があるかどうかを問う。
評価項目	技術士に求められる資質能力（コンピテンシー）のうち、専門的学識、マネジメント、コミュニケーション、リーダーシップの各項目

Ⅲ　選択科目

「選択科目」についての問題解決能力及び課題遂行能力に関するもの

記述式　600字×3枚［30点］【2問出題1問選択解答】

概　念	社会的なニーズや技術の進歩に伴い、社会や技術における様々な状況から、複合的な問題や課題を把握し、社会的利益や技術的優位性などの多様な視点からの調査・分析を経て、問題解決のための課題とその遂行について論理的かつ合理的に説明できる能力
出題内容	社会的なニーズや技術の進歩に伴う様々な状況において生じているエンジニアリング問題を対象として、「選択科目」に関わる観点から課題の抽出を行い、多様な視点からの分析によって問題解決のための手法を提示して、その遂行方策について提示できるかを問う。
評価項目	技術士に求められる資質能力（コンピテンシー）のうち、専門的学識、問題解決、評価、コミュニケーションの各項目

出典：令和4年度技術士第二次試験受験申込み案内（日本技術士会　技術士試験センター）

参考1　筆記試験の概要（つづき）

試問事項［配点］	試問時間
Ⅰ　技術士としての実務能力 ①　コミュニケーション、リーダーシップ　［30点］ ②　評価、マネジメント　［30点］	20分 （10分程度延長の場合もあり）
Ⅱ　技術士としての適格性 ③　技術者倫理　［20点］ ④　継続研さん　［20点］	

出典：令和4年度技術士第二次試験受験申込み案内（日本技術士会　技術士試験センター）

参考2　口頭試験の概要

1.3.2　スケジュール

受験申込書提出から合格者発表までの概略スケジュールを図表1.3に示します。受験年度によって若干異なることがありますので、受験年度の「技術士第二次試験受験申込み案内」を確認して、1年間の行動計画を立てると良いでしょう。

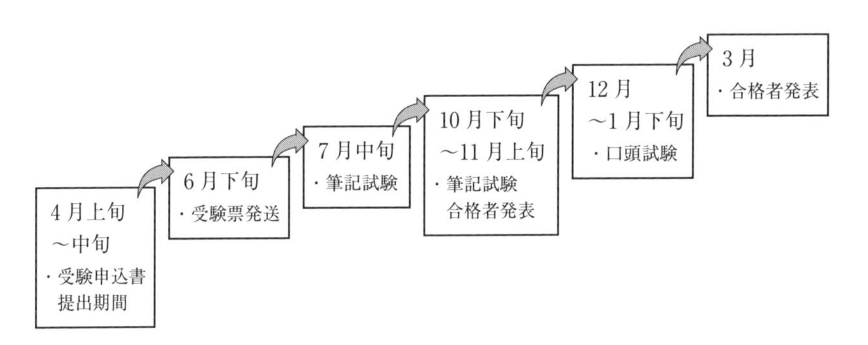

図表1.3　技術士第二次試験　想定スケジュール

1.3.3　受験資格

技術士第二次試験　建設部門（一般部門）の受験資格は、図表1．4にある(1) 技術士補となる資格、及び (2) 下記経路①～③のうち、いずれかの業務経歴を有していることです。

受験資格の要件は、下記の2つです。

(1) 技術士補となる資格

技術士第一次試験合格者、または指定された教育課程（技術士第一次試験の合格と同等であると文部科学大臣が指定したもの）の修了者。

(2) 下記経路①～③のうち、いずれかの業務経歴を有していること

経路①　技術士補の登録日以降、技術士補として4年を超える期間指導技術士を補助。

経路②　技術士補となる資格を有した日※1以降、監督者※3の下で、②科学技術に関する業務※2について、4年を超え期間従事している（技術士補登録は不要）。

経路③　科学技術に関する業務※2について、7年を超える期間従事している（技術士補登録は不要〕。また、技術士補となる資格を有した日※1以前の期間も算入できる。また技術士第二次試験合格者は7年を超える期間となる。

④　経路①～③のすべての期間に国内の大学院における研究経歴の期間（上限2年）を減じることができる。

（1）技術士補となる資格〔次のうちいずれか〕を有していること

＊ 技術士第一次試験に合格
＊ 指定された教育課程☆を修了
☆ 技術士第一次試験の合格と同等であると文部科学大臣が指定したもの

（2）下記経路①～③のうち、いずれかの業務経歴を有していること

【A】総合技術監理部門を除く技術部門を受験する場合
【B】総合技術監理部門を受験する場合

経路① 技術士補の登録日以降、技術士補として、次の期間指導技術士を補助している。
【A】４年を超える期間　　　【B】７年を超える期間

経路② 技術士補となる資格を有した日※1以降、監督者※3の下で、
科学技術に関する業務※2について、次の期間従事している。〔技術士補登録は不要〕
【A】４年を超える期間　　　【B】７年を超える期間

経路③ 科学技術に関する業務※2について、次の期間従事している。〔技術士補登録は不要〕
⇒ ③は、技術士補となる資格を有した日※1以前の期間も算入できる。
また、指導者や監督者の有無・要件を問わない。
【A】７年を超える期間　　　【B】１０年を超える期間
〔【B】の場合、技術士第二次試験合格者は、７年を超える期間〕

経路①～③のすべての期間に学校教育法による大学院における研究経歴の期間（上限２年）を減じることができます。
また、経路①と経路②の業務経歴は、相互に合算することができます。

※1 「技術士第一次試験の合格日」又は「指定された教育課程の修了日」
※2 科学技術（人文科学のみに係るものを除く。）に関する専門的応用能力を必要とする事項についての計画、研究、設計、分析、試験、評価（補助的業務を除く。）又はこれらに関する指導の業務
※3 経路②における監督者の要件は、次のとおりです。
（ⅰ）科学技術に関する業務※2に従事した期間が７年を超え、
かつ、第二次試験を受けようとする者を適切に監督することができる
職務上の地位にある者によるものであること。
【職務上の上下関係に基づき、常時技術的指導を行い得る立場にある者】
（ⅱ）第二次試験を受けようとする者が技術士となるのに必要な技能を修習
することができるよう、（ⅰ）に規定する業務について、
指導、助言その他の適切な手段により行われるものであること。
【設計・計画等に関する技術的指導、レポート作成指導等の手段】

出典：令和４年度　技術士第二次試験受験申込み案内（日本技術士会　技術士試験センター）

図表1.4　技術士第二次試験の受験資格要件

1.4　資質能力（コンピテンシー）のコアイメージをつかもう

ここでは、技術士に求められる資質能力（コンピテンシー）を解説していきます。

技術士第二次試験受験申込み案内（日本技術士会　技術士試験センター）に明記されている資質能力（コンピテンシー）の定義を踏まえて、大まかなイメージを正しく持つことが技術士第二次試験合格への第一歩といえます。図表1.5に資質能力（コンピテンシー）のイメージをイラスト化してみました。

1.4.1項以降で、各資質能力（コンピテンシー）を1つずつ詳しくみていきます。

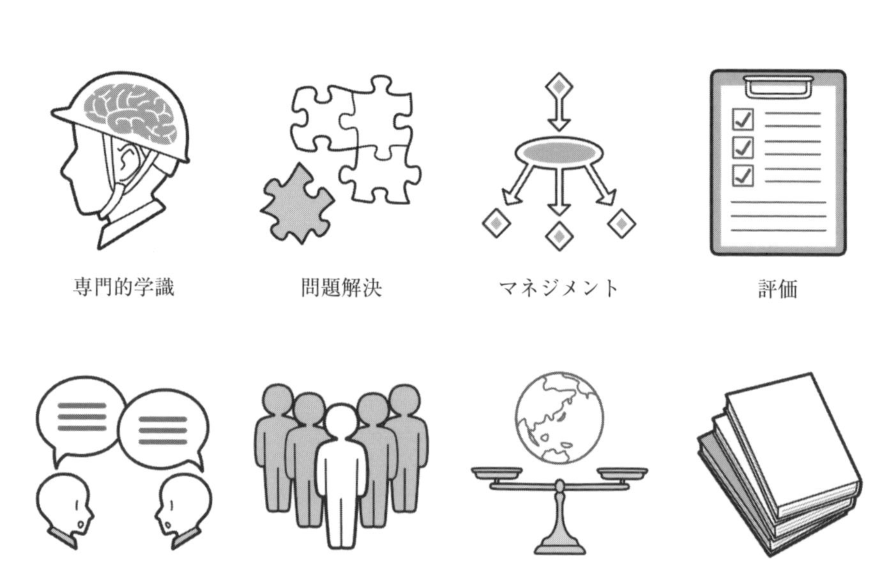

図表1.5　8つの資質能力（コンピテンシー）のイメージ（一例）

1.4.1　専門的学識

「専門的学識」の定義は以下のとおりです。

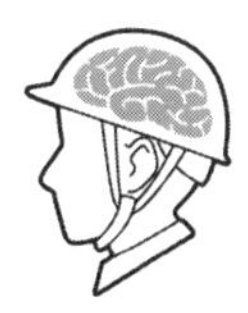

> ・技術士が専門とする技術分野（技術部門）の業務に必要な、技術部門全般にわたる専門知識及び選択科目に関する専門知識を理解し応用すること。
> ・技術士の業務に必要な、我が国固有の法令等の制度及び社会・自然条件等に関する専門知識を理解し応用すること。

（イメージ：「実務を通して形成されたあなたの頭脳・思考」＝「専門的学識」といえます。）

技術的専門知識だけでなく、関係法制度や社会・自然条件等、専門知識を取り巻く外部環境も含めた知識が求められているといえます。

自身の実務経験から得ている専門知識（関係法令等の制度、社会・自然条件等に関する技術、工法）を振り返ってみましょう。

あなたにとって、実務において、日常的に当たり前のように、理解・思考・行動していることがあなたの専門的学識といえます。この「専門的学識」が出願～筆記試験～口頭試験に向けた基礎となります。これがしっかりと定着していて実務で使いこなしていることが求められます。

受験する部門・科目の過去問テーマに目を通して、これらに応えるだけの専門的学識を持っているかどうかセルフチェックしてみましょう。受験勉強を通して、専門的学識を充実させていくことももちろん可能です。

1.4.2　問題解決

「問題解決」の定義は以下のとおりです。

- 業務遂行上直面する複合的な問題に対して、これらの内容を明確にし、調査し、これらの背景に潜在する問題発生要因や制約要因を抽出し分析すること。
- 複合的な問題に関して、相反する要求事項（必要性、機能性、技術的実現性、安全性、経済性等）、それらによって及ぼされる影響の重要度を考慮したうえで、複数の選択肢を提起し、これらを踏まえた解決策を合理的に提案し、又は改善すること。

（イメージ：「バラバラになっている複合的な問題（ジグソーパズルのピース）を抽出・分析して、これを組み合わせる方法＝解決策を提案すること」＝「問題解決」といえます。）

自身の実務経験において、苦労・苦心していることを振り返ってみましょう。

苦労・苦心していることの多くは、複合的な問題や、客先や組織上層部、関係機関、周辺住民からの相反する要求事項への対応だと思います。

問題を抽出し、課題を設定し、問題解決策・課題遂行策をどのように実行してきたかを振り返って、これらを言語化してみましょう。

ここで、問題と課題の違いを確認しておきます。

★問題と課題の違い

技術士第二次試験受験申込み案内及び修習技術者のための修習ガイドブックによると、

「問題」とは、「あるべき姿（目標・水準）と現状とのギャップ（差異）」、
つまり、
問題＝目標（水準）値－現状値

と示されており、このギャップを低減するため（問題解決のために）に行うこと＝「課題」となります。

これを模式化すると以下のとおりです。

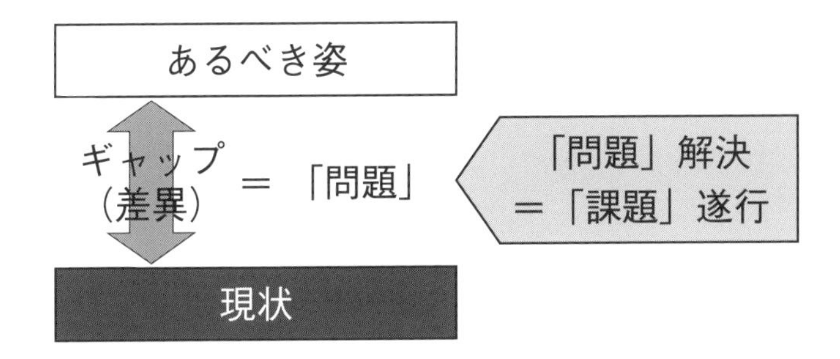

（例）

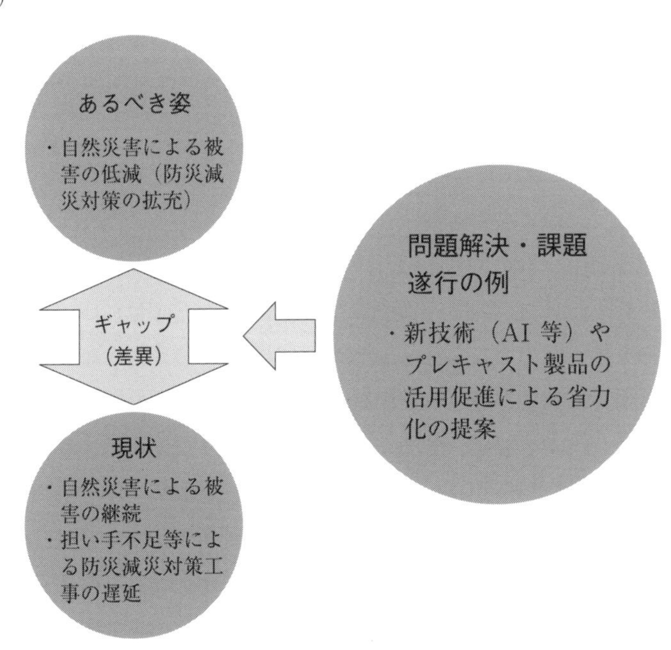

1.4.3　マネジメント

「マネジメント」の定義は以下のとおりです。

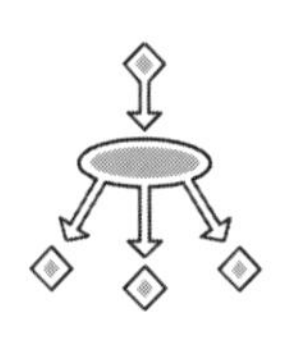

・業務の計画・実行・検証・是正（変更）等の過程において、品質、コスト、納期及び生産性とリスク対応に関する要求事項、又は成果物（製品、システム、施設、プロジェクト、サービス等）に係る要求事項の特性（必要性、機能性、技術的実現性、安全性、経済性等）を満たすことを目的として、人員・設備・金銭・情報等の資源を配分すること。

（イメージ：「上流からくる要求事項を受けて、限られた資源（リソース）をやりくり（配分）して、業務を遂行すること」＝「マネジメント」といえます。）

業務が終始順調に進むことはほとんどありません。客先等からの要求事項を受けて、限られた資源をやりくりすることが求められます。

筆記試験のⅡ－2選択科目の設問2の留意点・工夫点としてマネジメントの視点から記述できると高評価が得られやすいです。

「マネジメント」の定義は、問題解決の定義と比べて、「似ている」と感じる方もいらっしゃると思いますが、問題解決は、相反する要求事項等を考慮したうえで、複合的な問題を解決するものです。

一方、マネジメントでは、業務の過程（プロセス）において、要求事項等を満たすために資源を配分するものです。

要求事項は、更なる工期短縮や品質確保、安全の確保、周辺環境への配慮等、平たく言うと「一見無茶な依頼」と捉えても良いです。これらに対して、人員を増やしたり、予算を増やしたりできれば簡単ですが、実際はできないことが多く、与えられた環境でやりくりするしかありません。

既存の組織（人員）体制、既存設備、予算枠、組織内・周辺の情報等やりくりしたことを振り返ってみましょう。

（例）

業務における要求事項例

・宅地造成工事において、一部エリアの工期の短縮

→

マネジメントの発揮例

・宅地造成工事の全体工程を見直し、一部エリアに人員・設備を（他のエリアから移して）集中させることにした。
・既存の人員や設備を配分（やりくり）して対応したことで予算の増額を行うことなく、工期短縮を実現した。

1.4.4　評　価

「評価」の定義は以下のとおりです。

・業務遂行上の各段階における結果、最終的に得られる成果やその波及効果を評価し、次段階や別の業務の改善に資すること。

（イメージ：業務遂行中及び遂行後にチェックを行い、そこから得られたものを次に活かしていくこと＝「評価」といえます。）

業務をやりっ放しにせず、結果・成果を評価して今後に活かしていくことが重要です。

筆記試験のⅠ必須科目、Ⅲ選択科目：設問3の波及効果、リスク（懸念事項）及び対応策において、設問2で示した解決策を評価することが求められます。

出願～筆記試験～口頭試験のプロセスを通して、これまでの業務経歴の1つ1つを自己評価してみましょう。

（例）

業務内容例

・土地区画整理事業において、複数の反対権利者がいたので、事業エリアをいくつかに区分し、権利者の合意を得たエリアから先行して段階的な整備を実施した。

→

評価の発揮例

・段階的な整備とすることで、早期事業着手が可能となり、事業の見える化が進んだことで、反対権利者の合意を得ることができた。
・一方、段階的な整備としたことで、工事期間が延伸し、仮設費等のコスト増となった。
・事業計画策定段階から権利者に参画してもらい、地権者の意向にも配慮した事業計画とすれば良かった。
・この経験を踏まえ、権利者の意向にも配慮した事業計画策定を心がけている。

1.4.5　コミュニケーション

「コミュニケーション」の定義は以下のとおりです。

・業務履行上、口頭や文書等の方法を通じて、雇用者、上司や同僚、クライアントやユーザー等多様な関係者との間で、明確かつ効果的な意思疎通を行うこと。
・海外における業務に携わる際は、一定の語学力による業務上必要な意思疎通に加え、現地の社会的文化的多様性を理解し関係者との間で可能な限り協調すること。

（イメージ：専門技術等の知見レベルや立場の異なるさまざまな関係者との口頭または文書等での意思疎通を明確かつ効果的に行えるよう留意・工夫をすること＝「コミュニケーション」といえます。）

皆さんの実務において、組織内外の多様な関係者とのコミュニケーションの連続だと思います。明確かつ効果的な意思疎通を図るために、留意していることや工夫していることを振り返ってみましょう。

筆記試験においては「問題文の与条件を踏まえて、文書の方法＝論文を通じて」、口頭試験においては「口頭の方法を通じて、試験官（＝クライアント）に明確かつ効果的な意思疎通を行い、技術士に求められる資質能力（コンピテンシー）を持っていることをアピールすること」
が求められます。

（例）

業務内容例

・河川の護岸工事に着手するにあたり、周辺住民から工事中の騒音・振動への不安の声が上がった。

→

コミュニケーションの発揮例

・周辺住民向け工事説明会を事前に開催し、工事内容を模式図等を使ってわかりやすく説明し、低騒音・低振動型の建設機械を使用することを説明した。
・工事中においても、周辺住民とこまめに意思疎通を図り、工事による生活への悪影響がないかを確認した。

1.4.6　リーダーシップ

「リーダーシップ」の定義は以下のとおりです。

・業務遂行にあたり、明確なデザインと現場感覚を持ち、多様な関係者の利害等を調整し取りまとめることに努めること。
・海外における業務に携わる際は、多様な価値観や能力を有する現地関係者とともに、プロジェクト等の事業や業務の遂行に努めること。

（イメージ：立場が異なる多様な関係者がいる中で、事業の社会的意義を示しつつ、関係者間の利害を調整し、業務を遂行すること＝「リーダーシップ」といえます。）

「リーダーシップ」については、一般的な定義（例：統率力、組織を率いる能力）と若干意味合いが異なりますので、注意が必要です。

「明確なデザインと現場感覚を持ち、多様な関係者の利害等を調整し取りまとめること」とあり、ここでの「利害」とは、「利益と損害、得することと損すること」という意味です。業務・プロジェクトを行うことにより、利益を得る関係者と損害を被る関係者が出てくることが多く、業務・プロジェクトを推進していくためには、多様な関係者の利害等を調整する必要があります。

なお、関係者の利害が調整できれば何でも良いというわけではありません。「業務の目指す方向性≒明確なデザインと現場感覚」をもったうえで、利害調整を行うことが重要です。

筆記試験のⅡ－2選択科目：設問3の関係者との調整方策において、関係者との利害等を明示し、その利害調整をどのように行うのかの説明が求められます。

口頭試験においては、業務シーンを示し、どのような関係者とどのような利害が発生し、その利害調整をどのように行うのかを説明することが求められます。

（例）

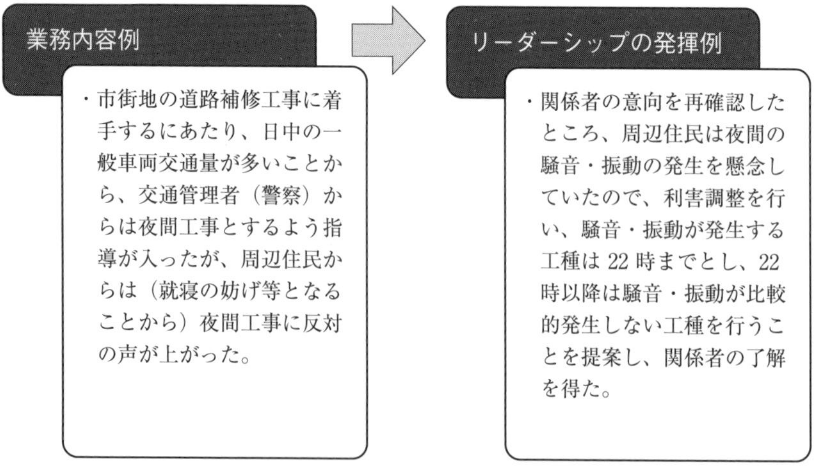

業務内容例

・市街地の道路補修工事に着手するにあたり、日中の一般車両交通量が多いことから、交通管理者（警察）からは夜間工事とするよう指導が入ったが、周辺住民からは（就寝の妨げ等となることから）夜間工事に反対の声が上がった。

→

リーダーシップの発揮例

・関係者の意向を再確認したところ、周辺住民は夜間の騒音・振動の発生を懸念していたので、利害調整を行い、騒音・振動が発生する工種は22時までとし、22時以降は騒音・振動が比較的発生しない工種を行うことを提案し、関係者の了解を得た。

1.4.7　技術者倫理

「技術者倫理」の定義は以下のとおりです。

・業務遂行にあたり、公衆の安全、健康及び福利を最優先に考慮したうえで、社会、文化及び環境に対する影響を予見し、地球環境の保全等、次世代にわたる社会の持続性の確保に努め、技術士としての使命、社会的地位及び職責を自覚し、倫理的に行動すること。
・業務履行上、関係法令等の制度が求めている事項を遵守すること。
・業務履行上行う決定に際して、自らの業務及び責任の範囲を明確にし、これらの責任を負うこと。

「倫理」とは一般的には、人として守るべき道、道徳、モラルという意味でして、図表1.6のようにイメージすることができます。「技術者倫理」を平たくというと、「技術者として守るべき道」であり、これを具体化したものが上述の定義といえます。

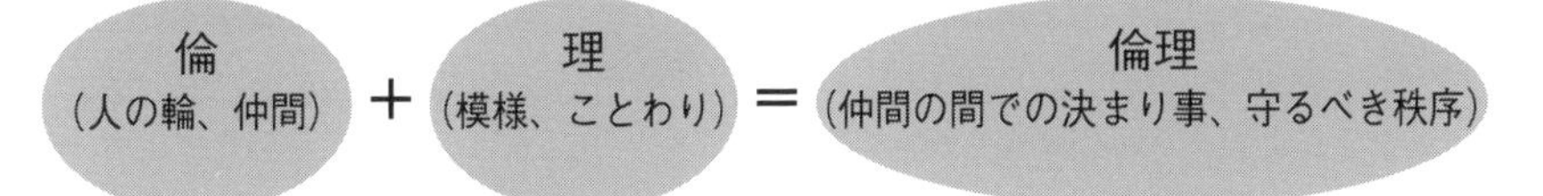

出典：日本看護協会ホームページ

図表1.6　倫理の意味（イメージ）

技術者倫理が損なわれるケース（一例）として、

・データの隠蔽、改ざん
・環境負荷の増大
・利害関係者との調整不調
・法令違反
・災害・事故の発生

といったものがあり、これらの発生リスクを低減するために、

例えば、

・教育訓練の実施

・チェックリスト、チェック体制の充実（見える化）

・情報管理の充実（情報共有等）

・組織としての対応

・倫理教育の充実

・安全管理体制の充実

といったことが行われていると思います。

あなた自身及びあなたの組織等でどのような取組をしているか、確認・整理してみましょう。

また、技術者倫理に配慮した業務や技術者倫理に留意している点を言語化してみましょう。

筆記試験のⅠ必須科目：設問４の技術者倫理と社会の持続性の観点において、必要要件と留意点の説明が求められます。

口頭試験においては、技術者倫理に関する幅広い試問がなされます。

（例）

業務内容例

・発電所建設の計画・設計に際し、土壌汚染調査を行うことになった。

技術者倫理の発揮例

・土壌汚染対策法等の確認を行い、法令・条例等で定められた手順に沿って、調査及び手続きを行い、公益の確保に努めた。
・調査の解析ミスや、調査結果の改ざんが生じないよう、チーム内でダブルチェックを実施した。
・関係法令に関する研修及び技術者倫理教育を定期的に行っている。

技術者倫理に関連して、技術士に求められる3義務2責務及び技術士倫理綱領も押さえておきましょう。口頭試験で試問されることがありますので、「技術者倫理」の定義と、3義務2責務と技術士倫理綱領とを連携させて理解しておくと良いです。

技術士に求められる3義務2責務（技術士法抜粋）

第四章　技術士等の義務

（信用失墜行為の禁止）

第四十四条　技術士又は技術士補は、技術士若しくは技術士補の信用を傷つけ、又は技術士及び技術士補全体の不名誉となるような行為をしてはならない。

（技術士等の秘密保持義務）

第四十五条　技術士又は技術士補は、正当の理由がなく、その業務に関して知り得た秘密を漏らし、又は盗用してはならない。技術士又は技術士補でなくなった後においても、同様とする。

（技術士等の公益確保の責務）

第四十五条の二　技術士又は技術士補は、その業務を行うに当たっては、公共の安全、環境の保全その他の公益を害することのないよう努めなければならない。

（技術士の名称表示の場合の義務）

第四十六条　技術士は、その業務に関して技術士の名称を表示するときは、その登録を受けた技術部門を明示してするものとし、登録を受けていない技術部門を表示してはならない。

（技術士の資質向上の責務）

第四十七条の二　技術士は、常に、その業務に関して有する知識及び技能の水準を向上させ、その他その資質の向上を図るよう努めなければならない。

技術士倫理綱領

昭和36年3月14日　　理事会制定
平成11年3月 9日　理事会変更承認
平成23年3月17日　理事会変更承認

【前文】

技術士は、科学技術が社会や環境に重大な影響を与えることを十分に認識し、業務の履行を通して持続可能な社会の実現に貢献する。

技術士は、その使命を全うするため、技術士としての品位の向上に努め、技術の研鑽に励み、国際的な視野に立ってこの倫理綱領を遵守し、公正・誠実に行動する。

【基本綱領】

（公衆の利益の優先）

1. 技術士は、公衆の安全、健康及び福利を最優先に考慮する。

（持続可能性の確保）

2. 技術士は、地球環境の保全等、将来世代にわたる社会の持続可能性の確保に努める。

（有能性の重視）

3. 技術士は、自分の力量が及ぶ範囲の業務を行い、確信のない業務には携わらない。

（真実性の確保）

4. 技術士は、報告、説明又は発表を、客観的でかつ事実に基づいた情報を用いて行う。

（公正かつ誠実な履行）

5. 技術士は、公正な分析と判断に基づき、託された業務を誠実に履行する。

（秘密の保持）

6. 技術士は、業務上知り得た秘密を、正当な理由がなく他に漏らしたり、転用したりしない。

（信用の保持）

7. 技術士は、品位を保持し、欺瞞的な行為、不当な報酬の授受等、信用を失うような行為をしない。

（相互の協力）
8. 技術士は、相互に信頼し、相手の立場を尊重して協力するように努める。
（法規の遵守等）
9. 技術士は、業務の対象となる地域の法規を遵守し、文化的価値を尊重する。
（継続研鑽）
10. 技術士は、常に専門技術の力量並びに技術と社会が接する領域の知識を高めるとともに、人材育成に努める。

1.4.8　継続研さん

「継続研さん」の定義は以下のとおりです。

・業務履行上必要な知見を深め、技術を修得し資質向上を図るように、十分な継続研さん（CPD）を行うこと。

科学技術は常に進歩発展しています。技術士法の第1条（目的）にある、「科学技術の向上と国民経済の発展」に技術士として寄与していくためには、継続研さん（CPD：Continuing Professional Development）が重要となります。

「継続研さん」については、口頭試験の試問対象となっています。

自身の継続研さんを言語化してみましょう。

（例）

継続研さん例

・専門書籍等の購読
・講習会・セミナーの受講
・学会への入会、学会論文発表
・日本技術士会の活動参加
・学協会 CPD 登録　等

また、日本技術士会において、技術士CPD制度が定められています。これについて口頭試験で試問されることがあるかも知れません。技術士資格を取得するにあたり、概要を押さえておきましょう。

技術士CPDについて（出典：技術士CPDガイドブック要約版（日本技術士会）より抜粋）

【技術士法施行規則の一部改正】

2021年9月8日から技術士CPD活動実績を文部科学大臣が指定した指定登録機関（日本技術士会）に備える技術士登録簿に記載可能になりました。

【CPD実績の認定制度がスタート】

「基準CPD時間」、「推奨CPD時間」、「技術士（CPD認定）」の認定要件を達成した技術士の名簿をホームページに掲載します。

【経緯】

○日本技術士会では、2002年度より技術士CPD登録の受付・管理を実施しています。

○技術士CPD活動実績の登録は、公共調達に関わる技術者の評価など、活用機会が増大しています。

○文部科学省の科学技術・学術審議会第10期技術士分科会において「技術士のCPD活動の実績の管理及び活用を可能とする公的な仕組みの構築の必要について」提言がなされました。

○その実施に向けて2021年4月に大臣通知が発出され、技術士のCPD登録に係る公的な仕組みの事務を日本技術士会が担うことになりました。

○9月には技術士法施行規則の一部改正が行われ、技術士登録簿の登録事項として資質向上の取組状況が追加され、技術士が希望するときは技術士CPD活動実績の記載ができるようになりました。

【技術士CPD活動の目的】

技術士資格は専門的知識や技術力、高い倫理感といった資質能力を保証するものです。技術士のCPD活動は、資格取得後もその資質能力を維持するだけでなく更に向上させることを目的としています。

【技術士のキャリア形成に必要なCPD時間の目標】

基準CPD時間：20 CPD時間 / 年度

推奨CPD時間：50 CPD時間 / 年度（うち技術者倫理1 CPD時間以上、但し2021年度までの実績には不要）

技術士（CPD認定）：250 CPD時間 /5年度間（うち技術者倫理5 CPD時間以上、但し2021年度までの実績には不要）

【技術士CPD活動の資質区分と形態区分】

技術士は、CPD活動を実施するに当たって、どの形態区分・形態項目の活動がどのような資質区分・資質項目の資質能力の維持・向上を図ることができるかを考えつつ、専門的学識だけではなく一般共通資質を含めた幅広い資質の修得に取組む必要があります。

（表–2）CPD 活動の資質区分と資質項目

資質区分	資質項目
A．専門的学識	1–1　技術部門全般
	1–2　専門（選択）科目
	1–3　法令・規格等の制度
	1–4　社会・自然条件
B．一般共通資質	2　問題解決
	3　マネジメント
	4　評価
	5　コミュニケーション
	6　リーダーシップ
	7　技術者倫理

（表–3）CPD 活動の形態区分と形態項目

形態区分	形態項目
Ⅰ．参加型	1．講演会
	2．企業内研修
	3．学協会活動
Ⅱ．発信型	4．報文・論文
	5．講師・技術指導
	6．図書執筆
	7．技術協力
Ⅲ．実務型	8．資格取得
	9．業務成果
Ⅳ．自己学習型	10．多様な自己学習

1.5　着実に合格するための５つのヒント

これまで多くの受験生を見させていただいている中で、着実に合格を果たした受験生（筆記試験、口頭試験で上位合格（70％～75％以上の得点））の多くが実践していたことを以下にお伝えします。

1.5.1　資質能力（コンピテンシー）を正しく理解する

資質能力（コンピテンシー）を理解しないまま、いたずらに論文演習を行っても時間のムダとなってしまうことが多いです。1.4節を参考に、まずは資質能力（コンピテンシー）の定義をしっかりと理解しましょう。定義の文字面を繰り返しなぞるだけでなく、定義を頭の中でイメージし、自分の実務経験において資質能力（コンピテンシー）を身につけたシーン、発揮したシーンを思い起こしてみましょう。また、自分自身の言葉で定義を説明できるようになると良いです。これができる人はほぼ合格しています。

特に、リーダーシップやマネジメントの定義があいまいな理解となっている人が少なくありませんので、よく確認しておきましょう。

1.5.2　これまでの実務経験、現在行っている実務を大いに活かす

他の資格試験に比べて、技術士第二次試験は実務経験や現在行っている実務を大いに活かすことが合格の重要なポイントといえます。したがって、日常の業務と試験勉強を切り離さず、双方を有機的に連携させながら準備をしていきましょう。例えば、実務において、通常なら必要な箇所だけを専門書籍等で調べて終わりとなるところを、もう一歩踏み込んで、体系的かつ網羅的な理解をすることに努めてみましょう。日常業務が忙しくて、技術士第二次試験の勉強の時間が十分に取れない場合は、「日常業務そのものが技術士第二次試験の受験対策」と捉えていただき、すでに「技術士になったつもり（資質能力（コン

ピテンシー）を大いに発揮する)」で業務に臨んでみましょう。

1.5.3　直前期だけでなく、年間を通した学習計画を立てて実行する

出願の直前（3～4月)、筆記試験の直前（6～7月)、口頭試験の直前（11～12月）だけ学習する受験生が少なくありません。技術士第二次試験は年に一度しか受験するチャンスがありませんので、数少ないチャンスを着実にモノにするためにも、自分に合った継続しやすい、年間を通した学習計画を立てて、それを実行することをお勧めします。1年間ぶっ続けで学習し続けるという意味ではありません。その中にはじっくりとゆっくりとマイペースで学習を行う時期、直前期にハイペースで学習を行う時期、休憩する時期を割り振って、メリハリを付けて行うと良いです。ライバルが学習を行わない時期において、1日5～10分でも学習する時間を取ってみることも有益だと思います。

1.5.4　過去問や周囲の情報をうまく活用

独学で学習して見事合格なさる方もいらっしゃいますが、独学だと自分の学習の方向が合格に向かっているのかどうかわからず、なかなか合格できない場合があります。学習を続けていると、なかなか目に見えた成果（例　論文演習を重ねていくうちに、A評価レベルの論文が着実に書けるようになる）が得られず、不安になったり諦めそうになったりすることがあります。

学習の方向（ベクトル）が合格に向かっていないと、いくら時間をかけても合格できません。特に「何がわからないかがわからない」状態は要注意です。このような状態で闇雲に学習をやっても、合格につながりにくい場合が多いです。日本技術士会の過去問や、ネット上の試験情報等を参考にしたり、近年合格した技術士の先輩にアドバイスや添削を受けたりすることも有益です。賛否両論ありますが、最初のうちは手書きにこだわらず、パソコンで論文（骨子）演習を行ったり、合格した再現論文を参考にして論文（骨子）演習を行ったりして、できるだけ早い時期にA評価レベルの論文を体感することは有意義だと思います（私はこのようにしていました)。

1.5.5　本番をイメージした学習

筆記試験と口頭試験の本番をイメージすることもとても重要です。各試験の1か月前には、試験会場への移動を含めて、本番を脳内でシミュレーションしてみることをお勧めします。数日前～前日において、試験会場を下見することも精神衛生上かなり有益だと思います。これまで準備してきたことを本番でしっかりと発揮できるように備えることも、技術士の資質能力の一つといえるでしょう。本番を自分なりにシミュレーションしたうえで、必要な準備を着実に行いましょう。

令和に入ってから、筆記試験の出題構成がほぼ統一されています。また、口頭試験においても、試問の内容等がほぼ統一されています。ということは本番を想定した準備をいかに充実させるかが合格のポイントになります（図表1.7参照）。

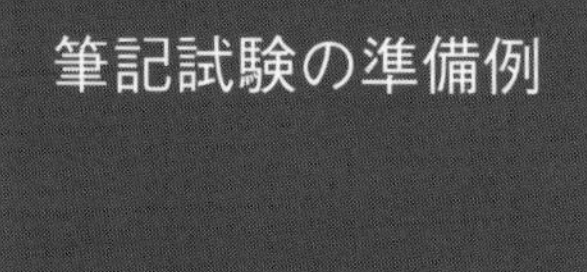

・想定テーマごとの論文骨子ストック（Ⅰ必須科目、Ⅲ選択科目）
・主な業務手順等のパターン（Ⅱ－2 選択科目）
・想定キーワードの概要ストック（Ⅱ－1 選択科目）
・時間を計った手書きでの論文演習（模擬試験受験）

口頭試験の準備例

・資質能力（コンピテンシー）ごとの想定問答集の作成
・応答練習（口頭模擬試験受験）

図表1.7　筆記試験、口頭試験の準備例

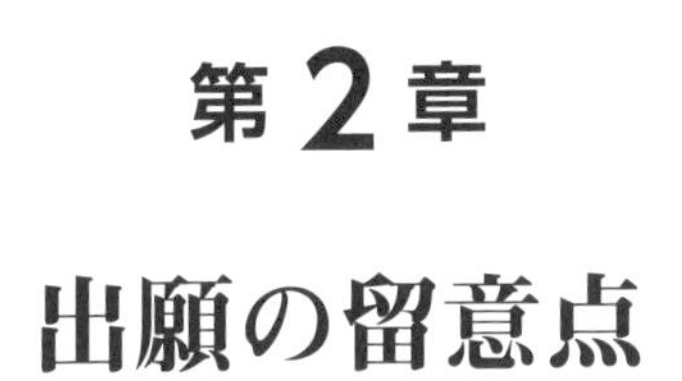

第2章

出願の留意点

2.1　最重要！　出願の位置づけ

出願を早く終わらせて、早めに筆記試験準備に入りたいと考える方も時折見受けられますが、出願は筆記試験・口頭試験に直結しますので、時間と労力をじっくりかけて取り組むことをお勧めします。具体的にどう直結するかを図表2.1に示します。

まず、業務経歴の棚卸し・作成を通して、自身の実務経験を棚卸しすることで、実務経験を筆記試験に活用することが可能となります。また、業務内容の詳細（720字）の作成を通して、資質能力（コンピテンシー）の理解を深めることができ、論文展開（骨子）のコツを身につけることができます。口頭試験においては受験申込書を基に試問・評価が行われますので、出願が重要であることはいうまでもありません。

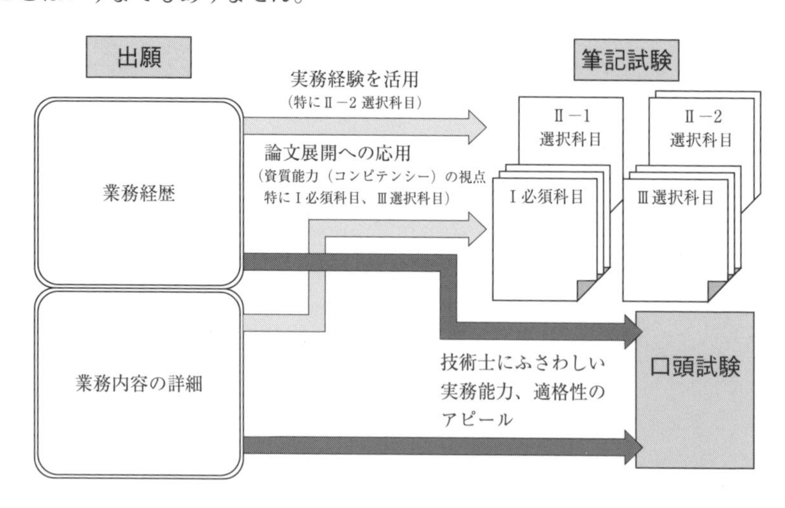

図表2.1　出願、筆記試験及び口頭試験の関連性

出願を通して、合格をより着実なものにしていきましょう。次の2.2節で業務経歴と業務内容の詳細の作成のポイントやステップを詳しく述べていきます。

2.2　業務経歴・業務内容の詳細

2.2.1　業務経歴作成のポイント

業務経歴の書式は図表2.2のとおりであり、5つの業務内容を挙げて、その従事期間等を記載します。口頭試験では、試験官は主に業務経歴と業務内容の詳細についての試問を行うため、下記の点に留意する必要があります。

✓　1つめ→5つめの業務内容と進むにつれて、自身がどのように資質能力（コンピテンシー）を身につけてきたのか？

✓　各業務において、どのような要求事項や与条件があり、資質能力（コンピテンシー）をどのように発揮したのか？

✓　各業務の経験をどのように活かしているか？

実務経験証明書

大学院における研究経歴／勤務先における業務経歴

	大学院名	課程（専攻まで）		研究内容	①在学期間 年・月～年・月	年月数
	伊勢大学大学院	理工学研究科 構造地質学専攻修士課程		ジュラ紀付加体（美濃丹波帯）の構造地質学的研究	2013年4月 ～2015年3月	2 0
詳細	勤務先（部課まで）	所在地（市区町村まで）	地位・職名	業務内容	②従事期間 年・月～年・月	年月数
	(株)日本地質技術 中部支社 調査課	愛知県 名古屋市	技術員	開発造成地の地質調査、分析	2016年4月 ～2017年3月	1 0
	～社名変更～ (株)IPEJ地質 中部支社 調査課	同上	同上	同上	2017年4月 ～2017年6月	0 3
	同上	同上	主任 技術員	地すべり原因の調査、分析及び対策案の計画	2017年7月 ～2019年3月	1 9
	(株)みなと地質 地質部 調査課(出向)	東京都 港区	課長	急傾斜地の地質調査、分析・評価	2019年4月 ～2021年3月	2 0
○	同上	同上	同上	道路構造物建設に伴う地質調査、分析・評価	2021年4月 ～2022年3月	1 0
※業務経歴の中から、下記「業務内容の詳細」に記入するもの1つを選び、「詳細」欄に○を付して下さい。					合計（①+②）	8 0

出典：令和4年度　技術士第二次試験受験申込み案内

図表2.2　業務経歴の書式（記入例）

業務経歴において、技術者1年目からすべての資質能力（コンピテンシー）を身につけ、発揮することはまれであり、次第に資質能力（コンピテンシー）を発揮した業務を行えるようになることが一般的です。そのため、5つの業務のうち、冒頭の1～3つは技術士に求められる資質能力（コンピテンシー）を身につけた時期、後半の2～3つは技術士に求められる資質能力（コンピテンシー）を十分に発揮した時期と捉えて、記載すると良いでしょう。

いきなり業務経歴を作成するのは難しいと思いますので、図表2.3に示すとおり、手順を細分化してStep 1～Step 5の順に、まずは自身の経験業務を棚卸しして、5つの業務の絞り込みを行いましょう。

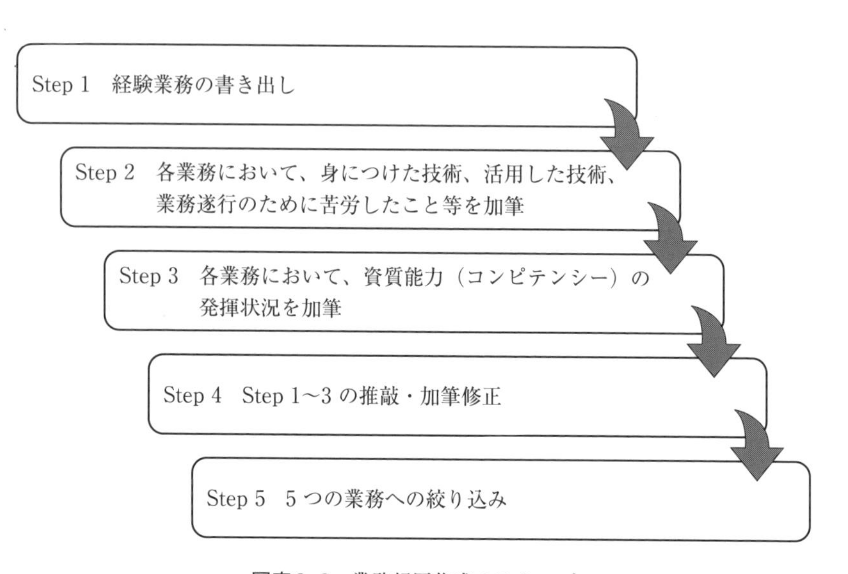

図表2.3　業務経歴作成のステップ

2.2.2　業務経歴作成のステップ

Step 1　経験業務の書き出し

まずは経験してきた業務を書き出してみましょう。この段階では5つに絞り込むことや詳細を気にしすぎず、経験してきた業務を時系列的にどんどん書き出してみましょう。どのような立場・役割を果たしたかも書き出しましょう。

経験年数が短い（4～7年）場合は、年度で区切ることにこだわらず、例えば、四半期区切りや月区切りで業務を書き出していくと良いです。

年月	勤務先	担当した業務・プロジェクト	立場と役割

Step 2　各業務において、身につけた技術、活用した技術、業務遂行のために苦労したこと等を加筆

次に、各業務において、身につけた技術、活用した技術、業務遂行のために苦労したこと等を書き出してみましょう。

年月	勤務先	担当した業務・プロジェクト	立場と役割	身につけた技術、活用した技術	業務遂行のために苦労したこと

以下にサンプル（道路）を示します。

年月	勤務先	担当した業務・プロジェクト	立場と役割	身につけた技術、活用した技術	業務遂行のために苦労したこと
○年○月～○年○月	○○	砂防ダム・急傾斜事業、橋梁架替え及び取水堰再構築を伴う河川改修事業に係る計画・設計・積算・工事監督	技師	○○○○砂防ダムによる土石流・流木対策	設計・施工業者との協議・指示事項は、口頭だけでなく文書にて交わし明確な意思疎通を図った。 工事用進入路は民有地を借地するため、工事終了後の復元方法について、トラブルとならないよう事前に協議し地権者の了解を得るように留意した。
○年○月～○年○月	○○	海岸埋立を伴う県道バイパス工事に係る計画・設計・積算・工事監督	技師	水中コンクリート打設、公有水面埋立	通行車両の海岸への逸脱防止対策など公衆の安全を最優先
○年○月～○年○月	○○	○○新幹線を跨ぐ地域高規格幹線道路の橋梁に係る計画・設計・積算・工事監督	主任技師	鋼橋上部工の送り出し架設 新幹線近接施工	橋梁に照明を設置するよう地元から要望があったが、環境団体から希少種への悪影響が懸念された。 希少種が生息する地域では、環境への影響を慎重に検討
○年○月～○年○月	○○	既設橋梁に近接した歩道部のための側道橋架設に関する計画・設計・積算・工事監督・評価	参事	回転杭基礎、近接施工、騒音・振動対策、地下水調査	受発注者による工程調整会議を2週に1回実施し、進捗状況を確認し工程を早める工夫について話し合った。
○年○月～○年○月	○○	○○地震で被災した道路の復旧に関する計画・設計・積算・工事監督	参事	ロッククライミング工法、グラウンドアンカーの逆巻き施工、ケーブルクレーン仮設	地元や交通事業者から早期の開通を求められた。しかし、余震も続く中、危険を伴う現場であり、2次災害が発生しないよう慎重に施工することが重要と考えた。
○年○月～○年○月	○○	洪水時に冠水する道路の嵩上げに関する計画・設計・積算・工事監督	参事	○○○○○工	着手前（浸水状態）、工事中（嵩上げ方法）、竣工イメージ（嵩上げ後）をドローン写真や横断模式図を用いわかりやすくする工夫を行った。 通勤・通学や通院の時間帯など、地元住民がどうしても通行必要な時間帯を聞き取り、警察や工事業者と協議しながら施工計画に反映した。
○年○月～○年○月	○○	道路施策に係る情報収集・地元伝達	主幹	道路事業の便益分析（時間短縮便益、経費減少便益、事故減少便益）	真に必要な道路等を抽出するにあたり、緊急性・必要性、社会的課題、費用対効果等をデータ分析する必要があった。

Step 3　各業務において、資質能力（コンピテンシー）の発揮状況を加筆

各業務において、発揮した資質能力（コンピテンシー）を記載しましょう。Step 2において苦労したことを掘り下げてみると挙げやすいです。前章で説明した資質能力（コンピテンシー）の理解度が試されるところです。このプロセスを丁寧に行うことで、資質能力（コンピテンシー）の理解度が高まり、筆記

試験・口頭試験にも良い波及効果をもたらします。

各資質能力（コンピテンシー）の定義等については前章を確認しましょう。

年月	勤務先	担当した業務・プロジェクト	専門的学識	問題解決	コミュニケーション	リーダーシップ	マネジメント	評価	技術者倫理	継続研さん

以下にサンプル（道路）を示します。

年月	勤務先	担当した業務・プロジェクト	専門的学識	問題解決	コミュニケーション	リーダーシップ	マネジメント	評価	技術者倫理	継続研さん
○年○月～○年○月	○○	砂防ダム等を含む河川改修事業に係る計画・設計・積算・工事監督	土石流・流木対策	砂防ダム、既存構造物の機能確保	設計・施工業者との口頭及び文書での意思疎通、民有地借地に係る地権者の事前了解（トラブル未然防止）	施設管理者との工事時期に係る利害調整	非出水期のみの施工許可に対して、施工効率を上げるための人員・設備等の配分	地元の理解を得ながら工事を進捗できた	現場及び地元住民の安全を最優先	砂防研修
○年○月～○年○月	○○	海岸埋立を伴う道路工事に係る計画・設計・積算・工事監督	水中コンクリート打設、公有水面埋立	道路拡幅に伴う既設構造物の支障→従前機能の確保	地元説明会、交通規制協議、設計・施工業者との打合せ、写真やポンチ絵の活用	従前機能の確保方策に係る利害調整	工期短縮の要請に対して、二次製品の活用検討	材料・工法の検討により、工期短縮・コスト縮減を図れた	通行車両の安全確保	土木・舗装の国家資格取得
○年○月～○年○月	○○	鉄道近接の道路橋梁工事に係る計画・設計・積算・工事監督	鋼橋上部工の送り出し仮設、鉄道近接施工	鉄道施設上部における施工計画、安全確保	鉄道事業者との施工方法・時間帯に係る協議調整	照明設置位置に係る地元と環境団体との利害調整	鉄道への影響低減の要請に対して、工法や材料の見直し検討	希少種への配慮した実務経験を以降の業務に活かしている	労働災害の防止、地域住民の安全を最優先	他地区の現場見学
○年○月～○年○月	○○	既設橋梁に近接した側道橋敷設に係る計画・設計・積算・工事監督・評価	回転杭基礎、近接施工、騒音・振動対策、地下水調査	既設下水道管への配慮、地下水への影響、周辺の住宅地への配慮	多くの関係者（河川・電線・道路管理者、住民）との意思疎通、地元説明会	既設下水道管付近の施工方法に係る下水道管理者との利害調整	工程短縮の要請に対して、受発注者間の行程調整会議の開催（情報、設備の配分）	同一現場での複数受注者が施工する際の工程調整の重要性を学んだ	河川の生態系保護への配慮（濁水処理対応）	回転杭に関する関係者間での合同勉強会

サンプル（つづき）

年月	勤務先	担当した業務・プロジェクト	専門的学識	問題解決	コミュニケーション	リーダーシップ	マネジメント	評価	技術者倫理	継続研さん
○年○月～○年○月	○○	○○地震で被災した道路復旧工事に係る計画・設計・積算・工事監督	○○工法、○○クレーン仮設	崩壊した法面に残存した岩塊・浮石対策	復旧工事が長期化することに係る住民等への定期的な進捗報告、写真や絵を活用	現場近隣の田畑の作付け時期と工事時期との利害調整	工期遵守の要請に対して、工事発注計画の工夫、工事途中段階における工程見直し、二次製品の有効活用の検討	○○工法の新規採用→得られた知見を水平展開	早期施工が望まれていたが、危険を伴う現場だったため、現場及び周辺の安全確保を最優先	他の震災復旧方針・工法等の情報収集・活用
○年○月～○年○月	○○	冠水頻度の高い道路嵩上げに係る計画・設計・積算・工事監督	○○工法	鉄道と河川に挟まれた狭い施工スペース、軟弱地盤	鉄道管理者及び河川管理者あて竣工イメージの説明（写真や模式図の利用）	終日通行止の施工をしたかったが、地元からは通行止めによる利便性低下への懸念→時間帯による通行止めの提案	鉄道事業者からの離隔確保の要請に対し、新技術の情報収集・検討及び○○工法活用の可否検討	厳しい用地制約条件下における○○工法の実績・ノウハウ→同様の現場での活用が期待できる	道路嵩上げが実現し、出水時の避難ルートとなり、公衆の安全確保に寄与	コンクリートのひび割れ防止対策の先進事例の収集・活用
○年○月～○年○月	○○	道路施策に係る情報収集・共有	道路事業の便益分析	道路事業予算確保のための技術的な知見を交えた説明	関係者に道路整備効果を表やグラフで定量的に説明		予算縮減の要請に対し、緊急性や必要性の観点から、重点整備箇所の抽出		業務上知り得た機密情報の漏えい防止・情報管理	

Step 4　Step 1～3の推敲・加筆修正

Step 1～3で作成した業務経験一覧表を推敲しましょう。

各業務を担当した当時を振り返りながら、1つ1つの項目が概ね事実と合致しているかを再確認しましょう。また、各業務において、発揮した資質能力（コンピテンシー）の内容が資質能力（コンピテンシー）の定義に合致しているかも確認しましょう。

また、業務経験を重ねていくに従って、技術士に相応しい自分にどう成長してきたかの「成長ストーリー」を描いてみると良いです。具体的には、各資質能力（コンピテンシー）をどのように身につけてきたか？　身につけてきたものをどう発揮してきたか？　といった観点で振り返ってみると良いです。

この段階で技術士に添削・コメントをもらっても良いでしょう。

Step 4で作成した業務経験一覧表は、口頭試験の準備において大変有益な資料となりますので、作成後も大切に保管しておいてください。

Step 5　5つの業務への絞り込み

経験業務の件数が6件以上となる場合は、これらを5つに集約します。自身の代表作といえるものを1～3つ選んでみましょう。代表作とは大規模・高難度な業務ということではありません。自身の資質能力（コンピテンシー）を大いに発揮した業務（一定の到達点に達した業務）を選びましょう。これを業務内容の詳細（720字）の候補としていきます。それ以外のものはいくつかにまとめて、全体で5件となるように絞り込みます（図表2.4参照）。

その際、同じような業務を羅列するよりも、受験する選択科目において、幅広い業務経験があることを試験官にうまくアピールできると良いです。

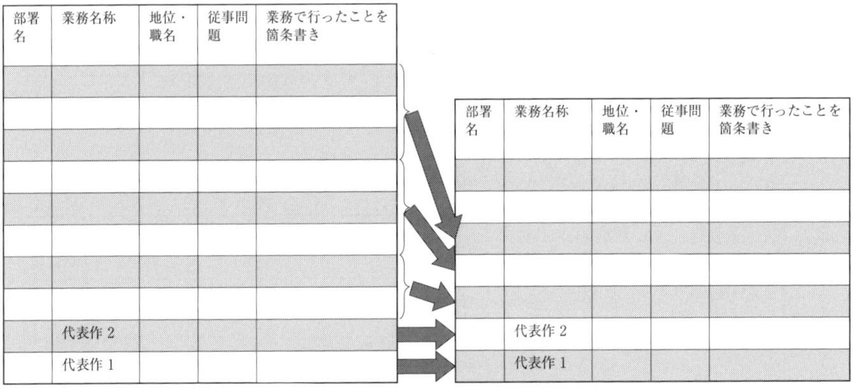

部署名	業務名称	地位・職名	従事問題	業務で行ったことを箇条書き
	代表作2			
	代表作1			

部署名	業務名称	地位・職名	従事問題	業務で行ったことを箇条書き
	代表作2			
	代表作1			

図表2.4　経験業務の絞り込みのイメージ例

以下に受験申込み書の様式でのサンプルを示します。

試験官が目を通して、業務内容をイメージしやすくなるように配慮すると良いでしょう。例えば、固有名詞（例：地区・道路の名称）や業務の特性を表すキーワード（例：海岸埋立を伴う、○○新幹線を跨ぐ）を入れると、試験官が業務内容をイメージしやすくなります。

サンプル1（道路）※添削合格事例

詳細	勤務先（部課まで）	所在地（市区町村まで）	地位・職名	業務内容	②従事期間		
					年・月～年・月	年月数	
	○○局○○部 ○○課他	○○県 ○○市	○○	海岸埋立を伴う県道○○線のバイパス工事に係る計画・設計・積算・工事監督他	○年○月～ ○年○月	6	0
	○○事務所 ○○課他	○○県 ○○市	○○	新幹線を跨ぐ高規格幹線道路○○線の橋梁に係る計画・設計・積算・工事監督他	○年○月～ ○年○月	6	0
	○○局○○部 ○○課他	○○県 ○○市	○○	既設橋梁に近接した側道橋に係る計画・設計・積算・工事監督他	○年○月～ ○年○月	5	0
	○○局○○部 ○○課他	○○県 ○○市	○○	○○地震で被災した道路の復旧に係る計画・設計・積算・工事監督他	○年○月～ ○年○月	2	0
○	○○局○○部 ○○課他	○○県 ○○市	○○	○○川と○○線に挟まれた洪水時に冠水する○○線の道路嵩上げに関するに係る計画・設計・積算・工事監督他	○年○月～ ○年○月	3	0

サンプル2（土質及び基礎）※合格事例

詳細	勤務先（部課まで）	所在地（市区町村まで）	地位・職名	業務内容	②従事期間		
					年・月～年・月	年月数	
	○○(株)○○部 ○○グループ	○○県 ○○市	○○	○○自動車道○○地区における路面陥没対策工着工前段階の水質影響調査計画	○年○月～ ○年○月	0	9
	同上	○○県 ○○市	○○	高速道路用地脇の溜池における堤体変状原因の把握を目的とした地盤・地下水調査及び対策工設計	○年○月～ ○年○月	0	10
○	同上	○○県 ○○市	○○	国道○○号○○地区における補強土壁の変状調査及び補強土壁の安定性の評価と対策工設計	○年○月～ ○年○月	0	10
	同上	○○県 ○○市	○○	○○県道○○号○○地区における斜面の地すべり調査及び応急・恒久対策の詳細設計及び工事後モニタリング体制の計画	○年○月～ ○年○月	0	10
	同上	○○県 ○○市	○○	国道○○号○○地区における道路際斜面標高部の不安定巨大岩塊に対する既存施設を活用した発生源対策の検討及び設計	○年○月～ ○年○月	0	10

2.2.3　業務経歴の成長ストーリーの作成

業務経歴がまとまったら、1つめから5つめの業務にかけて、図表2.5のように技術士としての成長ストーリーを組み立ててみましょう。また自分の業務経歴を受験する選択科目の視点や各資質能力（コンピテンシー）の視点を意識して、物語風に説明してみましょう。このプロセスを通して、加筆修正・推敲を繰り返すと良いです。

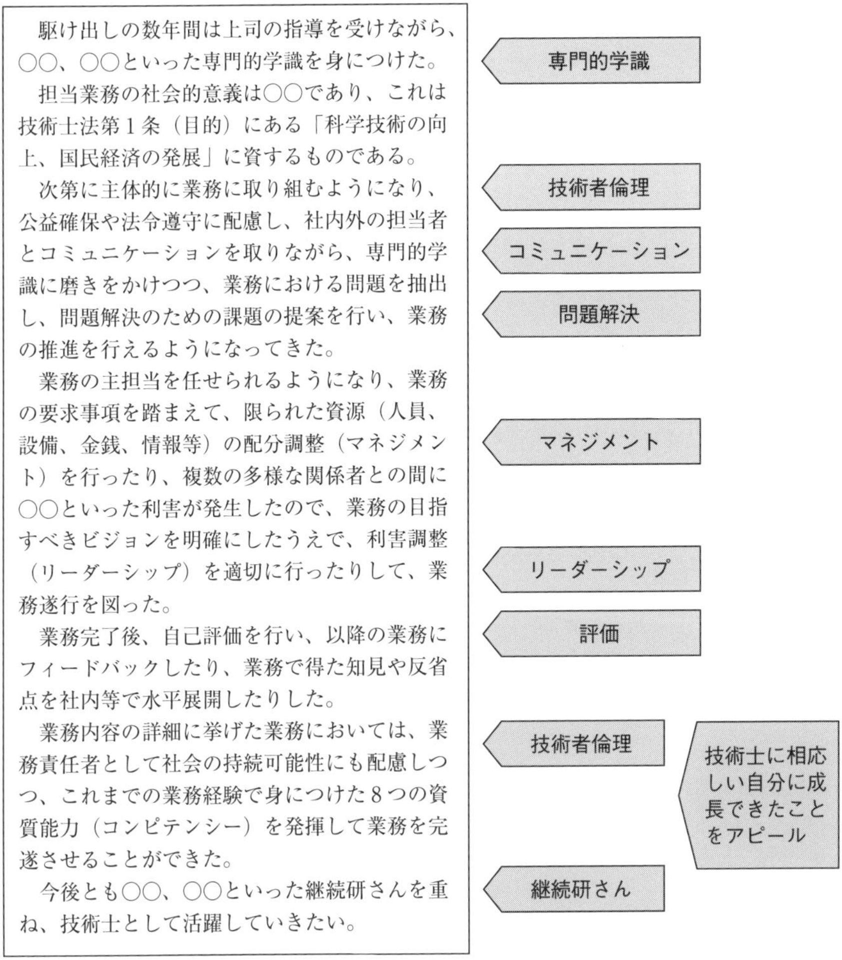
駆け出しの数年間は上司の指導を受けながら、○○、○○といった専門的学識を身につけた。
担当業務の社会的意義は○○であり、これは技術士法第1条（目的）にある「科学技術の向上、国民経済の発展」に資するものである。
次第に主体的に業務に取り組むようになり、公益確保や法令遵守に配慮し、社内外の担当者とコミュニケーションを取りながら、専門的学識に磨きをかけつつ、業務における問題を抽出し、問題解決のための課題の提案を行い、業務の推進を行えるようになってきた。
業務の主担当を任せられるようになり、業務の要求事項を踏まえて、限られた資源（人員、設備、金銭、情報等）の配分調整（マネジメント）を行ったり、複数の多様な関係者との間に○○といった利害が発生したので、業務の目指すべきビジョンを明確にしたうえで、利害調整（リーダーシップ）を適切に行ったりして、業務遂行を図った。
業務完了後、自己評価を行い、以降の業務にフィードバックしたり、業務で得た知見や反省点を社内等で水平展開したりした。
業務内容の詳細に挙げた業務においては、業務責任者として社会の持続可能性にも配慮しつつ、これまでの業務経験で身につけた8つの資質能力（コンピテンシー）を発揮して業務を完遂させることができた。
今後とも○○、○○といった継続研さんを重ね、技術士として活躍していきたい。
専門的学識
技術者倫理
コミュニケーション
問題解決
マネジメント
リーダーシップ
評価
技術者倫理
継続研さん
技術士に相応しい自分に成長できたことをアピール

図表2.5　業務経歴の成長ストーリー（一例）

2.2.4　業務内容の詳細作成のポイント

2.2.3項で取りまとめた業務経歴のうち、技術士として最も相応しい業務を1つ選んで、業務内容の詳細を作成します。1つに絞り込むことが難しい場合は、複数の業務について作成し、比較検討しても良いでしょう。

業務内容の詳細において、当該業務での立場、役割、成果等を720字以内にまとめる必要があります。図表2.6に記載項目の一例を示します。口頭試験での2～3分のプレゼン用資料のつもりで端的な内容にまとめてください。

当該業務での立場、役割、成果等
【業務概要、立場と役割】技術士法第1条、第2条の背景を踏まえた業務、技術士として相応しい立場・役割 【問題】業務遂行を妨げる問題の抽出・分析 【解決策】問題解決策（＝課題遂行策）の提案（これまでの業務経験及び資質能力（コンピテンシー）を活かした提案 （※思い付き、結果オーライの提案とならないよう注意） （※問題～解決策のプロセスにおいて、資質能力（コンピテンシー）をどのように発揮したかを説明できるようにしておく） 【成果】業務の完遂、業務の完遂により得られたもの等

図表2.6　業務内容の詳細の記載項目（一例）

以下にサンプルを示します。

サンプル1（建設—道路）※令和3年度添削合格事例

当該業務での立場、役割、成果等
1. 業務概要及び立場・役割 （道路）○○線は○○川と（鉄道）○○線に挟まれた幅員 ○ m の道路で、洪水時には度々冠水し、通行止による集落の孤立が発生していた。これらを解消するため、私は、○○○○○の立場として、道路嵩上げの計画、設計、積算、工事監督の一連の業務及び関係機関との協議・調整を担当した。 2. 問題及び問題分析 冠水区間 ○ km を河川の HWL 以上の高さとするため、道路を ○ m 嵩上げする計画とした。本区間は河川と鉄道敷斜面に挟まれた狭隘な箇所で、また、河川はダムの湛水区域のため河川側の道路計画は困難であった。さらに、本路線は地域の生活を支える唯一の道路のため、工事中の通行止めは住民の理解が得られなかった。 しかし、現地の地盤強度が低く、道路構造物の基礎補強及び鉄道敷斜面の崩壊対策が必要なため、一般的な工法では工事中の道路占有により、通行止めは回避出来なかった。 3. 提案内容 私は、接道する鉄道敷斜面の改変による新たな道路構築が必要と考え、鉄道事業者と用地買収や近接施工に係る協議調整を行いながら道路計画を立案した。 また、新たな技術・工法による可能性検討のため、他地区の事例調査を実施した結果、小規模な機械で基礎補強と斜面対策の同時施工が可能な○○○○○工を採用することとした。 それでも工事中における現道の完全開放は困難だったため、地域住民への聞き取り調査、交通事業者・警察・施工業者と協議・調整を行い、時間通行規制を提案することで、関係者の合意を得た。 4. 成果 道路嵩上げ工事の一部が完成し、現在、本計画により道路嵩上げが進められている。本計画のプロセスや施工方法を事例集として取りまとめた。

サンプル２（土質及び基礎）※令和２年度合格事例

当該業務での立場、役割、成果等
【目的・立場・役割】供用中の国道○○号○○地区の補強土壁（テールアルメ）に、管理基準値を超過する前傾・はらみ出しが生じ、安全性が懸念されていた。本業務は、壁体変状の原因調査と対策工設計を行うものである。私は主担当技術者として壁体変状原因の究明に必要な調査・解析手法を提案し、結果を対策工設計に反映した。 【業務上の課題】変状が顕著な３断面の代表点において補強鋼の引抜試験を実施し、うち１断面で補強鋼の破断が確認された。業務上の課題として、①原因究明のための調査手法の立案と②安全性照査における破断の定量的評価手法の立案があった。 【技術的課題】課題①「破断の原因究明」について、1）ボーリング調査により盛土の土質性状を把握する、2）調査孔にパイプ式歪計を設置し、道路面のクラック・沈下、壁面の傾倒から推測されるすべり面を把握する、3）沢埋め盛土であるため、地下水位計を設置し、降雨時の背面推移上昇を把握することの３点を提案、実施した。課題②「破断の評価手法」について、破断は局所的であり、全体的な破壊に至っていないため、水位上昇時の全体安定の現況安全率を1.0として補強領域のせん断抵抗を求めることを提案、実施した。 【技術的成果】観測の結果、降雨時に背面水位の上昇に伴い盛土内のひずみが確認された。当該水位と推定したせん断抵抗の条件下では、補強鋼の一部は許容引張応力度以上に達すると予測された。これより、変状の原因は、背面水位の上昇に起因すると判断し、対策工として水位低下のために横ボーリングを配置し、不足する抑止力をアンカー工で負担する設計とした。以上の検討は、補強鋼が破断した補強土壁の対策手法の一つとして、防災ドクターの承認を得た。

2.2.5　出願前のチェックリスト

受験申込書の内容が整理できたら、下記のチェックリスト及び図表2.6、図表2.7を参考にチェックを行いましょう。

1）業務経歴のチェックリスト

□　各業務において、技術士法第1条、第2条を踏まえた業務内容となっているか？

各業務において果たされた公益、社会的意義を確認しましょう。また、各業務における立場・役割（＝業務に主体的に取り組んだこと）を確認しましょう。

□　受験する選択科目に該当した業務経歴の年数合計が受験資格年数に達しているか？

経験業務の中に、受験する選択科目に該当しないものが含まれていても問題ではありませんが（例えば、「土質及び基礎」で受験するに当たり、業務経歴の中に「道路」の業務が含まれていてもOK）、受験する選択科目に該当する業務経歴の年数が受験資格年数（4年超または7年超）に達している必要があります。

□　各資質能力（コンピテンシー）をどのように身につけ発揮したかを明確に示せるか？

1つめの業務から5つめの業務にかけて、技術士として資質能力（コンピテンシー）の視点を身につけ、これらをどのように使いこなして、どう成長してきたのかを確認しましょう。

□　業務内容の詳細の業務とそれ以外の業務との関連性が説明できるか？

業務内容の詳細に挙げた業務において、それまでに経験した業務で得た資質能力（コンピテンシー）をどう活かしたかを確認しましょう。

□　記載内容に誤記がないか？　従事期間・年月数の合計等が合っているか？

初歩的かつ基本的なところですが、誤記や計算ミスがないよう確認しましょう。特に休職期間等を挟む場合は留意しましょう。

☐　各業務内容において、試験官がイメージしやすい記述となっているか？

試験官が一読して、あなたの業務内容をイメージできるよう配慮した記述となっているか確認しましょう。第三者や技術士に見てもらって、コメントやアドバイスをもらっても良いでしょう。

実務経験で身につけた資質能力（コンピテンシー）をどう生かしたか？

実務経験証明書

大学院における研究経歴／勤務先における業務経歴

	大学院名	課程（専攻まで）		研究内容	①在学期間 年・月～年・月	年月数	
	伊勢大学大学院	理工学研究科 構造地質学専攻修士課程		ジュラ紀付加体（美濃丹波帯）の構造地質学的研究	2013年4月 ～2015年3月	2	0
詳細	勤務先（部課まで）	所在地（市区町村まで）	地位・職名	業務内容	②従事期間 年・月～年・月	年月数	
	(株)日本地質技術 中部支社 調査課	愛知県 名古屋市	技術員	開発造成地の地質調査、分析	2016年4月 ～2017年3月	1	0
	～社名変更～ (株)IPEJ 地質 中部支社 調査課	同上	同上	同上	2017年4月 ～2017年6月	0	3
	同上	同上	主任 技術員	地すべり原因の調査、分析及び対策案の計画	2017年7月 ～2019年3月	1	9
	(株)みなと地質 地質部 調査課(出向)	東京都 港区	課長	急傾斜地の地質調査、分析・評価	2019年4月 ～2021年3月	2	0
○	同上	同上	同上	道路構造物建設に伴う地質調査、分析・評価	2021年4月 ～2022年3月	1	0
※業務経歴の中から、下記「業務内容の詳細」に記入するもの１つを選び、「詳細」欄に○を付して下さい。					合計（①+②）	8	0

成長プロセス

実務経験でどのように資質能力（コンピテンシー）を身につけてきたか？

専門科目にかかわる資質能力（コンピテンシー）があることを試験官にアピール。
固有名詞や現場特性等を加筆して、業務内容を試験官がイメージしやすいように配慮。

図表2.7　業務経歴の主なチェックポイント例

2）業務内容の詳細のチェック

☐　受験する選択科目（専門とする事項）に該当する業務内容となっているか？

これを外してしまうと、どんなに素晴らしい業務内容であっても、（選択科目と整合していないということで）口頭試験で不合格となってしまう可能性が高いです。

①受験申込書に、受験する選択科目（専門とする事項）を記述し、②実務経験証明書に業務内容の詳細等を記述することから、①と②が不整合となっていないかを十分に確認しましょう。

□　技術士として相応しい立場・役割となっているか？

立場が管理職であったり、役割が業務統括責任者であったりする必要はありません。上司の指導を受けていたり、部下がほとんどいなかったりしても問題ありません。資質能力（コンピテンシー）の視点をもって業務遂行したかがポイントです。

□　各資質能力（コンピテンシー）をどのように発揮したか？　を説明しやすい構成となっているか？

口頭試験において、試験官は業務内容の詳細（720字）を見ながら、各資質能力（コンピテンシー）をどのように発揮したのか？　を試問します。業務概要→立場・役割→問題・解決策提示→成果の記述内容に絡めて、回答できるようにしておくと良いです。

	当該業務での立場、役割、成果等
技術士法第1条（目的）を踏まえて記述	【業務概要】本業務は、……を目的とした……である。（……が強く求められていた。）
技術士法第2条（技術士の業務）を踏まえて記述	【立場と役割】私は……の立場で、……を担当した。
業務で発生した問題を記述	【問題】本業務は、……（要求事項等）であった。しかし……であることから、……となり、……が困難な状況となった。
・マネジメント ・リーダーシップ ・コミュニケーション （・技術者倫理） を発揮したことが口頭試験で説明しやすいように記述	【解決策】そこで私は、……と考え、……を行い、解決策として以下の提案を行った。 1）……：……することで……を図った。 2）……：……することで……を図った。
・評価 を行ったことが口頭試験で説明しやすいように記述	【成果】以上の解決策の実施により、……することができた。○年○月に……が完了し、現在、……が進んでいるところである。

図表2.8　業務内容の詳細の骨子例及び主なチェックポイント例

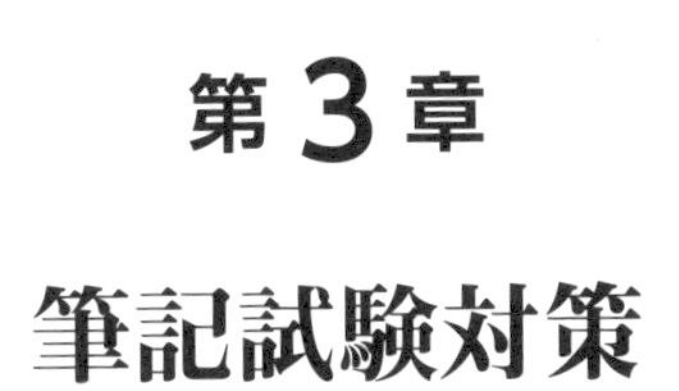

第3章

筆記試験対策

3.1　解答ステップ

筆記試験において、Ⅰ必須科目、Ⅱ－1選択科目、Ⅱ－2選択科目及びⅢ選択科目の計4種類の論文を記述することになりますが、解答ステップの一例を以下に示します（図表3.1参照）。

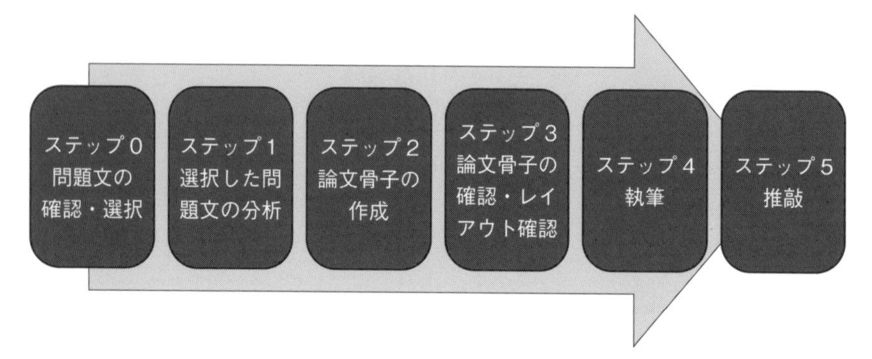

図表3.1　筆記試験の解答ステップ（一例）

ステップ0として、複数（2～4つ）の問題から1題を選択します。自身の専門とする事項や、自身の適性等を踏まえ、書きやすいほうを選択すると良いです。はやる気持ちを落ち着かせつつ、選択した問題番号を答案用紙に着実に記述しましょう。記入漏れや記入ミスがあると失格となってしまうおそれがありますので、気を付けましょう。

ステップ1として、選択した問題文にさらりと目を通し、問題文のテーマや与条件を大まかにつかみましょう。近年、問題文の文量が増えたり、与条件が複雑化したりしていますので、早合点しないよう気を付けましょう。

ステップ2として、論文骨子の作成を行います。問題用紙の余白に論文骨子表を作成し、論文に書きたい事項を箇条書きにしていきます。論文の目次や要旨を作成するイメージです。このステップを行うことで、論理的かつ読みやすい論文を作成することが容易となり、高評価（A評価）が得やすくなります。

筆記試験準備の段階で、過去問等を参考に用意したテーマごとの論文骨子ストックを活用することで、本番での時間を効率的に使えます。Ⅰ必須科目、Ⅱ－2選択科目、Ⅲ選択科目においては設問パターンがここ数年定まっていますので、複数テーマの論文骨子ストックを準備しておき、問題文の与条件に応じてこれらをアレンジして臨むことができます。

論文を書き始める前に、論文骨子を作成することで、

・題意に沿ったMECE（“Mutually Exclusive, Collectively Exhaustive” の略、「モレなく、ダブりなく」）な論文が作成できる（A評価上位が狙える）

・考えながら記述することに伴うタイムロスを防止できる

・口頭試験に向けた論文復元が効率的に行える

といったメリットが得られます。

筆記試験本番でこのステップをすっ飛ばして、試験開始後5分もたたないうちに、記述を始めてしまう受験生がいらっしゃいますが、これにつられないように気を付けましょう。論文骨子が定まらないまま記述を始めてしまうと、途中で筆が止まってしまったり、大幅な書き直しが生じてしまったりします。そのため、思いのほか時間を消費してしまい、論文の構成が支離滅裂になりやすくなり、低評価の論文となりやすくなります。

ステップ3として、問題文の与条件を再度確認し、ステップ2で作成した論文骨子が題意に沿っているか、多面的な視点で書かれているか、論理的に整合しているか等を入念にチェックします。そのうえで、答案用紙に各設問の「見出し」や「文章」をどのように配置するか、レイアウトを大まかに決めます（答案用紙に印を入れても良いです）。

以上、ステップ0からステップ3までは頭脳作業といえます。

ステップ4として、いよいよ執筆です。ここは、ステップ3で仕上げた論文骨子に従って、淡々と記述をしていく単純作業となります。このステップで、筆が止まって考え直してしまったり、大幅な書き直しが生じてしまったりしないようにしましょう。逆にいえば、これらが生じないよう、ステップ0～3を必要な時間をかけて行う必要があるということです。

最後にステップ5として、執筆した論文の推敲を行います。ここでは、論文骨子の内容がきちんと論文に反映されているか、誤字脱字がないかといった確認を行います。

ステップ0～ステップ5に要する時間配分（一例）について、執筆に要する時間が（若干個人差があると思いますが、）概ね20～25分／枚ということを鑑みると、図表3.２のとおりとなります。

図表3.２　各科目の時間配分例

	所要時間	ステップ 0～3	ステップ 4	ステップ 5
（午前）Ⅰ必須科目	120 分	40 分	60～75 分	5～20 分
（午後）選択科目計	210 分	45 分	120～150 分	15～45 分
Ⅱ－1 選択科目	35 分	5 分	20～25 分	5 分
Ⅱ－2 選択科目	70 分	15 分	40～50 分	5～15 分
Ⅲ選択科目	105 分	25 分	60～75 分	5～20 分

午前は、Ⅰ必須科目のみですので割と時間配分しやすいと思います。一方、午後はⅡ、Ⅲ選択科目の3種類の論文を休憩なしで3時間30分以内に仕上げる必要があり、答案用紙1枚当たりの時間も短くなります。また、午前の疲労が午後に出てくることもあり、午後で苦労する受験生が多いです。

午後は想定どおりに進まないことを前提に時間配分を考えておくと良いです。時間が少なくなってきたとしても、ステップ1～3で手抜きをしてしまうと、A評価に到達することが困難となりますので、ステップ4、5の時間が若干少なくなったとしても、ステップ1～3をできる限り入念に行うことをお勧めします。こういった事態に備える意味でも、事前準備として複数テーマの論文骨子ストックを用意しておくことで、時間を有効に使うことができます。

3. 2　Ｉ必須科目

3. 2. 1　Ｉ必須科目の概要

Ｉ必須科目は、午前中2時間で、1,800字の論文を仕上げる必要があります。

令和元年度から令和4年度までの出題テーマは図表3. 3及び図表3. 4のとおりであり、平成24年度以前の建設一般の出題テーマも鑑みると、概ね、防災、生産性、インフラ維持管理、海外展開、技術継承・人材育成、環境の6分野から出題されているといえます。各テーマにおいて論文骨子ストックを作成しておくと良いです。

図表3. 3　Ｉ必須科目の出題テーマ（1）

	令和元年度	令和２年度	令和３年度	令和４年度
テーマ概要	・生産性向上 ・国土強靭化	・担い手確保 ・社会インフラの戦略的メンテナンス	・循環型社会の構築 ・災害防止対策	・社会資本の効率的な整備等に向けたDXの推進 ・CO_2削減・吸収量増加の取組

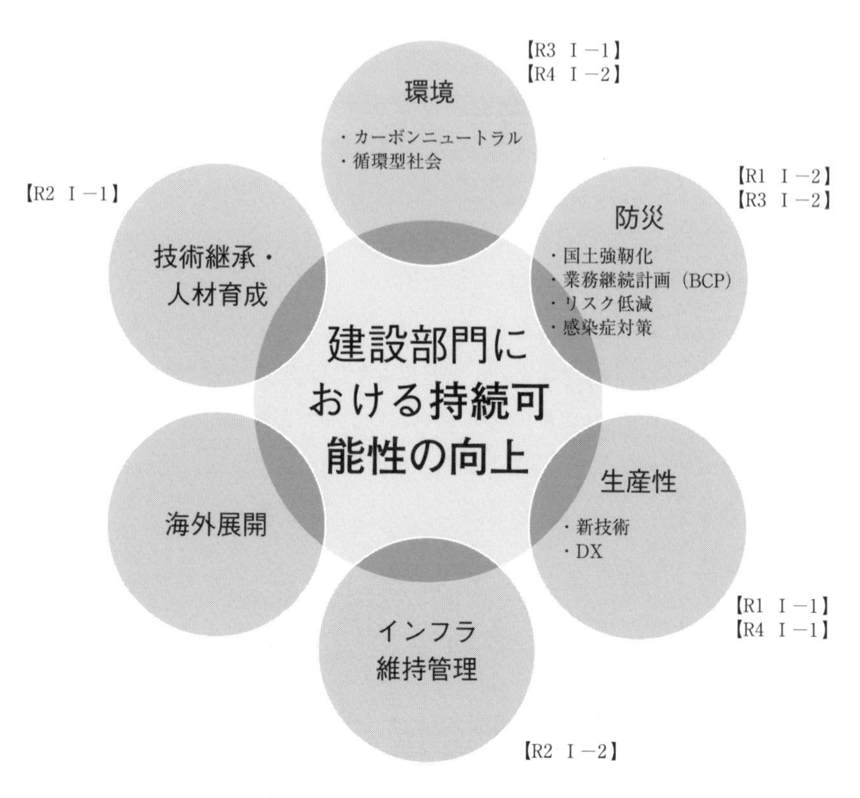

図表3.4　Ⅰ必須科目の出題テーマ（2）

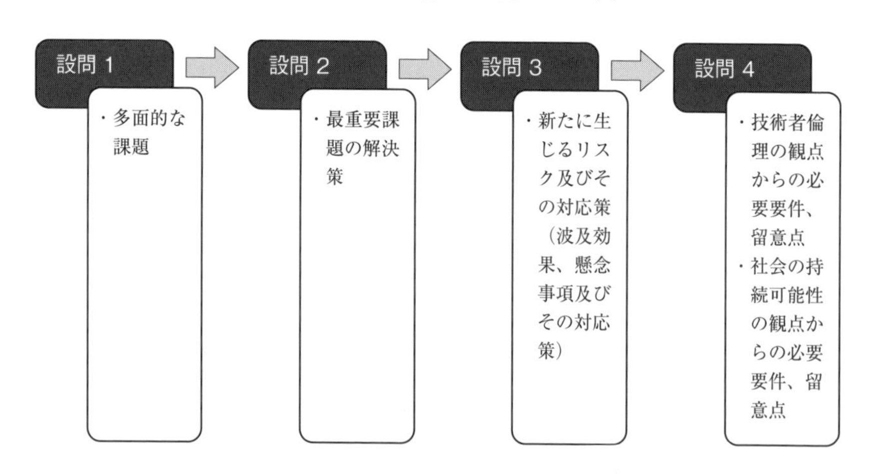

図表3.5　Ⅰ必須科目の論文骨子例

Ⅰ必須科目は4つの設問から構成されています（図表3.5参照）。これを踏まえ、論文骨子及び文の構成例を以下に示します（図表3.6参照）。論文演習に当たり、どこからどう手を付けて良いかわからず、最初の一歩がうまく踏み出せない場合は、これをテンプレートとして参考にしてみてください。論文演習に慣れてきたら、このテンプレートにとらわれず、自分の資質能力（コンピテンシー）を発揮しやすいオリジナルの論文骨子及び論文構成を作り上げると良いでしょう。

図表3.6　Ⅰ必須科目の論文骨子・文の構成例

	(1) 課題	(2) 最重要課題→解決策		(3) リスク／波及効果・懸案事項→対応策	(4) 技術者倫理
文の構成例	課題1 問題抽出（1文） →問題分析（1文） →課題の提示（1文） 課題2 問題抽出（1文） →問題分析（1文） →課題の提示（1文） 課題3 問題抽出（1文） →問題分析（1文） →課題の提示（1文）	最重要課題及びその理由（1～2文）	解決策1 概要（1文） 効果／合理性／具体例（2文） 解決策2 概要（1文） 効果／合理性／具体例（2文）	リスク1 解決策の副作用の可能性、解決策の効果が持続しない可能性（1文） 対応策（1文） リスク2 解決策の副作用の可能性、解決策の効果が持続しない可能性（1文） 対応策（1文） 波及効果 ＝正の効果（1文） 懸念事項 ＝解決策の副作用の可能性、解決策の効果が持続しない可能性（1～2文） 対応策（1文）	倫理の観点 業務の必要要件、留意点（1～2文） 社会の持続可能性の観点 業務の必要要件、留意点（1～2文）
ポイント	多面的な観点（例　ハード・ソフト、人。モノ・情報・金等）からバランスよく3点ほど挙げる。	設問1で挙げた複数の課題から一つを選び、その理由を加える。 ※問題文の与条件を踏まえ、論文展開しやすいものを選択しても良い。	多面的に2～3点ほど挙げる。 最重要課題の遂行（問題解決）に繋がっているか要チェック。 ※ここから骨子作成をスタートしても良い。	設問2で挙げた解決策全てに共通する事項を挙げる必要があるので、俯瞰的に考える（抽象度を上げる）と良い。 「全ての解決策を実行しても生じるリスク」が問われている場合、解決策が実行されていることが前提なので、解決策が実行されないリスクを挙げないように注意。 ※対応策から骨子作成をスタートしても良い。	「設問1～3を業務として遂行するに当たり」とあるので、一般論にならないように注意。 業務の特性を踏まえ、公益確保、環境配慮、法令遵守等の観点からバランスよく記載。
答案用紙（文章量）の目安	1枚弱	1枚弱		1/2枚強	1/2枚

3.2.2　Ⅰ必須科目の論文演習方法（一例）

論文演習において、他部門の過去問のテーマも参考にすると、幅広い充実した学習ができると思います。図表3.7のように、テーマごとの論文骨子ストックを作成し、これを推敲したり加筆修正を繰り返したりする学習を行うと、このストックをそのまま筆記試験直前期の仕上げ及び当日のチェックにも使えるので効果的といえます。

国交省公表資料等を参考に箇条書きしていく

テーマ	設問1		設問2	設問3		設問4
	問題	課題	解決策	リスク 波及効果 懸念事項	対応策	技術者倫理
	問題抽出 問題分析（発生の背景・要因、影響度）	問題解決のために行うこと（方向性）	問題解決（課題遂行）のために行う具体策	解決策の残留リスク、副作用（±の効果）	※設問1の課題や設問2の解決策との論理的整合に留意	公益確保 社会持続性 法令遵守　等の観点

①過去問を中心にテーマを挙げる。
②他部門・科目過去問を参考にテーマを追加する。

✓ノートにまとめて、適宜加筆できるように余白を設けておく。
✓隙間時間に確認できる。
✓直前のおさらいにも活用できる。

図表3.7　論文演習方法例

3.2.3　Ⅰ必須科目の論文作成ステップ（一例）

前項3.2.2を踏まえ、ここでは、過去問（令和3年度　必須科目Ⅰ－2、令和2年度　必須科目Ⅰ－2）及び合格論文をサンプルとして、論文作成ステップ（一例）を示します。

令和3年度　必須科目Ⅰ－2

Ⅰ－2　近年、災害が激甚化・頻発化し、特に、梅雨や台風時期の風水害（降雨、強風、高潮・波浪による災害）が毎年のように発生しており、全国各地の陸海域で、土木施設、交通施設や住民の生活基盤に甚大な被害をもたらしている。こうした状況の下、国民の命と暮らし、経済活動を守るためには、これまで以上に、新たな取組を加えた幅広い対策を行うことが急務となっている。

(1) 災害が激甚化・頻発化する中で、風水害による被害を、新たな取組を加えた幅広い対策により防止又は軽減するために、技術者としての立場で多面的な観点から3つ課題を抽出し、それぞれの観点を明記したうえで、課題の内容を示せ。

(2) 前問（1）で抽出した課題のうち最も重要と考える課題を1つ挙げ、その課題に対する複数の解決策を示せ。

(3) 前問（2）で示したすべての解決策を実行しても新たに生じうるリスクとそれへの対応策について、専門技術を踏まえた考えを示せ。

(4) 前問（1）～（3）を業務として遂行するに当たり、技術者としての倫理、社会の持続性の観点から必要となる要件・留意点を述べよ。

（ステップ0として、I－2を選択し、）ステップ1として、問題文を分析します。

問題文（前文）において、

・近年、災害が激甚化・頻発化

・全国各地の陸海域で甚大な被害

・これまで以上に、新たな取組を加えた幅広い対策を行うことが急務

といったところが要点といえます。

続いて、ステップ2として、論文骨子を作成します（次表参照）。

論文骨子例

問題文	設問1	設問2	設問3	設問4
前文（背景、例示） 与条件	問題抽出・分析→ 課題提示	最重要課題（理由） →解決策	リスク・対応策 波及効果・懸念事項・対応策	技術者倫理

問題文の欄に、問題文の前文（背景、例示、与条件）にある重要キーワードを転記しましょう。

設問1～4については、問題文を踏まえ、埋めやすいところから箇条書きで埋めていきましょう。

ここで、準備段階で用意していた論文骨子ストックを有効活用すると、時間短縮を図ることができます。論文骨子ストックを活用する際、何も考えずにそのまま転記しないようにしましょう。問題文の与条件等を踏まえ、題意に沿うように適宜アレンジすることが重要です。

設問1において、「風水害による被害を、新たな取組を加えた幅広い対策により防止又は軽減するために、技術者としての立場で多面的な観点から3つ課題を抽出し」とあります。

設問1において、問題文（前文）を踏まえつつ、上述の与条件に合致した3つの課題を抽出する必要があります。ここで単に課題を抽出するだけでは不十分といえます。資質能力（コンピテンシー）の「問題解決」の定義を踏まえ、論理的に課題を抽出する必要があります。具体的には問題抽出・分析を行ったうえで、課題を抽出し、「なぜこの“課題”なのか？」を論理的に示すということです。

ここで、問題と課題の違いを正しく理解しておく必要があります。

修習技術者のための修習ガイドブック（日本技術士会）によると、

「問題分析」とは「問題」の背景・要因・原因を明確にし、問題を解決するためになすべき「課題」を適切に設定することである。ここでは、「何が問題であるのか」＝「問題は何か」を明確にすることが重要である。

「問題」とは、「あるべき姿（目標・水準）と現状とのギャップ（差異）」と定義し、

問題＝目標（水準）値－現状値

で表現する。

「あるべき姿」を明確にすることによって、「現状とのギャップ」が認識可能となる。

（中略）

「問題解決のステップ例」を以下に示す。

①「問題発見」（問題の明確化：目標値と現状値のギャップ）

②「問題分析」（背景、要因、原因の調査・分析・整理）

③「課題設定」（問題を解決するために為すべき課題を設定）

④「対策立案」（課題に対する実施事項の立案、採否・優先順位の決定）

⑤「実行計画書の作成」（実施事項の詳細、スケジュール、実施結果の評価基準）

⑥「対策実施」（実施、結果の確認）

⑦「評価」（結果の効果の評価）

とあり、「問題」と「課題」の違いの理解を深めるとともに、論文構成を行ううえでとても有益な内容となっています。これを図解すると、図表3.8及び図表3.9のとおりとなります。

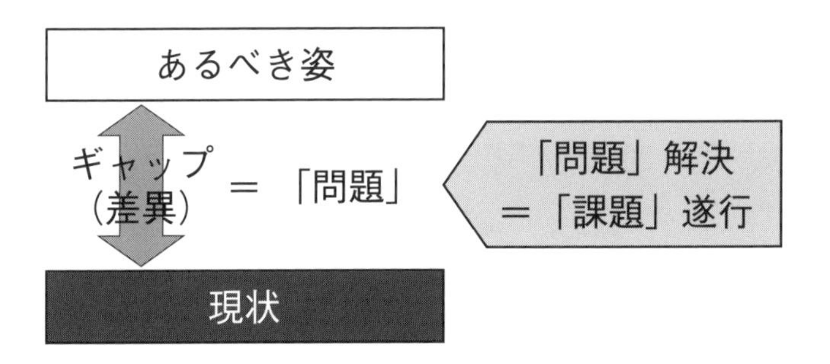

図表3.8　問題と課題のイメージ

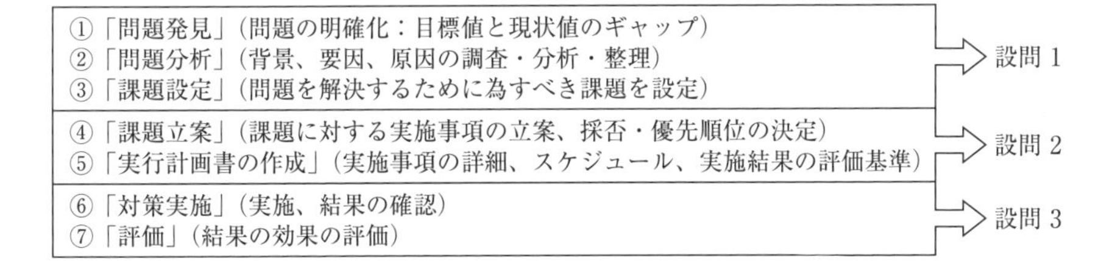
①「問題発見」（問題の明確化：目標値と現状値のギャップ）
②「問題分析」（背景、要因、原因の調査・分析・整理）
③「課題設定」（問題を解決するために為すべき課題を設定）
→ 設問 1

④「課題立案」（課題に対する実施事項の立案、採否・優先順位の決定）
⑤「実行計画書の作成」（実施事項の詳細、スケジュール、実施結果の評価基準）
→ 設問 2

⑥「対策実施」（実施、結果の確認）
⑦「評価」（結果の効果の評価）
→ 設問 3

図表3.9　問題・課題と設問1～3の対応例

設問1は、図表3. 9の、①問題発見、②問題分析及び③課題設定に該当するパートといえます。例えば各課題において、図表3. 9の、①問題発見（現状の問題を提示：1文）→②問題分析（問題の背景・要因、問題の影響度等を提示：1文）→③課題設定（問題解決のための課題の方向性を提示：1文）という流れで、組み立てると、論理的かつ読みやすい構成となります。

設問2は、図表3. 9の、④対策立案及び⑤実行計画書の作成に該当するパートといえます。設問1で挙げた複数の課題のうち、最重要課題を選択します。問題文では問われていませんが、最重要課題とする理由を1文挙げると、論文の論理性が高まり、高評価が得られやすくなると思います。

それから、最重要課題の解決策を複数挙げます。上述の「問題」と「課題」の定義を踏まえると、「課題に対する解決策って何？　問題解決、課題遂行では？」という素朴な疑問が生じますが、課題に対する（問題）解決策→問題解決策＝課題遂行策と捉えていただければ良いかと思います。

解決策について、具体的に何を書けば良いのか迷ってしまうと思いますが、例えば、解決策の概要、手順、具体例、合理的な理由等を3文程度にまとめると良いでしょう。

設問3は、図表3. 9の、⑥対策実施及び⑦評価に該当するパートといえます。問題文に「すべての解決策を実行しても生じるリスク」を示せ、とありますので、解決策が実行できないリスクや解決策の実行が遅延するリスクを挙げないように気を付けましょう（図表3. 10参照）。

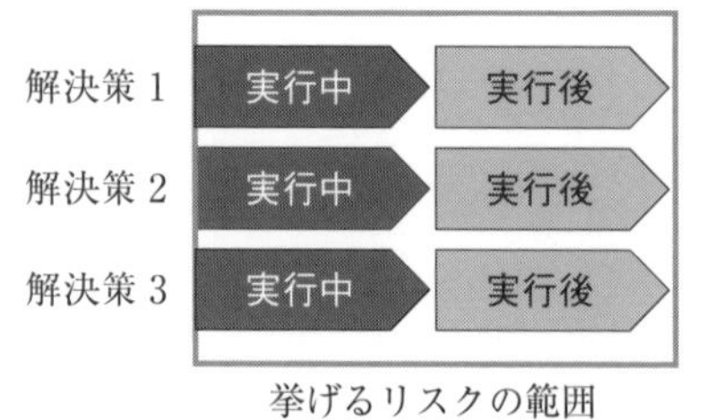

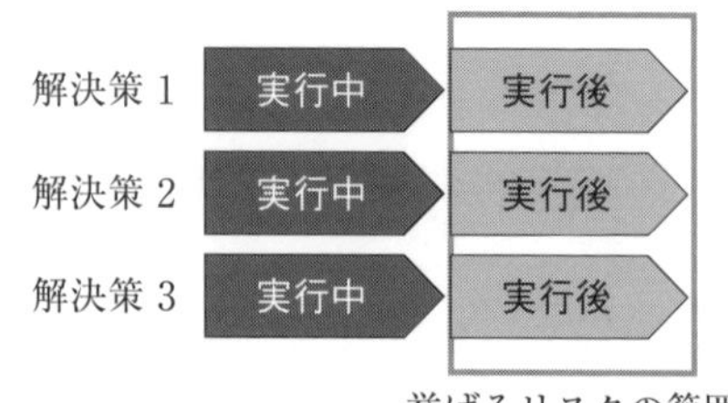

図表3. 10　リスクの範囲例

リスクの例としては、

解決策実行中のリスク	解決策実行後のリスク
・解決策が実行できないリスク（人員、予算、設備、情報の不足） ・解決策の実行が遅延するリスク（関係者の同意に時間を要する） ・解決策の実施・効果が不十分となるリスク（地域間格差、企業間格差等による）	・新たな問題が生じるリスク（解決策の副作用・デメリット、外部環境の変化等） ・解決策の効果が持続できないリスク（人員、予算、設備、情報の不足）

といったものが挙げられます。

設問4は、技術者としての倫理、社会の持続性の観点から必要となる要件、留意点を記述しますが、

・技術者倫理の定義を踏まえること

・設問1～3を業務として遂行するに当たっての観点を盛り込むこと

が重要です。

技術士第二次試験受験申込み案内において、技術者倫理の定義（第1章1.4.7項参照）を模式的に示すと図表3.11のとおりとなります。

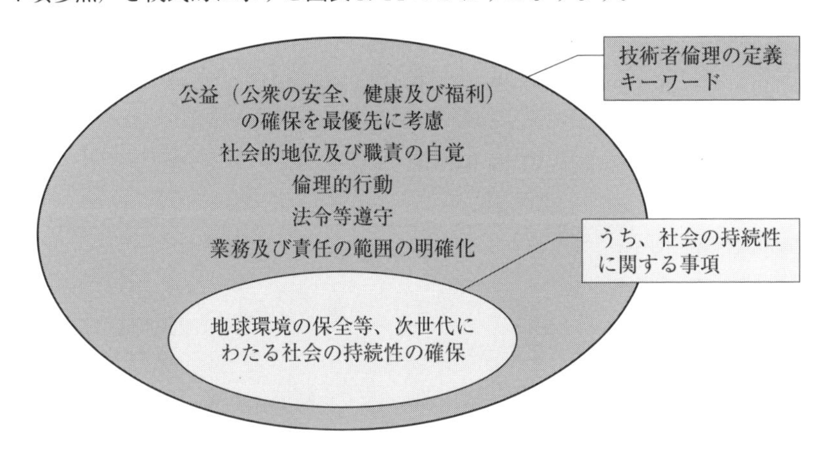

図表3.11　技術者倫理の模式図

設問1～3を業務として遂行するに当たって、技術者倫理、社会の持続性が損なわれないようにするための必要要件、留意点を考えてみましょう。具体的には、図表3.11にあるキーワードが損なわれるリスクを防ぐためにどのよう

な要件、留意点があるかを列挙すると良いでしょう。例えば、仕組みづくり、教育訓練といった観点で考えてみると列挙しやすいかと思います。設問1～3を無視して、一般論を提示するだけにならないよう留意しましょう。

以上を踏まえて、論文骨子例（A評価）を以下に示します（下表参照）。

論文骨子例（A 評価）

問題文	設問 1	設問 2	設問 3	設問 4
前文（背景、例示） 与条件	問題抽出・分析→ 課題提示	最重要課題（理由） →解決策	リスク・対応策 波及効果・懸念事項・対応策	技術者倫理
近年、災害の激甚化・頻発化 全国の陸海域で施設や生活基盤に甚大な被害 国民の命、暮らし、経済活動を守るための幅広い対策が必要	1.1　災害情報の高度化・可視化 リアルタイムの情報がうまく伝達できず、逃げ遅れ →デジタル技術の駆使 1.2　防災・減災対策の省力化 人口減少・少子高齢化・技術者不足 →ICT、AI による業務効率化 1.3　ハード・ソフト一体策 短時間降水量の増、ハード対策の限界 →河川以外も含めた包括的なハード・ソフト対策	最重要課題＝1.3 ハード・ソフト一体策（事前防災対策につながる、最も効果的） 2.1　雨水貯留施設の拡大 例）田んぼダム →河川のピーク流量のカット 2.2　土地利用の規制・誘導 災害ハザードエリアでの宅地開発審査厳格化、防災集団移転事業 →被害対象の減少 2.3　マイタイムラインの作成 地域特性、災害履歴を踏まえた行動計画の作成 →避難の実効性を高める	3.1　遅延リスク 関係者との合意形成に時間を要する →初動期からの官民連携、住民参画 3.2　地域間格差リスク 自治体規模（予算、人員）により進捗の格差が生じる →国の支援、広域連携	住民の安全確保を第一 公衆の安全を最優先 効率的な仕組みづくり PDCA サイクルの活用

次にステップ3として、作成した論文骨子を確認します。

・題意に沿って展開されているか？

・各設問において多面的な観点でバランスよく記述されているか？

・各設問間において論理的に整合しているか？　ダブりや漏れはないか？

といった点を確認し、必要に応じて修正を行います。

※設問3では、「すべての解決策を実行しても新たに生じうるリスク」とあり、解決策を実行した後に発生するリスクを挙げる必要があります。

→この論文骨子では、「解決策が実行できないリスク」を主に挙げているので、
厳密にいうと題意を外していることになります。

そのうえで、答案用紙への大まかなレイアウトを決めます。

具体的には、3枚の答案用紙の端に、各設問の見出しの位置を入れたり、見出しを先に書き込んだりすると良いでしょう。

次にステップ4として、いよいよ執筆です。

以下に、A評価論文（受験者本人による復元論文）を示します。ステップ5として、この論文例を推敲し、A評価が得ることができたポイント等を見ていきます。

■令和3年度　必須科目Ⅰ－2

A評価論文（受験者本人による復元論文）

（問題は56ページ）

・復元論文（1枚目／3枚中）

1．新たな取組を加えた防災減災に関する課題

1.1 災害情報の高度化・可視化

豪雨等の異常気象時には、多くの災害情報が発信されるが、災害情報が氾濫し受け手側が整理できない場合がある。その際、リアルタイムの情報が住民に共有されず、危機感不足から逃げ遅れることもある。

従って、デジタル技術を駆使した防災強化の観点から、災害情報の高度化・可視化が課題である。

1.2 防災減災対策の省力化

人口減少、少子高齢化により建設技術者不足が深刻化している。特に、地方自治体では管理すべきインフラの数に対し技術者が少ないため、人出不足で、必要な防災減災対策が講じられない状況である。

従って、ICTやAI技術を活用した業務効率化の観点から、防災減災対策の省力化が課題である。

1.3 ハードソフト一体となった流域治水への転換

近年、50 mm／h を超える短時間降水が 30 年前の 1.4 倍に増加しており、全国各地で甚大な自然災害が発生している。今後も気候変動により、甚大な水害が発生する恐れがあるが、現在の河川区域だけの治水対策だけでは限界がある。

従って、流域内のあらゆる関係者協働による治水対策の観点から、ハードソフト一体となった流域治水への転換が課題である。

2．最も重要な課題とその解決策

〈ポイント〉

設問1

多面的な観点から3つの課題

情報の観点

モノ（新技術）の観点

ハード・ソフトの観点

が挙げられていてOKです。

小見出し＝課題の提示

1文目＝問題抽出

2文目＝問題分析

3文目＝課題（問題解決の方向性）

の提示となっており、論理性が高く、とても読みやすいです。

1.3においては、定量情報が入っていて良いです。

令和3年度　必須科目Ⅰ－2

・復元論文（2枚目／3枚中）

最も重要な課題として「1.3 ハードソフト一体となった流域治水への転換」を挙げる。なぜなら、生命・財産を守るための事前防災対策に直結し、最も効果が高いと考えるためである。以下に、その解決策を示す。

2.1 雨水貯留施設の拡大（出来るだけ溢れさせない）

流域治水への転換に対する解決策の1つ目は、雨水貯留施設の拡大である。なぜなら、河川への雨水の急激な流れ込みを抑制し、河川氾濫を防ぐためである。

具体的には、令和○年○月豪雨で被災した、○○川流域で検討されている田んぼダムが挙げられる。水田の既存排水桝にせき板を設置し、大量に雨水を貯め込む。その雨水を徐々に流すことで、河川のピーク流量をカットし、河川氾濫を防止する。

2.2 土地利用の規制・誘導（被害対象の減少）

解決策の2つ目は、土地利用の規制・誘導である。なぜなら、現在の土地利用は災害リスクが適正に評価されておらず、人口の約7割が災害リスクのある土地に居住しており、それを改善させるためである。

具体的には、災害ハザード区域における宅地開発等の審査の厳格化や、市町村が実施する集団防災移転事業を推進する。これにより、被害対象を減少させる。

2.3 マイタイムラインの作成（被害軽減）

解決策の3つ目は、地域特性を考慮したマイタイムラインの作成である。なぜなら、自らが考えて行動計画を立てることで、避難の実効性が高まるためである。

〈ポイント〉

設問2

最重要課題が（設問1の3つの課題のうち）どれかが明確に示されていて、（問題文で問われていませんが、）最重要と考える理由が一文添えられていて、論理的な記述となっていて良いです。

解決策（課題遂行策＝問題解決策）が、3つの異なる観点から挙げられていて、

小見出し＝解決策の提示
1文目＝解決策の概要
2文目＝理由
3文目＝具体例・効果
となっていてとても明快です。

3文目で、効果を挙げ、それが最重要課題遂行につながっていることが読み取れます。

3つ目のマイタイムラインの作成については、マイタイムラインの概要、住民への普及促進（方法）にも言及できるとより良いです。

令和３年度　必須科目Ｉ－２

・復元論文（３枚目／３枚中）

具体的には、地域特有の気象状況（夜に雨が降りやすい）や過去の災害（土石流の発生）を学び、災害発生時を想定し具体的な行動計画を立てることで、災害時の迅速な避難に繋がる。 ３．新たに生じうるリスクとその対応策 新たに生じうるリスクの１つ目は、事業遅延である。なぜなら、流域治水は私権の制限や関係者の協力が伴うため、合意形成が遅れる恐れがあるためである。この対策として、計画の初期段階から官民連携・住民参加による協議会を立ち上げ、意見交換等により流域治水の効果を理解してもらい、円滑な事業促進を図る。また、協力者への行政支援や税制優遇措置等を行う。 新たに生じるリスクの２つ目は、地域間格差である。なぜなら、自治体により予算規模やノウハウが異なるため、進捗の差が発生する恐れがあるためである。この対策として、国の予算補助やノウハウの支援、広域連携によるノウハウの共有が挙げられる。 ４．技術者として必要となる要件 新たな取組による防災減災対策は喫緊の課題であり、効率化のためコスト縮減が重要であるが、住民の安全を第一とすべきである。従って、公衆の安全を最優先し、効率的に進める仕組み作りが重要である。また、災害に強い社会・国土を持続的に継続し維持していくためには、新たな取組による効果をPDCAにより評価・分析し改善していくことが必要となる要件である。	〈ポイント〉 設問３ リスクを２つ挙げて、 １文目＝リスクの内容 ２文目＝リスクが生じる理由 ３文目＝リスクへの対応策 という構成でわかりやすく示されています。 問題文には「すべての解決策を実行しても新たに生じうるリスク」とあり、解決策を実行した後に発生するリスクを挙げる必要があります。 →この論文では、解決策を実行できないリスクを主に挙げているので、厳密にいうと題意を外していることになります。（令和３年度以降、この出題パターンが出てきたので、留意したいところです） 解決策の残留リスク、負の副作用リスクを挙げるとより良いでしょう。

設問４

問題文に「設問1～3を業務として遂行するに当たり、」とありますので、一般論ではなく、業務特性を踏まえて記述することが重要なポイントといえます。コスト縮減と住民の安全確保がトレードオフになるが、公益の確保を優先（＝住民の安全を第一）することが示されていて良いです。（もちろん、コスト縮減も公益の確保に該当しますが。）また、仕組みづくりに触れているところも良いです。

社会の持続性の確保についても、業務特性を踏まえ、PDCAといったキーワードを示して記述されていて良いです。

もう一つ、A評価論文（受験者本人による復元論文）を紹介します。ステップ0～4の流れの説明は割愛しますが、ステップ5として、この論文例を推敲し、A評価が得ることができたポイント等を見ていきます。

（令和2年度　必須科目Ⅰ－1）

Ⅰ－1　我が国の総人口は、戦後増加を続けていたが、2010年頃をピークに減少に転じ、国立社会保障・人口問題研究所の将来推計（出生中位・死亡中位推計）によると、2065年には8,808万人に減少することが予測されている。私たちの暮らしと経済を支えるインフラ整備の担い手であり、地域の安全・安心を支える地域の守り手でもある建設産業においても、課題の1つとしてその担い手確保が挙げられる。

(1) それぞれの地域において、地域の中小建設業が今後もその使命を果たすべく担い手を確保していく上で、技術者としての立場で多面的な観点から課題を抽出し、その内容を観点とともに示せ。

(2) 抽出した課題のうち最も重要と考える課題を1つ挙げ、その課題に対する複数の解決策を示せ。

(3) すべての解決策を実行した上で生じる波及効果と、新たな懸案事項への対応策を示せ。

(4) 上記事項を業務として遂行するに当たり、技術者としての倫理、社会の持続性の観点から必要となる要件・留意点を述べよ。

■令和2年度　必須科目Ⅰ－1

A評価論文（受験者本人による復元論文）

・復元論文（1枚目／3枚中）

(1) 地域の中小企業が担い手を確保するための課題
　地域の中小企業が存続していくための課題を、1) ヒトの観点、2) カネの観点、3) 安全の観点から述べる。
　1) ヒトの観点：建設業就労者数の確保
　我が国の建設業就労者数は、1997年をピークに減少の一途をたどっている。建設業のイメージとして、「危険・きつい・汚い」のいわゆる3Kが根付いており、新規入植者が避ける傾向にある。併せて、昨今少子高齢化について建設業においてはその傾向が顕著であり、ベテラン技術者の大量離職が見込まれている。このような状況から、建設業就労者数の確保は喫緊の課題である。
　2) カネの観点：建設投資額の確保
　昨今の不景気に伴い、建設業においても投資額が減少する傾向にある。近年、国土強靭化3か年緊急対策で約7兆円の財源が充てられ、一時的な潤いがもたらされている。しかし、今後税収の減少が危惧されるなか、地域の建設業の存続のためには、継続的な投資が必要である。
　3) 安全の観点：老朽化する施設への対応
　国土交通白書によると、令和4年に主たるインフラ構造物（道路・橋梁・港湾・河川）の過半数が建設後50年を迎えると推計されている。これは建設業において維持管理にかかる負担が増加する未来を示唆してい

〈ポイント〉
設問1
　多面的な観点から3つの課題
　人（ヒト）の観点
　金（カネ）の観点
　安全の観点
が挙げられていてOKですが、2、3つ目の課題においては、担い手確保との関連性が弱く、若干題意を外しています。

　担い手確保を困難としている事象を3つの異なる観点から洗い出し直して、それぞれの問題抽出・分析を行うと良いです。

小見出し＝課題の提示
　1文目＝問題抽出
　2文目＝問題分析
　3文目＝課題（問題解決の方向性）の提示となっていてとても明快です。

　年（数）や金額といった定量情報が入っていて良いです。

令和2年度　必須科目Ⅰ－1

・復元論文（2枚目／3枚中）

る。地域の建設業の存続のために、構造物のライフサイクルを考慮し、予防保全の観点から老朽化対策に取り組む必要がある。
(2) 最も重要と考える課題：建設業就労者数の確保
私が (1) で挙げた課題のうち最も重要と考えるものは、「建設業就労者数の確保」である。その理由は、土木技術の判断は属人的であり、これは長年の経験によって培われるからだ。経験知による技術を継承していくための人材の確保は必至である。以下に、当該課題に対する解決策を示す。
1）建設業就労者の待遇改善
3K 問題や賃金といった建設業に対するネガティブな印象を改善するために、前者については、完全週休2日制やノー残業デーを推進し、後者については賃金水準等の基礎データを公開する。技能労働者においては、建設業キャリアアップシステムを活用し、可視化することによって適切な評価を受けることができる。
2）省人化技術の導入
現状として、建設業と長時間労働は不可分である。
そこで、GPS を搭載した ICT 建機等の省人化技術を導入し、個人の負担を軽減する。その結果、建設業就労者の待遇改善、魅力向上、新規入職希望者の増加に寄与するものと考える。
3）女性や外国人労働者の積極的な採用
女性や外国人労働者が従事し易い環境を整備する。

〈ポイント〉
設問2
最重要課題が（設問1の3つの課題のうち）どれかが明確に示されていて、（問題文で問われていませんが、）最重要と考える理由が1文添えられていて、論理的な記述となっていて良いです。

解決策（課題遂行策＝問題解決策）が、3つの異なる観点から挙げられていて、

小見出し＝解決策の提示
1文目＝解決策の概要
2文目＝合理的な理由、詳細

となっていてとても明快です。

2つ目の解決策「省人化技術の導入」は、一見、最重要課題（建設業就労者数の確保）と関係なさそうに思えますが、省人化技術の導入により個人の負担を軽減することで、就労者を確保しやすくするといった論理が示されていて、最重要課題と整合しているといえます。

令和2年度　必須科目Ⅰ－1

・復元論文（3枚目／3枚中）

女性の場合はハード面（トイレ、更衣室）、制度面（家庭・育児との両立）の環境を整備する。外国人の場合は、特定技能を修習すれば、在留期間の上限をなくし、家族の帯同を認める環境を整備する。 (3) 全ての解決策の実行による波及効果と懸案事項 1）波及効果：建設業就労者数が増加し、個人の負担が減少する。3K に対するイメージを改善し、建設業の魅力向上につながる。 2）新たな懸案事項と対応策：地域の中小建設業にとっては、上記の取組みにあたり初期投資が嵩むため、一定の経営体力を有していない場合、現状を変えることが難しい。対応策として、取組に対してインセンティブを付与するモデルケースを導入するほか、地域維持型発注方式を採用する等、中小建設業が参画しやすい環境を整備することが挙げられる。 (4) 業務遂行にあたり必要な要件・留意点 1）技術者倫理の観点から必要な要件 技術士として、労働法等の法規を遵守し、指導・教育にあたっては自己の継続研鑽が必要となる。 2）社会の持続可能性の観点から必要な要件 人的資源の観点からは、適材適所に配慮したマネジメントが必要である。環境の観点からは、ハイブリッド建機の導入等、地球環境に配慮することが必要である。 （以上）	〈ポイント〉 設問3 波及効果＝正の効果（建設業の魅力向上）、懸念事項＝初期投資が嵩むが挙げられており、わかりやすく示されています。 設問4 1）は法令遵守、継続研鑽 2）は人財、環境配慮の観点から書かれていて良いですが、問題文に「設問1～3を業務として遂行するに当たり、」とありますので、一般論ではなく、業務特性を踏まえて記述すると良いです。

3. 3　Ⅱ－1選択科目

3. 3. 1　Ⅱ－1選択科目の概要

Ⅱ－1選択科目は、午後3時間30分のうち、その約1/6の時間＝約35分で、600字の論文を仕上げる必要があります。

令和元年度から令和4年度までの出題テーマは以下のとおりであり、多岐にわたるといえます。

図表3. 12　Ⅱ－1選択科目の出題テーマ

	令和元年度	令和2年度	令和3年度	令和4年度
土質及び基礎	・すべり破壊 ・住宅の液状化被害の対策工法 ・切土のり面の安定対策工 ・ヒービング、盤ぶくれ、ボイリング	・地盤の圧縮沈下 ・地すべり対策工法 ・液状化に関する指標 ・自立式土留め	・擁壁の変状・損傷 ・直接基礎の支持力算定 ・粘性土の強度増加率 ・地盤の液状化発生	・地盤剛性のひずみ依存性 ・盛土施工時の品質管理基準 ・軟弱粘性土地盤上での盛土施工 ・軟弱地盤上に設置する橋台及びその杭基礎設計の技術課題
鋼構造及びコンクリート	・座屈現象 ・溶接方法 ・鋼構造物の腐食現象 ・鋼構造物の疲労き裂	・高性能鋼 ・複合構造	・鋼部材の破壊現象 ・高力ボルト連結方法	・鋼構造物の防食機構 ・鋼部材の座屈の種類
	・複合構造 ・コンクリート用化学混和剤 ・暑中コンクリート ・塩害対策	・コンクリート構造物の生産性向上 ・コンクリート構造物の劣化現象	・高強度材料 ・非破壊検査	・高炉セメントB種あるいはフライアッシュセメントB種を使用したコンクリート ・スランプ値で管理し締固めを要するコンクリートを使用した鉄筋コンクリート構造物の充填不良の発生原因
都市及び地方計画	・エリアマネジメント ・換地照応の原則 ・高度利用地区、再開発等促進区を定める地区計画 ・都市の公園緑地の多面的な機能	・対流促進型国土の形成 ・立体都市計画制度 ・空家等対策推進特措法 ・都市公園の移動等円滑化の考え方	・防災集団移転促進事業、土地区画整理事業 ・低未利用地の利活用手法 ・用途規制緩和手法 ・生物多様性の保全に係る都市公園の果たす役割	・災害ハザードエリア ・街路事業の新規事業採択時評価の算定方法 ・周辺の道路の状況によって建築物やその敷地に課せられる規制 ・生産緑地制度、特定生産緑地制度

図表3.12　Ⅱ－1選択科目の出題テーマ（つづき）

	令和元年度	令和2年度	令和3年度	令和4年度
河川、砂防及び海岸・海洋	・河川堤防 ・大規模地震に対するダム本体の耐震性能照査 ・土砂災害 ・高潮浸水想定区域図の作成	・河道流下断面の維持管理 ・貯水池土砂管理 ・土砂・洪水氾濫 ・海岸堤防の設計	・すべり破壊、パイピング破壊 ・ダム再生の技術的な方策 ・砂防堰堤 ・波浪観測の地点選定	・河川氾濫による浸水被害の軽減対策 ・ダム総合点検の実施手順 ・土砂災害において、流木が被害の発生や復旧に及ぼす影響 ・設計高潮位の設定方法
港湾及び空港	・地盤の液状化メカニズム ・塩害劣化のメカニズム ・事業の費用対効果分析 ・環境影響評価項目	・波浪の観測機器 ・軟弱地盤上に埋立地を造成する際のケーソン式護岸の築造 ・コンテナ取扱能力又は離着陸処理能力の拡大方策 ・港湾・空港整備事業の環境影響評価法手続	・施工計画 ・公有水面埋立事業の環境影響評価 ・フェリー埠頭計画 ・ブリスタリング現象	・ターミナル地区の取扱能力の向上に係る便益計測方法 ・防潮堤設計のためのボーリング調査の移動式足場 ・浚渫作業船の代表的な種類 ・空港の滑走路端安全区域の整備方策
電力土木	・電源のエネルギーミックス ・水力発電所の水車・発電機の機器故障等 ・火力発電所の燃料受け入れ桟橋 ・原子力発電所の基準津波の策定方法	・ダムの設計洪水流量 ・密閉型シールド工法の検討事項 ・軟弱地盤での石炭火力発電所の屋外式貯炭場の計画 ・原子力発電所の津波防潮堤の設計	・環境影響評価手続 ・水力発電の導入拡大方策 ・塩害劣化 ・着床式洋上風力発電機の構造型式	・流体の模型実験の際、原型と模型との間で完全な相似性が成立する条件 ・電力土木施設の確保すべき耐震性と津波対応 ・ダムの堆砂対策 ・第六次エネルギー基本計画
道路	・車道曲線部の最小曲線半径 ・重要物流道路制度 ・連続鉄筋コンクリート舗装、転圧コンクリート舗装 ・切土のり面崩壊に繋がる変状	・設計時間交通量 ・歩行者利便増進道路 ・車両及び側帯の舗装の必須の性能指標 ・落石対策工	・交通需要推計手法 ・特定車両停留施設 ・舗装点検要領の使用目標年数 ・ICT 土工	・普通道路における車道の縦断勾配の設定の考え方 ・踏切道改良促進法の改正 ・再生加熱アスファルト混合物の製造方法 ・道路盛土について、地震時の安定性の照査の考え方
鉄道	・性能照査型設計 ・橋脚の洗掘災害の危険性評価 ・営業線直下での非開削工法 ・軌道変位の管理項目	・在来線の旅客用プラットホームにおける安全確保・移動円滑化の観点から求められる措置 ・普通鉄道の分岐器 ・鉄道構造物の検査 ・改良すべき踏切道	・レール溶接法 ・盛土の不安定性に関する調査 ・コンクリート構造物の材料劣化 ・都心部ターミナル駅の改良計画	・カントの必要性、算出方法、逓減 ・構造物の性能確認における健全度の判定区分 ・新駅設置の技術基準 ・鉄道騒音における主要な音源
トンネル	・山岳工法トンネルでの吹付けコンクリート ・山岳工法トンネルの覆工 ・開削工法の地下構造物の漏水 ・シールドトンネルの覆工	・山岳トンネルにおける早期閉合 ・計測工Aの項目 ・開削工法の地下埋設物の保安措置 ・シールド工法での長距離施工	・山岳トンネルの設計 ・ロックボルトの性能 ・遮水性に優れた土留め壁の構造 ・立坑からのシールドの発進	・山岳工法における鋼製支保工の効果 ・山岳トンネル掘削時の切羽観察項目 ・地下連続壁を本体利用する場合に設計段階で考慮する事項 ・セグメント製作における品質管理のための検査

図表3.12　Ⅱ－1選択科目の出題テーマ（つづき）

	令和元年度	令和2年度	令和3年度	令和4年度
施工計画、施工設備及び積算	・地震動によって生じる地盤の液状化の仕組み ・多様な入札契約方式 ・建設現場における三大災害 ・コンクリート構造物の非破壊検査	・地すべり対策 ・工事遂行に影響する発注者及び受注者の義務 ・市街地における橋梁下部工の施工計画 ・鉄筋コンクリート構造物の劣化機構	・地盤変状の発生の仕組み ・建設キャリアアップシステム ・足場の倒壊防止の留意事項 ・高流動コンクリート	・切土のり面保護工 ・ECI方式 ・墜落による労働災害の防止に関する規定等改正 ・コンクリートの中性化の劣化機構
建設環境	・建設リサイクル ・騒音発生源対策 ・多自然川づくり ・環境アセスメント手続き	・再生可能エネルギー源を利用した発電設備 ・特定建設資材廃棄物 ・汚染の除去等の措置 ・自然との共生を軸とした国土の多様性の維持	・富栄養化 ・2050年カーボンニュートラルに伴うグリーン成長戦略の実行計画 ・生物多様性保全に向けた取組 ・太陽電池発電所の環境影響評価	・道路又は鉄道の建設に伴う供用後の騒音対応 ・前倒環境調査 ・生態系を活用した防災・減災（Eco-DRR）の考え方 ・建設発生土と建設汚泥の違い

3.3.2　Ⅱ－1選択科目の論文演習方法（一例）

前項3.3.1に示した過去問の出題範囲を踏まえて、選択科目11科目を大まかに分類すると、下記の5つの系列に分類できると思います（一例）。

・構造系……土質及び基礎、鋼構造及びコンクリート

・計画系……都市及び地方計画

・施設系……河川、砂防及び海岸・海洋、港湾及び空港、電力土木、道路、鉄道、トンネル

・施工系……施工計画、施工設備及び積算

・環境系……建設環境

論文演習において、同じ系列の過去問や、他の系列の観点を参考にすると、幅広い充実した学習ができると思います。例えば、軟弱地盤、液状化、（鉄筋）コンクリート、環境影響評価といったキーワードは3つ以上の選択科目において目にすることができます。

図表3.13のように、キーワードのマトリクスを作成し、これを推敲したり加筆修正を繰り返したりする論文演習が効果的といえます。

問題文で要求されている事項をしっかりと捉え、特定の事項に偏ることなく、バランスよく解答することが重要です。文字数が600字と非常に少ないので、

見出しをこまめに多く付けたり、文章にしたりすると書きたい内容が十分に書けなくなるおそれがあります。見出しの数を最低限にしたり、箇条書きをうまく活用したりすると、体系的かつ網羅的な記述がしやすくなり、高評価が得やすくなります。

過去問の設問切り口を参考に要点を箇条書きしていく

キーワード	概要	メカニズム	特徴・違い	手順	メリット	デメリット	留意点	具体的な適用例

①過去問を中心にテーマを挙げる。
②①に関連するキーワードを追加する。
③第一次試験過去問からキーワードを追加する。

✓ノートにまとめて、適宜加筆できるように余白を設けておく。
✓関連性の高いものをグループ化する。
✓隙間時間に確認できる。
✓直前のおさらいにも活用できる。

図表3. 13　Ⅱ－１選択科目の論文演習例

3. 3. 3　Ⅱ－１選択科目の論文（一例）

前項3. 3. 2を踏まえ、ここでは、過去問（令和3年度　選択科目（道路）Ⅱ－1－2）及び合格論文例を推敲し、A評価が得ることができたポイント、さらに高評価を得るためのポイント等を見ていきます。

> Ⅱ－1－2　令和2年5月の道路法改正により創設された、特定車両停留施設の概要を述べよ。また、それにより期待される効果を説明せよ。

■令和3年度　選択科目（道路）Ⅱ－1－2

A評価論文（受験者本人による復元論文）

・復元論文（1枚目／1枚中）

(1) 概要

バスターミナルについては、従来、駐車場の位置づけであり、一般車両の進入を規制できなかった。これを法改正により特定車両停留施設とすることで、バスやタクシー等の旅客車量に限定して利用できるようになった。

バスターミナルはこれまで、道路管理者と交通事業者の兼用工作物として共同管理を行っていた。

これを、コンセッション方式導入可能とし、民間による運営が可能となった。

(2) 期待される効果

①バスやタクシー等の旅客車両のみの利用となり、利用の円滑化や周辺道路の渋滞緩和効果を期待できる。

②コンセッション方式による民間運営により効率的でサービス水準の高いサービスが期待できる。

③MaaSとの連携により更なる利便性向上効果が期待できる。

④駅周辺に点在したバス停をバスターミナルに集約して、利便性向上を図る。また周辺道路の渋滞緩和を図る。

⑤ETC2.0等の活用によりバスロケーションでバス運行状況の見える化の効果が期待できる。

⑥災害発生時の鉄道等の代替交通としてのバス活用の、基地としての効果が期待できる。

以上

〈ポイント〉

題意に沿って、読みやすい文章で、良く書けています。

箇条書きをうまく活用することで、問題文で要求されている事項に対して、体系的かつ網羅的に記述することが可能となります。

※受験する年度の過去1～2年に改正された関係法令は押さえておきたいところです。

★さらに高評価の論文を目指して、

(1) について、特定車両停留施設の概要が問われているので、これに直接的に答えると良いです。

3.4　Ⅱ－2選択科目

3.4.1　Ⅱ－2選択科目の概要

Ⅱ－2選択科目は、午後の3時間30分のうち、その約1/3の時間＝70分で、1,200字の論文を仕上げる必要があります。

令和元年度から令和4年度までの出題テーマは以下のとおりであり、直近の事象等を踏まえた、多岐にわたるものとなっています。一方で各選択科目に共通する汎用的な部分（例　調査・検討内容、業務手順、関係者との調整事項）も多々あると思いますので、共通項とテーマ特性をうまく整理していくと対応しやすいといえます。

図表3.14　Ⅱ－2選択科目の出題テーマ

	令和元年度	令和2年度	令和3年度	令和4年度
土質及び基礎	・丘陵地を横断する道路橋の橋脚変状対応（模式図付き） ・供用中の道路盛土の拡幅工事計画（模式図付き）	・片側1車線道路の盛土クラック対策（模式図付き） ・大型の工業用水タンクの基礎構造計画（模式図付き）	・高速道路の新設工事計画（模式図付き） ・高層ビルの建設に伴う山留め壁の変位対応（模式図付き）	・幹線道路崩壊のり面の復旧対策計画（模式図付き） ・企業BCPの観点からの構造物基礎の耐震補強計画（模式図付き）
鋼構造及びコンクリート	・鋼構造物の効率的な整備のための技術開発 ・鋼構造物の品質や精度に関わる重大不整合の再発防止策 ・鉄筋コンクリート構造物の耐久性回復のための補修計画 ・重要構造物の耐震補強	・厳しい施工上の制約条件下での構造物の新設プロジェクト ・既設構造物を使用しながらの改築・増築、補修・補強	・対象構造物と接合部の不具合の再発防止 ・老朽化が進んだ構造物に対する耐震補強	・既に設計された構造物の工期短縮検討 ・突発的な作用による変状を受けた構造物の部材再利用を想定した調査
都市及び地方計画	・大規模地震を想定した事前復興まちづくり ・大都市近郊都市の住宅市街地における街区公園の再編	・防災強化のための居住誘導区域見直し ・住環境保全のための地区計画導入	・地方都市の市街地駅前の市道における道路空間の再構築 ・保有公共施設の統廃合・再配置計画	・歴史的な景観を活かした街並み環境整備まちづくり ・運動公園を対象とした指定管理者制度の導入

図表3.14　Ⅱ－2選択科目の出題テーマ（つづき）

	令和元年度	令和2年度	令和3年度	令和4年度
河川、砂防及び海岸・海洋	・環境に配慮した災害復旧工事の検討業務 ・防災地域づくりの検討業務	・台風襲来時の水害・土砂災害に対する市町村における警戒避難体制の整備業務 ・水害・土砂災害の被災地における再度災害防止対策プロジェクト	・施設の老朽化（長寿命化）対策に関する計画策定業務 ・気象を要因とする洪水、高潮、土砂災害の被害想定区域の設定に関する調査・検討業務	・複数の防災施設の被災状況の把握・応急措置 ・水害・土砂災害を対象とした避難行動の学習を目的とした住民講習会開催
港湾及び空港	・港湾又は空港における高潮対策 ・海面埋立工事の施工計画	・事業継続計画（BCP）の見直し ・供用中のケーソン式係船岸又は滑走路の耐震性向上の改良設計	・完成後長期間が経過している施設の波浪に対する要求性能の照査及び対策工の検討 ・ターミナル内外における旅客の誘導や貨物の搬入搬出に関するスマート化	・機能が不足する港湾や空港の機能再編強化の基本計画 ・海上の鋼構造物の適切な維持管理
電力土木	・湧水や漏水の影響を踏まえた施設の建設や維持管理 ・土砂堆積を踏まえた施設の運用や保全	・施設へのデジタルテクノロジー活用方策 ・建設、維持管理における水理シミュレーションを用いた水理検討業務	・地盤変状による影響を抑止するための対策 ・発展途上国における発電所等の建設プロジェクト	・重要な既存電力土木施設の大規模地震発生に備えた検討 ・再生可能エネルギー拡大を目的とした既存電力土木施設の改造
道路	・市街地の生活道路における交通安全対策（ゾーン対策） ・市街地を通過するバイパスの新設事業（橋梁オーバーパス区間）	・重要物流道路の道路交通アセスメント ・道路の地下空間の占用物件の事象を踏まえた舗装修繕工事	・市街地における生活道路を含めた緊急的交通安全対策 ・都市間を結ぶ高速道路における橋梁での鉄筋コンクリート床版の取替え工事の計画	・スマートICの計画 ・暫定2車線高規格道路の土工区間での4車線化事業
鉄道	・切土区間の自然斜面での土砂崩壊により土砂が流入した鉄道路線の応急対策・恒久対策 ・複数の家屋が山上・坑口予定地付近に存在する高速鉄道複線山岳トンネル建設	・鉄道設備への状態監視保全の導入検討 ・軌道構造との関連及び幹線道路との交差条件を踏まえた鉄道新線橋梁上部工構造計画	・最大震度6強の地震発生後の被害調査及び復旧方針策定 ・道路と交差する踏切を改良するための単独立体交差化計画	・連続立体交差事業の都市鉄道駅の地下化計画 ・鉄道設備・構造物のメンテナンスデータの一元管理
トンネル	・帯水した未固結地山における山岳工法（排水型）によるトンネル施工 ・都市部におけるトンネル工事に起因する変状発生を踏まえた工事実施の検討	・矢板工法で施工された既設トンネル直下への山岳工法による新設トンネル施工 ・施工時の状態に起因する有害な影響を想定した都市トンネルの建設工事の設計及び施工計画	・山岳工法による新設の2車線道路トンネルの坑口部の掘削（模式図付き） ・都市部におけるトンネル施工の計測管理や施工条件の検討	・泥質岩（軟岩）地山における切羽での施工の安全性確保 ・施工深度が大きいトンネル築造

図表3.14　Ⅱ－2選択科目の出題テーマ（つづき）

	令和元年度	令和2年度	令和3年度	令和4年度
施工計画、施工設備及び積算	・都市近郊の2車線道路橋の新設工事（張出し式橋脚3基のコンクリート工）の施工計画策定 ・住居地域にある4車線の幹線道路のボックスカルバート更新工事の施工計画策定	・2車線道路橋の橋脚1基を河川区域内に建設する工事（模式図付き） ・既成市街地内の幹線道路下での新駅工事の掘削発生土の適切な搬出計画	・幹線街路下における商業施設と地下街を連絡するプレキャスト構造の地下通路の開削新設工事の施工計画（模式図付き） ・住宅が密集する市街地における鉄道新設建設の下部工工事の工程管理（模式図付き）	・地方都市郊外丘陵地の大規模宅地造成工事（模式図付き） ・地下水位の高い市街地におけるシールドトンネル発進立坑の異常出水対応（模式図付き）
建設環境	・建造物新設に係る自主的環境影響評価 ・環境改善事業における事業効果評価	・第一種事業に当たる海域の公有水面埋立事業の環境影響評価 ・大規模な水害・土砂災害後における再度災害防止を目的とした復旧対策	・第一種事業に当たる新幹線事業の環境影響評価 ・建設工事において大規模な土地の形質変更を行う際の、地盤汚染に関する調査・汚染除去等措置	・水環境の環境影響評価 ・猛禽類に対する環境保全措置・事後調査

前項3.3.2で、選択科目11科目を大まかに分類すると、一例として、下記の5つの系列に分類できることに触れましたが、Ⅱ－2選択科目の過去問を見ますと、これらの5つの系列が各々複合した出題が多いことが見てとれます。

・構造系……土質及び基礎、鋼構造及びコンクリート

・計画系……都市及び地方計画

・施設系……河川、砂防及び海岸・海洋、港湾及び空港、電力土木、道路、鉄道、トンネル

・施工系……施工計画、施工設備及び積算

・環境系……建設環境

例えば、施設系の選択科目において、構造系や施工系、環境系の観点が含まれていたり、施工系の選択科目において、計画系の観点が含まれていたりしていることがわかります。

特に、構造系と施設系、施工系の関連性は高いといえます。

これらのことから、受験する選択科目以外の過去問も参考に、受験する選択科目の前提条件を置き換えた論文演習をしてみると、網羅的かつ体系的な理解

が深まると思います。

Ⅱ－2選択科目は3つの設問から構成されています（図表3.15参照）。これを踏まえ、論文骨子及び文の構成例を以下に示します（図表3.16参照）。論文演習に当たり、どこからどう手を付けて良いかわからず、最初の一歩がうまく

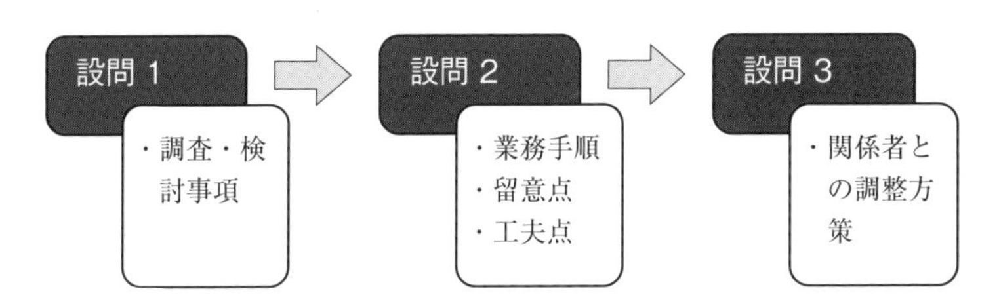

図表3.15　Ⅱ－2選択科目の論文骨子例

図表3.16　Ⅱ－2選択科目の論文骨子・文の構成例

	(1) 調査・検討事項、内容	(2) 業務手順、留意点・工夫点	(3) 関係者との調整方策
文の構成例	調査・検討事項1 調査・検討の概要、目的等（2文） 調査・検討事項2 調査・検討の概要、目的等（2文） 調査・検討事項3 調査・検討の概要、目的等（2文）	手順1 手順の内容、留意点、工夫点（2～3文） 手順2 手順の内容、留意点、工夫点（2～3文） 手順3 手順の内容、留意点、工夫点（2～3文） 手順4 手順の内容、留意点、工夫点（2～3文）	関係者1 関係者との利害等、利害等調整方法（2文） 関係者2 関係者との利害等、利害等調整方法
ポイント	設問2の業務に入る前に行っておきたい事項を入れると良いです。 多面的な観点でバランスよく3点ほど挙げると良いでしょう。	一般的な業務手順の羅列にならないように留意しましょう。 問題文の与条件及び業務特性を踏まえた手順内容を記述しましょう。 留意点、工夫点はマネジメントの観点から記述しましょう。 資源（人員、設備、金銭、情報等）には限りがあるので、例えば、業務の要求事項を踏まえ、如何に手戻り・ミスが生じないようにするか（留意点）、如何に業務のQCD（品質、コスト、納期）を確保するか（工夫点）と捉えても良いでしょう。	リーダーシップの観点から記述しましょう。具体的には、業務において関係者間で生じる利害等（合意形成の難易度等含む）を挙げ、それに対して明確なデザインを持ちながら、如何に調整するかをそれぞれ2点ほど記述すると良いでしょう。 関係者としては、一例として、施設等の管理者・利用者や周辺住民、交通管理者（警察）、環境保護団体などが挙げられます。
答案用紙（文章量）の目安	1枚弱	1枚弱	1/2枚

踏み出せない場合は、テンプレートとして参考にしてみてください。論文演習に慣れてきたら、このテンプレートにとらわれず、自分の資質能力（コンピテンシー）を発揮しやすいオリジナルの論文骨子及び論文構成を作り上げると良いでしょう。

特に、Ⅱ－2選択科目においては、各設問に記述する内容の棲み分けが重要といえます。

受験生の方々の論文を見ていますと、設問1と設問2で重複した内容が書かれていたり、設問2と設問3で重複した内容が書かれていたりすることがよく見られます。

図表3. 17を参考に、記述の重複を避け、各設問における記述内容を整理することで、とても読みやすく、高評価を得やすい論文になるといえます。

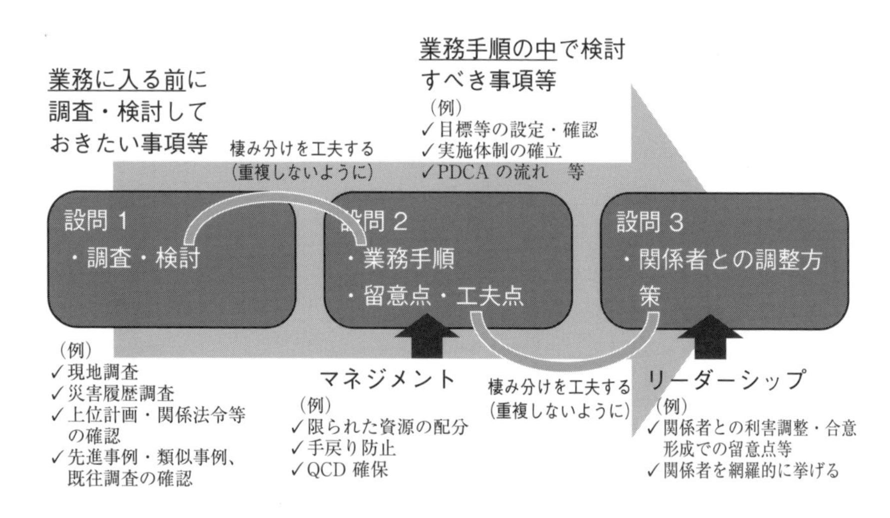

図表3. 17　Ⅱ－2選択科目　各設問の棲み分け例

3.4.2　Ⅱ－2選択科目の論文演習方法（一例）

論文演習において、図表3.18のように、テーマごとの論文骨子ストックを作成し、これを推敲したり加筆修正を繰り返したりする学習を行うと、このストックをそのまま筆記試験直前期の仕上げ及び当日のチェックにも使えるので効果的といえます。

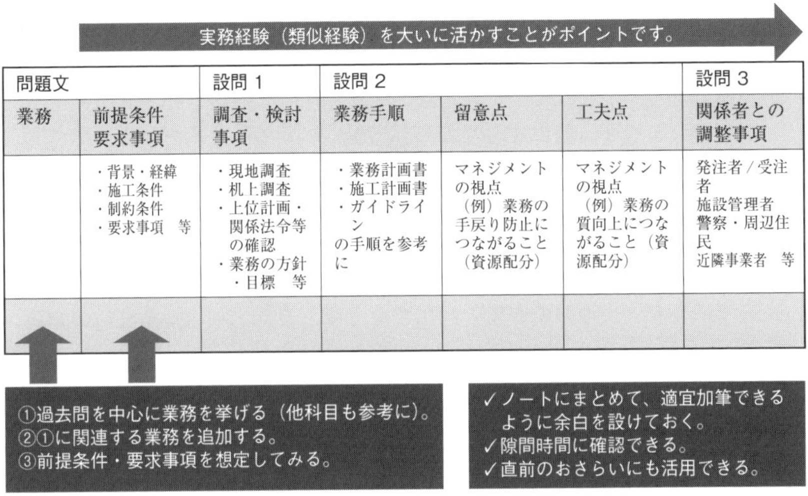

実務経験（類似経験）を大いに活かすことがポイントです。

問題文		設問1	設問2			設問3
業務	前提条件 要求事項	調査・検討事項	業務手順	留意点	工夫点	関係者との調整事項
	・背景・経緯 ・施工条件 ・制約条件 ・要求事項　等	・現地調査 ・机上調査 ・上位計画・関係法令等の確認 ・業務の方針・目標　等	・業務計画書 ・施工計画書 ・ガイドライン の手順を参考に	マネジメントの視点 （例）業務の手戻り防止につながること（資源配分）	マネジメントの視点 （例）業務の質向上につながること（資源配分）	発注者／受注者 施設管理者 警察・周辺住民 近隣事業者　等

①過去問を中心に業務を挙げる（他科目も参考に）。
②①に関連する業務を追加する。
③前提条件・要求事項を想定してみる。

✓ノートにまとめて、適宜加筆できるように余白を設けておく。
✓隙間時間に確認できる。
✓直前のおさらいにも活用できる。

図表3.18　Ⅱ－2選択科目の論文演習例

各設問において、①ほとんどの業務に共通する事項と②各業務に特化した事項とがありますので、これら①②をうまく整理し、組み合わせて論文骨子を作成すると良いでしょう。

設問1、2においては、実務で行った業務計画書・業務報告書（成果品）の業務フローや、関係省庁・団体が定めた各種ガイドライン（業務手順等）を参考にしてみると良いです。

設問2の留意点・工夫点や設問3においては、実務経験を大いに活かしましょう。実務上で皆さんが当たり前のように行っていることが、これらに該当することが多いので、実務を振り返って棚卸しをしてみると良いです。

3.4.3　Ⅱ－2選択科目の論文（一例）

前項3.4.2を踏まえ、ここでは、過去問（令和3年度　選択科目（都市及び地方計画）Ⅱ－2－1）及び合格論文例を推敲し、A評価が得ることができたポイント等を見ていきます。

（令和3年度　選択科目（都市及び地方計画）Ⅱ－2－1）

Ⅱ－1－2　小さな敷地単位で低未利用地が散発的に発生する都市のスポンジ化によって、特にまちなかの都市機能の誘導・集約をはかるべき地域において、生活サービス施設の喪失、治安・景観の悪化等が引き起こされ、地域の魅力・価値が低下することが懸念されている。都市のスポンジ化に関わる土地利用上の課題を解決するために、土地の集約・再編の手法及び、土地の所有権と利用権を分離して低未利用地を利活用する手法について、異なるものをそれぞれ1つ示し、その概要、活用するメリット、活用するための留意点を説明せよ。

■令和3年度　選択科目（都市及び地方計画）Ⅱ－2－1

A評価論文（受験者本人による復元論文）

・復元論文（1枚目／2枚中）

1．調査・検討事項
(1) 地区の位置づけ
　都市計画マスタープランや総合計画などの上位計画を調査し、当該地区の都市構造上の位置づけを確認する。その際、当該地区の都市構造の役割について検討する。
(2) 沿道の土地利用状況
　都市計画基礎調査を基に、沿道の土地利用状況を調査する。その際、空き家や空き店舗などの低未利用の活用策や地域資源となる施設利用について検討する。
(3) 住民意向調査
　沿道住民を対象にアンケート調査を実施し、地域の将来像や居心地が良くウォーカブルな道路空間の再整備に必要な施設などを把握する。その際、整備に必要な基本的な方針について検討する。
2．業務手順
(1) ワークショップの開催
　アンケート調査結果をもとに検討した基本方針について、地域住民の意見交換会を実施する。
　その際、住民・行政に加えて、自治会・事業者・ステークホルダーなどが参加するよう幅広い分野の参画となるように工夫する。
(2) 計画素案の作成
　ワークショップでの意見を踏まえ、計画の素案を作成する。その際、上位計画との整合性に留意する。

〈ポイント〉
　設問1において、広域的視点、局所的視点、利用者の視点からバランスよく提示されていて良いです。

　設問2において、手順がわかりやすく示されています。

　道路空間の再構築がテーマですので、これにもう少し特化した内容で記述できると良いです。
　また、地域住民の合意が得られれば何でも実現可能という訳ではないので、担当責任者として当業務の方向性を示すことも手順に含めるとより良いと思います。

令和３年度　選択科目（都市及び地方計画）Ⅱ－２－１
・復元論文（２枚目／２枚中）

さらに、低未利用地の活用策や地域資源の活用策などを検討した内容を記載するように工夫する。
(3) まちづくり協議会の結成
住民主体の、住民、学識者、事業者などからなる協議会を結成する。
協議会では素案の内容や行政との協議・調整の場となるように工夫する。
(4) 計画案策定
協議での議論を踏まえ、計画案を作成する。その際、住民説明会やパブリックコメントを実施して作成し、合意形成が図られるよう留意する。
さらに、道路の歩道空間利用について、道路管理者と特例道路占用区域の指定など事前に協議するよう留意する。
３．調整方策
計画案の作成に当たっては、業務担当者間、住民、事業者、ステークホルダーなどとのコミュニケーションを常に図り、地区の将来像や再構築の内容についての意識を共有する。
住民や自治会・施設管理者との協議・調整を何度も重ね、指導や助言ではなく伴走者としての立場で、意向を確認し、マネジメントしていくことが重要である。
このような取組みが業務の効率的・効果的な遂行には必要不可欠である。

〈ポイント〉

設問３において、関係者を具体的に挙げて、その調整内容が具体的に書かれていて良いです。

ここでは、リーダーシップの観点が求められていますので、関係者との利害を具体的に挙げ、それをどのように調整していくのかを記述できるとより高評価が得られると思います。

3.5　Ⅲ選択科目

3.5.1　Ⅲ選択科目の概要

Ⅲ選択科目は、午後の3時間30分のうち、その約1/2の時間＝105分で、1,800字の論文を仕上げる必要があります。

令和元年度から令和4年度までの出題テーマは以下のとおりであり、普遍的なものから直近の事象等を踏まえたものまでと多岐にわたっています。一方で選択科目全体に共通する部分（図表3.19参照）も多々ありますので、共通項とテーマ特性をうまく整理していくと対応しやすいといえます。

図表3.19　Ⅲ選択科目の出題テーマ（1）

	令和元年度	令和2年度	令和3年度	令和4年度
土質及び基礎	・地盤構造物の効率的な維持管理 ・地盤の不確実性を踏まえた地盤構造物の計画及び建設	・地盤構造物の効率的・効果的な維持管理に向けたICT技術導入 ・従前想定していなかった大規模な自然災害への対応を含めたハードとソフトの一体的な対策の立案	・新たに地盤構造物を建設する際、環境問題に対応した新技術の開発・導入の推進 ・老朽化した地盤構造物における災害リスクを踏まえた維持管理	・地盤構造物の建設における生産性の向上 ・既設の地盤構造物の災害に対するリスク評価
鋼構造及びコンクリート	・鋼構造物の工場製作又は架設（建て方）における労働災害の防止対策 ・構造安全性を損なう劣化・損傷を受けた場合の、速やかに適切な補修・補強策・再発防止策の立案 ・新興国・開発途上国でのインフラ整備 ・二酸化炭素等の温室効果ガスの削減策	・BIM/CIMの活用による生産性向上 ・設計・施工における性能規定化の推進	・建設・維持管理の現場における新材料・新工法の活用 ・持続可能なメンテナンスサイクルの実現	・社会インフラに対する老朽化対策 ・サプライチェーンマネジメントの導入による生産性向上
都市及び地方計画	・都市のスポンジ化対策 ・都市の持続的経営を目的とした都市構造の再編	・グリーンインフラの活用 ・コミュニティ組織が広場や歩行空間を整備、管理運営する事業	・コロナ危機を契機とした今後の都市政策 ・歴史的資産の管理運営	・地方都市における駅まち空間の再構築 ・大都市郊外の大規模住宅団地の再生

図表3.19　Ⅲ選択科目の出題テーマ（1）（つづき）

	令和元年度	令和２年度	令和３年度	令和４年度
河川、砂防及び海岸・海洋	・防災インフラの機能維持 ・複合的な災害への対策	・データプラットフォームの実現 ・持続可能な土砂管理の実現	・水防災分野での作業遠隔化の取組推進 ・多様なセンシング情報の効果的な組合せ	・水災害リスクを踏まえた防災まちづくり ・水災害に対する防災対策事業の事業評価手法
港湾及び空港	・インフラシステム輸出 ・ライフサイクルコストの縮減	・訪日旅行の振興 ・安全性向上や安全管理	・地方の経済活性化貢献 ・脱炭素化の取組	・国際の物流・人流に着目した、地方の経済復興の貢献 ・巨大地震による被害を防止又は軽減するための護岸等の耐震性調査・耐震改良
電力土木	・電力土木施設の維持管理・運用 ・技術継承	・施設の円滑な計画、建設、運用に支障となる事象への対応 ・公衆災害リスクへの対応策	・人材育成 ・近接施設がある中での維持管理・運用	・気候変動による外力の増大の影響を踏まえた施設の維持管理 ・再生可能エネルギーに係る地域社会との合意形成
道路	・高度な交通マネジメント ・二巡目となる道路橋定期点検	・自転車の利用推進 ・激甚化・頻発化する災害に対する道路の防災対策	・降雪に伴う大規模な車両滞留の徹底防止 ・暫定２車線高速道路の課題	・道路に対するニーズの多様化への対応 ・国土・経済社会の現状を踏まえた高速道路の機能維持
鉄道	・鉄道利用者の多様化を踏まえた鉄道施設整備 ・地方鉄道の維持管理	・安全・安定輸送確保のための鉄道施設の強化 ・定時性の低下対応のための施設改良	・鉄道工事における作業時間の確保方策 ・地域鉄道における列車脱線事故の防止推進	・豪雨災害等に伴う被災メカニズムを踏まえた鉄道河川橋りょう敷設状況の課題 ・鉄道工事の特異性を踏まえた鉄道工事のコスト縮減
トンネル	・地山の崩落等の重大な労働災害・公衆災害の防止 ・トンネルの安全性、公益性、品質の確保	・補助工法の要否判断 ・供用開始後の変状対策	・特殊地山におけるトンネル建設 ・トンネルの性能を低下させるリスク低減方策	・山間地のトンネル工事において配慮すべき周辺環境に関する課題 ・都市部のトンネルにおいて適切に評価すべき作用の設定の課題
施工計画、施工設備及び積算	・技能労働者の労働条件・労働環境の改善、費用確保 ・建設リサイクルの推進	・過疎化地域のインフラ維持管理・更新 ・担い手の育成・確保のための適正な利潤確保	・週休二日制の多工種工事 ・公共工事の適正額応札・落札	・大規模・広域災害時における応急復旧工事 ・社会資本の整備を持続的に円滑かつ適切に実行していくための建設生産プロセス
建設環境	・生物多様性の保全・再生 ・都市と緑・農が共生するまちづくり	・ヒートアイランド対策 ・グリーンインフラの活用	・生態系ネットワークの形成 ・低炭素型・脱炭素型のまちづくり	・河川を基軸とした生態系ネットワーク ・コロナ禍終息後におけるCO_2排出抑制するうえでの人やモノの移動に関する課題（グリーンリカバリー）

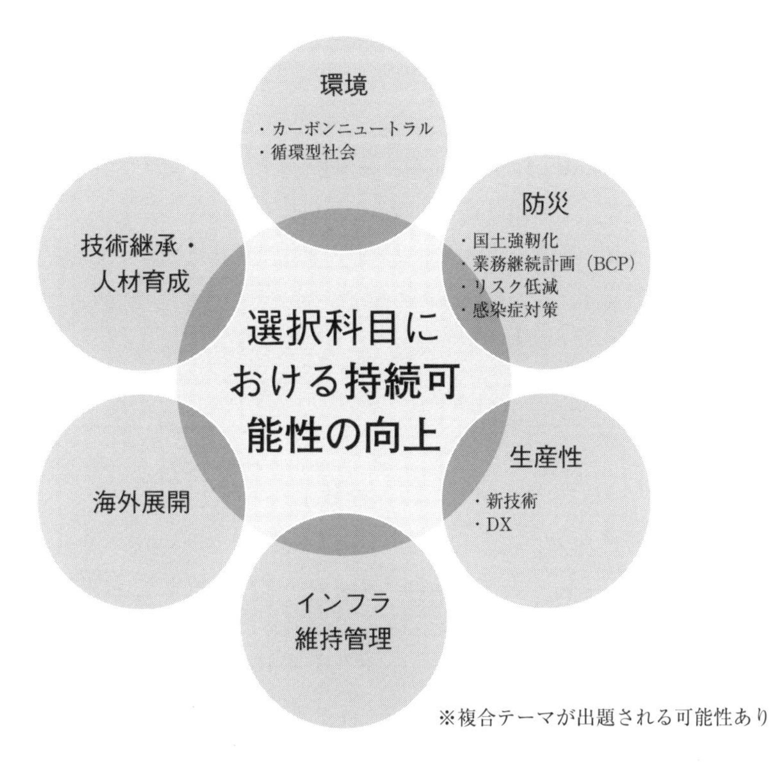

図表3. 20　Ⅲ選択科目の出題テーマ（2）

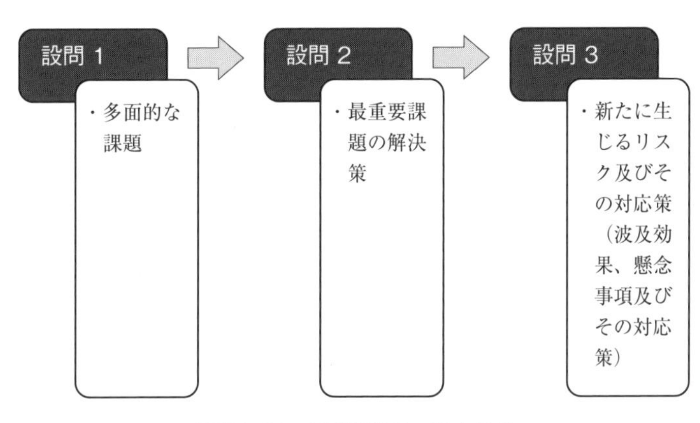

図表3. 21　Ⅲ選択科目の論文骨子

Ⅲ選択科目は3つの設問から構成されています（図表3. 21参照）。Ⅰ必須科目と似ていますが、

①設問4がないこと

②選択科目の観点から記述すること

がⅠ必須科目との大きな違いとなります。①について、文字数はⅠ必須科目と同じ1,800字なので、設問4がないぶん、設問1～3を手厚く記述する必要があります。②について、Ⅰ必須科目との観点の違いに気を付けましょう。Ⅰ必須科目は建設部門全体の観点が求められますが、Ⅲ選択科目は受験する選択科目の観点が求められます。建設部門全体の観点を含めてしまうと、俯瞰的になりすぎて評価が低くなってしまいますので、留意しましょう。

図表3. 22　Ⅲ選択科目の論文骨子・文の構成例

<table>
<tr><th></th><th>(1) 課題</th><th colspan="2">(2) 最重要課題→解決策</th><th>(3) リスク／波及効果
・懸案事項→対応策</th></tr>
<tr><td rowspan="2">文の構成例</td><td rowspan="2">課題1
問題抽出（1文）
→問題分析（1文）
→課題の提示
（1文）
課題2
問題抽出（1文）
→問題分析（1文）
→課題の提示
（1文）
課題3
問題抽出（1文）
→問題分析（1文）
→課題の提示
（1文）</td><td rowspan="2">最重要課題及びその理由（1～2文）</td><td rowspan="2">解決策1
概要（1文）
効果／合理性／具体例（2文）
解決策2
概要（1文）
効果／合理性／具体例（2文）</td><td>リスク1
解決策の副作用の可能性、解決策の効果が持続しない可能性（1文）
対応策（1文）
リスク2
解決策の副作用の可能性、解決策の効果が持続しない可能性（1文）
対応策（1文）</td></tr>
<tr><td>波及効果
＝正の効果（1文）
懸念事項
＝解決策の副作用の可能性、解決策の効果が持続しない可能性（1～2文）
対応策（1文）</td></tr>
<tr><td>ポイント</td><td>多面的な観点（例　ハード・ソフト、人。モノ・情報・金等）からバランスよく3点ほど挙げる。</td><td>設問1で挙げた複数の課題から一つを選び、その理由を加える。

※問題文の与条件を踏まえ、論文展開しやすいものを選択しても良い。</td><td>多面的に2～3点ほど挙げる。最重要課題の遂行（問題解決）に繋がっているか要チェック。

※ここから骨子作成をスタートしても良い。</td><td>設問2で挙げた解決策全てに共通する事項を挙げる必要があるので、俯瞰的に考える（抽象度を上げる）と良い。
「全ての解決策を実行しても生じるリスク」が問われている場合、解決策が実行されていることが前提なので、解決策が実行されないリスクを挙げないように注意。

※対応策から骨子作成をスタートしても良い。</td></tr>
<tr><td>答案用紙（文章量）の目安</td><td>1枚強</td><td colspan="2">1枚強</td><td>1/2枚強</td></tr>
</table>

上記を踏まえ、論文骨子及び文の構成例を前ページに示します（図表3.22参照）。論文演習に当たり、どこからどう手を付けて良いかわからず、最初の一歩がうまく踏み出せない場合は、テンプレートとして参考にしてみてください。論文演習に慣れてきたら、このテンプレートにとらわれず、自分の資質能力（コンピテンシー）を発揮しやすいオリジナルの論文骨子及び論文構成を作り上げると良いでしょう。

3.5.2　Ⅲ選択科目の論文演習方法（一例）

論文演習において、比較的関連性の高い他の選択科目の過去問のテーマも参考にすると、幅広い充実した学習ができると思います。図表3.23のように、テーマごとの論文骨子ストックを作成し、これを推敲したり加筆修正を繰り返したりする学習を行うと、このストックをそのまま筆記試験直前期の仕上げ及び当日のチェックにも使えるので効果的といえます。

国交省公表資料等を参考に箇条書きしていく

テーマ	設問1		設問2	設問3	
	問題	課題	解決策	リスク 波及効果 懸念事項	対応策
	問題発生の背景・要因 問題分析	問題解決のために行うこと（方向性）	問題解決（課題遂行）のために行う具体策	解決策の残留リスク、副作用（±の効果）	※設問1の課題や設問2の解決策との論理的整合に留意

①過去問を中心にテーマを挙げる。
②他部門・科目過去問を参考にテーマを追加する。

✓ノートにまとめて、適宜加筆できるように余白を設けておく。
✓隙間時間に確認できる。
✓直前のおさらいにも活用できる。

図表3.23　Ⅲ選択科目の論文演習例

3.5.3　Ⅲ選択科目の論文（一例）

前項3.5.2を踏まえ、ここでは、過去問（令和3年度　選択科目（道路）Ⅲ－2）及び合格論文例を推敲し、A評価が得ることができたポイント等を見ていきます。

（令和3年度　選択科目（道路）Ⅲ－2）

> Ⅲ－2　高速道路ネットワークの進展に伴い、社会経済活動における高速道路の役割の重要性は増しており、持続的な経済成長や国際競争力の強化を図るため、高速道路をより効率的、効果的に活用していくことが重要である。しかし、我が国では、限られた財源の中でネットワークを繋げることを第一に高速道路の整備を進めてきた結果、開通延長の約4割が暫定2車線区間となっており、諸外国にも例を見ない状況にある。
>
> このような状況を踏まえて、以下の問いに答えよ。
>
> (1) 暫定2車線について、技術者としての立場で多面的な観点から3つ課題を抽出し、それぞれの観点を明記したうえで、課題の内容を示せ。
>
> (2) 抽出した課題のうち最も重要と考える課題を1つ挙げ、その課題に対する複数の解決策を示せ。
>
> (3) すべての解決策を実行しても新たに生じうるリスクとそれへの対策について、専門技術を踏まえた考えを示せ。

■令和3年度　選択科目（道路）Ⅲ－2

A評価論文（受験者本人による復元論文）

・復元論文（1枚目／3枚中）

1．高速道路の暫定2車線区間の課題

1.1 暫定2車線区間の安全性の確保

我が国特有の暫定2車線区間では、対向車線への飛び出しによる事故が多発している。また、暫定2車線区間は、交通容量が少ないため、車同士が近づきやすく追突事故が発生しやすい。高速道路での事故は重大事故になりやすく、被害も大きい。

従って、重大事故防止の観点から、暫定2車線区間の安全性の確保が課題である。

1.2 災害発生時のリダンダンシーの確保

近年、50 mm/hを超える短時間降水が30年前の1.4倍に増加しており、自然災害が激甚化している。暫定2車線区間では、災害時に法面崩壊等で道路構造物が被災すれば、通行止めが発生し、物資の緊急輸送が出来なくなる等、本来の機能を発揮することができない。

従って、防災機能強化の観点から、災害時のリダンダンシーの確保が課題である。

1.3 交通渋滞の解消

物流事業者は物資の安定的な供給のため、いかなる場合でも事業継続しているが、暫定2車線区間は交通容量が少ないため、渋滞が発生しやすい。年間渋滞損失は50億人時間で約280万人の労働力に匹敵する等、交通渋滞が物流生産性を低下させる大きな要因である。

従って、交通円滑化による生産性向上の観点から、交通渋滞の解消が課題である。

〈ポイント〉
　安全
　防災
　交通渋滞解消
の観点から多面的にバランスよく課題が挙げられています。

　1.1～1.3において、
　問題抽出（1文）→
　問題分析（1文）→
　課題提示（1文）
のパターンの繰り返しで書かれていて、大変読みやすいです。

令和3年度　選択科目（道路）Ⅲ－2

・復元論文（2枚目／3枚中）

2．最も重要な課題とその解決策

最も重要な課題として「1.3　交通渋滞の解消」を挙げる。なぜなら、交通渋滞の解消により、物流生産性の向上のみならず、自家用車運転の快適性、CO_2 排出量削減など、全体として最も効果が大きいと考えるためである。以下に、その解決策を示す。

2.1 費用対効果の高い道路ネットワークの整備

解決策の1つ目は、整備効果の高い路線に優先順位を付け、道路ネットワークの整備を集中的に実施することである。なぜなら、コストと効果を意識することで、社会的受容を得られやすい対策となるためである。

具体的には、ボトルネックの車線追加や、都市環状道路の整備、暫定2車線区間の4車線化、ミッシングリンクの解消など、費用対効果の高い区間を選定し、集中的に道路整備を実施する。

2.2 ビッグデータの活用

解決策の2つ目は、ビッグデータを活用した交通円滑化である。なぜなら、早期に低コストで効率的な渋滞対策が出来るためである。

具体的には、ETC2.0のプローブデータにより、急ブレーキポイントや速度低下区間を特定する。その上で、渋滞発生の時間帯や原因を分析し、サグ部の暫定的車線追加など、ピンポイント対策を集中的に実施する。また、ETC2.0の渋滞回避機能により、混雑箇所を回避するルートを発信し、交通流の最適化を図る。

〈ポイント〉

最重要課題の提示（1文）
→その理由（1文）

理由は問われていませんが、これを入れることで、論理的な論文となり、高評価につながりやすくなると言えます。

ネットワーク
ビッグデータ
料金設定
と、多面的な観点から解決策を挙げています。

各解決策において、
概要・方向性（1文）→
効果がある理由（1文）
→具体例（1文）
のパターンの繰り返しで書かれていて、大変読みやすいです。

令和3年度　選択科目（道路）Ⅲ－2

・復元論文（3枚目／3枚中）

2.3 賢い料金設定の導入

解決策の3つ目は、高速道路料金所における柔軟な料金設定の導入である。なぜなら、混雑箇所を避けるルートを選択する車両が増えるためである。

具体的には、交通量に応じた料金設定を行い、混雑箇所を避けて通る車両の利用料金を安くするなど、インセンティブを与える。この際、公平性・効率性の観点から、高速道路料金所のETC専用化を実施することが望ましく、交通量の多い都市部から先行させる。

3．新たに生じうるリスクとその対策

3.1 道路交通需要の拡大による渋滞発生

新たに生じうるリスクの1つ目は、道路交通需要の拡大により残った暫定2車線区間付近で渋滞が発生する恐れがあることである。この対策として、PPP/PFIを導入する。現在の行政や高速道路管理者主導の対策では、予算・人員的に限界があるため、民間の技術・ノウハウや資金を活用し、事業を円滑に進める。

3.2 特定時期における渋滞発生

新たに生じうるリスクの2つ目は、GWやお盆、大規模イベントなどの特定時期に交通渋滞が発生する恐れがあることである。この対策として、あらかじめ渋滞が発生されると予想される箇所と日時を積極的に広報し、乗車する時間帯が重ならないようにする。また、高速バスなどの公共交通機関の積極的な活用を促す。

以上

〈ポイント〉

異なる観点からバランスよく、2つのリスクが挙げられていて良いです。

リスクの概要（1文）→
対策（1文）→
対策の詳細（1文）
のパターンの繰り返しで書かれていて、大変読みやすいです。

全体を通して、道路の実務経験を通して十分な資質能力（コンピテンシー）を持ち合わせていることがうかがえます。

第4章

論文解答例

〈添削セミナー方式〉

本章では、主に令和2年度～令和4年度の3カ年の記述式問題の論文解答例を紹介します（一部、令和元年度の論文解答例あり）。

添削前の論文に添削コメントを付しています。これを踏まえて加筆修正したものが、添削後の論文となります。

添削前と添削後で、論文がどのように改善されているかをつかんでいただき、A評価を得るためのポイントをつかんでいただければと思います。

建設部門11選択科目のうち、6科目（都市及び地方計画、道路、港湾及び空港、電力土木、施工計画・施工設備及び積算、建設環境）の論文解答例となります。全選択科目に共通する内容もありますので、受験する科目がない場合であっても、参考にしていただければと思います。

4.1　Ⅰ必須科目

Ⅰ　次の2問題（Ⅰ－1、Ⅰ－2）のうち1問題を選び解答せよ。（解答問題番号を明記し、答案用紙3枚を用いてまとめよ。）

（令和4年度　必須科目Ⅰ－1）

Ⅰ－1　我が国では、技術革新や「新たな日常」の実現など社会経済情勢の激しい変化に対応し、業務そのものや組織、プロセス、組織文化・風土を変革し、競争上の優位性を確立するデジタル・トランスフォーメーション（DX）の推進を図ることが焦眉の急を要する問題となっており、これはインフラ分野においても当てはまるものである。

加えて、インフラ分野ではデジタル社会到来以前に形成された既存の制度・運用が存在する中で、デジタル社会の新たなニーズに的確に対応した施策を一層進めていくことが求められている。

このような状況下、インフラへの国民理解を促進しつつ安全・安心で豊かな生活を実現するため、以下の問いに答えよ。

(1) 社会資本の効率的な整備、維持管理及び利活用に向けてデジタル・トランスフォーメーション（DX）を推進するに当たり、技術者としての立場で多面的な観点から3つ課題を抽出し、それぞれの観点を明記したうえで、課題の内容を示せ。

(2) 前問（1）で抽出した課題のうち、最も重要と考える課題を1つ挙げ、その課題に対する複数の解決策を示せ。

(3) 前問（2）で示したすべての解決策を実行して生じる波及効果と専門技術を踏まえた懸念事項への対応策を示せ。

(4) 前問（1）～（3）を業務として遂行するに当たり、技術者としての倫理、社会の持続性の観点から必要となる要点・留意点を述べよ。

■令和4年度　必須科目Ⅰ－1

・添削前（1枚目／3枚中）

(1) 多面的な３つの課題
(1)－1　社会資本整備・維持管理の効率化
　我が国の橋梁、トンネル等の社会インフラは、今後、加速度的に老朽化が進行する。例えば、橋梁は全国に約73万橋存在するが、建設後50年以上経過する橋梁は現在約35%、10年後には約60%に増加する。
　このため、今後、予防保全型維持管理に転換し、新技術活用等の効率化を図ることが、効率化、低コスト化、省人化の観点から重要な課題である。
(1)－2　スマートシティの推進
　我が国は人口減少や東京一極集中が進行している。
　一方では新型コロナ禍によるテレワークや二地域居住の流れが進んでいる。
　このため、スマートシティ化の推進を図ることで、地方都市の利便性向上を図ることが、人口減少社会対応の観点から重要な課題である。
(1)－3　交通ネットワークの利便性向上
　我が国の少子高齢化の進行により高齢化の進んだ地方では高齢者の免許返納により生活の移動手段確保の困難な状況である。また、公共交通サービスの衰退により、更に不自由な状況が深刻化している。
　このため、今後の都市集約化に併せてMaaSを導入し、ワンストップ化、シームレス化等を図ることが、交通ネットワークの利便性向上の観点から重要な課題である。

〈添削コメント〉

人口減少、東京一極集中、テレワーク、二地域居住の流れが、スマートシティにどうつながるのか加筆してみましょう。

令和4年度　必須科目Ⅰ－1

・添削前（2枚目／3枚中）

(2) 最も重要と考える課題と複数の解決策
(2) -1　最も重要な課題
　(1) -1　社会資本整備・維持管理の効率化による、インフラの安全確保により、国民の安全安心向上を図ることや、厳しい財政状況に対応するため最も重要と考える。
(2) -2　複数の解決策
①DX 技術による維持管理効率化
　DX 技術により、社会資本整備・維持管理のメンテナンスサイクルの飛躍的な効率化を図ることが期待できる。
　具体的には、ドローンによる高所等点検、AI によるコンクリート構造物の診断等の効率化を図る。また、BIM・CIM による3次元データを測量、設計、施工、維持管理の一連のサイクルでの活用を図る。
②データプラットフォームの活用
　国土交通データプラットフォームにより、点検、診断、修繕・更新等のデータを各施設管理者間で共有化する。
　具体的には、先進事例や類似事例等の活用による設計費用の削減や最適工法の選定を行うことが可能である。
③遠隔臨場、web 会議の活用
　従来、発注者は現場での段階確認により構造物の品質確保を行ってきた。またコンサルタントとの打ち合

令和4年度　必須科目Ⅰ－1

・添削前（3枚目／3枚中）

わせは来所協議により行っていた。
　具体的には遠隔臨場により施工者がウェアラブルカメラによる現場映像等を発注者監督職員等が画面で確認する。また、打ち合わせ協議にweb会議で行うことにより、移動時間の短縮効果を図ることが出来る。
(3) 波及効果と懸念事項への対応
(3)－1　波及効果
　DX推進により地域の定住人口の増加が期待できる。
　また、時間短縮による労働環境の改善による建設産業のイメージアップにより入職者の増加が期待される。
(3)－2　懸念事項への対応策
　DX化に伴い電力供給能力不足が懸念されることから、再生可能エネルギーである洋上風力、水力、太陽光発電等の安定的な供給能力拡大を図る必要がある。
(4) 技術者として必要となる要点・留意点
(4)－1　技術者倫理
　社会資本整備・維持管理の効率化のためには、国民の安全安心を最優先に考慮することが重要である。
　このためには、インフラ整備、維持管理の品質確保に特に留意する必要がある。
(4)－2　社会の持続性
　社会の持続性確保の雨には、常に環境負荷低減を考慮した業務の実施が重要である。
　具体的には、CO_2排出削減、廃棄物の排出抑制等に留意する必要がある。　以上

〈添削コメント〉

社会資本整備・維持管理へのDX推進の観点を含めて記述しましょう。

〈講評〉
　題意に沿ってとてもよく書けていて、A評価に到達していると思います。
　上記添削箇所を加筆修正していただくと、さらに高評価が得られると思います。

■令和4年度　必須科目Ⅰ－1

・添削後（1枚目／3枚中）

令和4年度　技術士第二次試験答案用紙

受験番号	0000000000000	技術部門	建　設　部門
問題番号	Ⅰ－1	選択科目	
答案使用枚数	1枚目　3枚中	専門とする事項	

○受験番号、問題番号、答案使用枚数、技術部門、選択科目及び専門とする事項の欄は必ず記入すること。
○解答欄の記入は、1マスにつき1文字とすること。（英数字及び図表を除く。）

（1）多面的な3つの課題

（1）-1　社会資本整備・維持管理の効率化

我が国の橋梁、トンネル等の社会インフラは、今後、加速度的に老朽化が進行する。例えば、橋梁は全国に約73万橋存在するが、建設後50年以上経過する橋梁は現在約35％、10年後には約60％に増加する。

このため、今後、予防保全型維持管理に転換し、新技術活用等の効率化を図ることが、効率化、低コスト化、省人化の観点から重要な課題である。

（1）-2　スマートシティの推進

我が国は人口減少や東京一極集中が進行している。

一方では新型コロナ禍によるテレワークや二地域居住の流れが進んでいるが、通信・居住環境等整備が不十分であり、東京一極集中是正の動きは限定的である。

このため、スマートシティ化の推進により、地方都市等の利便性向上により、人口の定住化を図ることが、人口減少社会対応の観点から重要な課題である。

（1）-3　交通ネットワークの利便性向上

我が国の少子高齢化の進行により高齢化の進んだ地方では高齢者の免許返納により生活の移動手段確保の困難な状況である。また、公共交通サービスの衰退により、更に不自由な状況が深刻化している。

このため、今後の都市集約化に併せてMaaSを導入し、ワンストップ化、シームレス化等を図ることが、交通ネットワークの利便性向上の観点から重要な課題であ

●裏面は使用しないで下さい。　●裏面に記載された解答は無効とします。　24字×25行

令和4年度　必須科目Ⅰ－1

・添削後（2枚目／3枚中）

令和4年度　技術士第二次試験答案用紙

受験番号	○○○○○○○○○○	技術部門	建　設　　部門
問題番号	Ⅰ－1	選択科目	
答案使用枚数	2 枚目　3 枚中	専門とする事項	

○受験番号、問題番号、答案使用枚数、技術部門、選択科目及び専門とする事項の欄は必ず記入すること。
○解答欄の記入は、1マスにつき1文字とすること。（英数字及び図表を除く。）

る。

(2) 最も重要と考える課題と複数の解決策

(2)-1　最も重要な課題

　(1)-1社会資本整備・維持管理の効率化による、インフラの安全確保により、国民の安全安心向上を図ることや、厳しい財政状況に対応するため最も重要と考える。

(2)-2　複数の解決策

①DX技術による維持管理効率化

　DX技術により、社会資本整備・維持管理のメンテナンスサイクルの飛躍的な効率化を図ることが期待できる。

　具体的には、ドローンによる高所等点検、AIによるコンクリート構造物の診断等の効率化を図る。また、BIM・CIMによる3次元データを測量、設計、施工、維持管理の一連のサイクルでの活用を図る。

②データプラットフォームの活用

　国土交通データプラットフォームにより、点検、診断、修繕・更新等のデータを各施設管理者間で共有化する。

　具体的には、先進事例や類似事例等の活用による設計費用の削減や最適工法の選定が可能である。

③遠隔臨場、web 会議の活用

　従来、発注者は現場での段階確認により構造物の品質確保を行ってきた。またコンサルタントとの打ち合

●裏面は使用しないで下さい。　●裏面に記載された解答は無効とします。　24字×25行

令和4年度 必須科目Ⅰ－1

・添削後（3枚目／3枚中）

令和4年度 技術士第二次試験答案用紙

受験番号	○○○○○○○○○○○	技術部門	建 設 部門
問題番号	Ⅰ－1	選択科目	
答案使用枚数	3 枚目 3 枚中	専門とする事項	

○受験番号、問題番号、答案使用枚数、技術部門、選択科目及び専門とする事項の欄は必ず記入すること。
○解答欄の記入は、1マスにつき1文字とすること。（英数字及び図表を除く。）

わせは来所協議により行っていた。
　具体的には遠隔臨場により施工者がウェアラブルカメラによる現場映像等を発注者監督職員等が画面で確認する。また、打ち合わせ協議にweb会議で行うことにより、移動時間の短縮効果を図ることが出来る。

（3）波及効果と懸念事項への対応

（3）-1　波及効果

　DX推進により地域の定住人口の増加が期待できる。
　また、時間短縮による労働環境の改善による建設産業のイメージアップにより入職者の増加が期待される。

（3）-2　懸念事項への対応策

　DX化に伴い電力供給能力不足が懸念されることから、再生可能エネルギーである洋上風力、水力、太陽光発電等の安定的な供給能力拡大を図る必要がある。

（4）技術者として必要となる要点・留意点

（4）-1　技術者倫理

　社会資本整備・維持管理の効率化のためには、国民の安全安心を最優先に考慮することが重要である。
　このためには、インフラ整備、維持管理の品質確保に特に留意する必要がある。

（4）-2　社会の持続性

　社会資本整備・維持管理のDX活用による社会の持続性確保の為には、誰もが利用できるDX活用の工夫が重要と考える。例えばNETIS新技術の利活用が簡易に行えるシステムづくり等留意する必要がある。　以上

●裏面は使用しないで下さい。　●裏面に記載された解答は無効とします。　24字×25行

（令和3年度　必須科目Ⅰ－2）

Ⅰ－2　近年、災害が激甚化・頻発化し、特に、梅雨や台風時期の風水害（降雨、強風、高潮・波浪による災害）が毎年のように発生しており、全国各地の陸海域で、土木施設、交通施設や住民の生活基盤に甚大な被害をもたらしている。こうした状況の下、国民の命と暮らし、経済活動を守るためには、これまで以上に、新たな取組を加えた幅広い対策を行うことが急務となっている。

(1) 災害が激甚化・頻発化する中で、風水害による被害を、新たな取組を加えた幅広い対策により防止又は軽減するために、技術者としての立場で多面的な観点から3つ課題を抽出し、それぞれの観点を明記したうえで、課題の内容を示せ。

(2) 前問（1）で抽出した課題のうち最も重要と考える課題を1つ挙げ、その課題に対する複数の解決策を示せ。

(3) 前問（2）で示したすべての解決策を実行しても新たに生じうるリスクとそれへの対応策について、専門技術を踏まえた考えを示せ。

(4) 前問（1）～（3）を業務として遂行するに当たり、技術者としての倫理、社会の持続性の観点から必要となる要件・留意点を述べよ。

■令和3年度　必須科目Ⅰ－2

・添削前（1枚目／3枚中）

(1) 激甚化・頻発化する被害への課題
①「防災」を観点としたインフラ設備の強化
　近年、激甚化、頻発化する自然災害で多くのインフラ構造物を破壊し、国民の生活の暮らしや経済生活に影響を及ぼしている。そこで、インフラ設備を強化することに加え、リードタイムを確保するための粘り強い構造にすることが課題である。
②「被害軽減」を観点とした避難経路・場所の確保
　災害が発生した際に、ハザードマップ等の被害発生の予測をすることはもちろんだが、災害が起こった際に、避難経路、避難場所を確保し、二次災害の発生を抑制する被害軽減策の立案が課題である。また、近年、COVID-19による感染症が急速に広がっており、三密を回避した避難が必要である。そこで、高齢者等から優先避難させるといった国民への周知や平等性、透明性も示す必要がある。
③「復旧・復興」を観点とした安心・安全の確保
　近年の激甚災害では予想を大きく上回る被害が多発しており、想定外の災害が発生することを念頭に、迅速な復旧・復興に備えておくことが重要である。そこで復旧、復興の体制強化に加え、それに伴う作業をする際に二次災害のリスクを抑制した復旧従事者と国民両者の安心、安全を確保することが課題である。
(2) 最も重要だと考える課題
　「復旧・復興」を観点とした安心・安全の確保

問題文では問われていませんが、最重要課題である理由を1文入れると、論理的な論文となり、高評価が得られやすいです。

〈添削コメント〉
　①～③について、多面的な視点から課題が提示されていて良いです。
　それぞれ、
1) 問題提示（どのような問題があるかを示す）
2) 問題分析（問題を放置するとどういう負の影響（問題文にある災害による甚大な被害に触れるとOK）があるかを示す）
を含めたうえで、
3) 課題提示（問題解決のための課題の方向性を示す）
につなげていくと、問題解決のコンピテンシーを試験官に効果的にアピールできて、高評価が得られやすいと思います、
　近年の災害の特性・特徴についても触れるとさらに高評価が得られると思います。③は復旧・復興の観点ですので、災害が発生した後、迅速かつ効果的な復旧・復興をいかに行うかについてもう少し加筆すると良いと思います。
　問題＝あるべき姿と現状とのギャップ
　課題＝問題解決のために行うこと

令和３年度　必須科目Ⅰ－２

・添削前（2枚目／3枚中）

課題に対する解決策
①ドローン調査における遠隔操作
　迅速な復旧、復興をするうえで被災状況を調査することは必要不可欠である。しかし、被災後の現地状況は危険が伴い、二次災害のリスクもある。そこで、人間に代わるドローンによる遠隔操作によって、現地の調査における作業者のリスク回避につなげる。また、高性能ドローンを使用することで、現地におけるより詳細な情報も得ることができ、激甚災害の傾向を把握することにもつながる。
②ICT 施工を用いた現場復旧・復興
　激甚災害によって現場状況は原型を留めていないことも多くあり、早期の修復が必要である。しかし、現地状況が起因して構造物における施工不備等も懸念される。そこで、ICT 施工による機械を使用し、座標等を管理して的確に施工復旧することで、国民の安全につなげる。また、場合によっては、ドローンと同様に遠隔施工を行うことで、作業者の安全も確保する。
③TEC-FORCE の強化
　迅速な復旧、復興を行っていくうえで、その人材を適切に各地に配備しておくことが重要である。被害が発生しやすい地域等には重点的に人材を配備することで迅速な対応を可能とする。また、復旧、復興するための人材を配備することで国民の精神的な安心にも寄与する。

〈添削コメント〉
　全体的に良く書けています。

　③TEC-FORCE について、概要説明（国交省の緊急災害対策派遣隊、被災した地方公共団体の支援を行う）を入れると良いです。
　また、TEC-FORCE の「強化」と書かれているので、具体的に何を強化するのかを記述すると良いです。
（各地方公共団体は復旧・復興に十分な人材を充てることが予算的にも技術的にも困難なので、TEC-FORCE や地域間連携による対応が進められています）

令和3年度　必須科目Ⅰ－2

・添削前（3枚目／3枚中）

(3) 新たに生じうるリスク

新たに生じうるリスクとしては、高度なICT技術を駆使した機械の使用法、収集データの活用等を特に若手技術者は使いこなせない恐れがある。また、近年の建設業における担い手不足から復旧、復興における人材の配備が行き届かない可能性がある。

リスクに対する対応策

リスクに対する対応策として、ICT技術の活用は様々であるが、これをマニュアル化することで経験不足である若手技術者のフォローにつながる。また、産学連携を通じたマニュアルとすることで、より充実したマニュアルにする。担い手不足については、建設分野に固執せず他分野へも視野を広げ、建設リカレント教育を行うことで、担い手の確保につなげる。そうすることで他分野の技術も取り入れることを可能とし、建設業における生産性向上にもつながる。

(4) 技術者としての倫理の観点

技術者倫理で最優先される公衆の安全に着目し、現地における危険が伴う箇所については積極的にドローン等で遠隔での作業を行い安全第一とする必要である。

社会の持続性の観点

社会の持続性を確保するためには、ICT技術等を熟練技術者が若手技術者に継承していく必要がある。そうすることで、国際的目標であるSDGsの貢献にも寄与する。

〈添削コメント〉

問題文に「すべての解決策を実行しても新たに生じうるリスク」とありますので、解決策の副作用（＝負の影響）や解決策がうまく機能しないリスクを考えてみましょう。

担い手不足リスクについて、解決策③TEC-FORCEの強化（国交省の緊急災害対策派遣隊、被災した地方公共団体の支援を行う）との関連性（整合）を整理すると良いです。

解決策③で担い手不足をある程度カバーしていると思いますが、（読み手からすると）さらに担い手不足が生じるリスクはどんなものかがイメージしにくいです。

※論文を書き始める前に、骨子表を作成して、(1) (2) (3) に何を記述するかあらかじめ整理して、論理的につながるようにアレンジすることもテクニックとして重要といえます。

技術者倫理が若干淡白で、解決策①の繰り返しといった印象を受けます。

例えば、本問テーマに絡めて、

・公益の確保を最優先すること、

・関連法令等を遵守すること

を記述できると良いと思います。

社会の持続性としては、

・環境配慮

・次世代への技術継承

といった視点で書かれていてOKだと思います。

〈講評〉

題意に沿って書かれていて良いですが、上記のコメントを踏まえて記述内容を充実させると、A評価を確実に得ることができると思います。

■令和3年度　必須科目Ⅰ－2

・添削後（1枚目／3枚中）

令和３年度　技術士第二次試験答案用紙

受験番号	○○○○○○○○○○○	技術部門	建　設　　部門
問題番号	Ⅰ－2	選択科目	
答案使用枚数	1 枚目　3 枚中	専門とする事項	

○受験番号、問題番号、答案使用枚数、技術部門、選択科目及び専門とする事項の欄は必ず記入すること。
○解答欄の記入は、1マスにつき1文字とすること。（英数字及び図表を除く。）

(1) 激甚化・頻発化する被害への課題

①「防災」を観点としたインフラ設備の性能見直し

近年、高潮や波浪、降雨といった風水害が激甚化、頻発化し、平成三十年七月豪雨を筆頭に、甚大な浸水被害が発生している。浸水被害は、ライフラインの停止や交通ネットワークの寸断等で国民の生活や経済活動に大きな影響を及ぼす。そこで、風水害による浸水被害を抑制すべく、インフラ設備の性能の見直しや強化をしていくことが課題である。

②「減災」を観点とした避難経路・場所の確保

予想外の風水被害は多くの近隣住民の緊急避難を余儀なくする。災害が激甚化、頻発化していることから、災害発生時に十分な避難経路・場所があるかが懸念される。加えて、緊急避難の際に近年蔓延しているCOVID-19の感染による複合災害に発展する恐れがある。そこで、住民が安心して避難に移れる十分な避難経路・場所の確保が課題である。

③「復旧」を観点とした迅速な対応

近年では、設計許容値を超えた災害が多発して土石流の発生や堤防の決壊といった被害が多発している。しかし、被災する度に全ての現場で一から構造物の復旧工事を行うことは担い手不足の建設業において困難であり、迅速な対応を行わなければそこから波及して被害も広がることが想定される。そこで、被災後の復旧を迅速に行うことが課題である。

●裏面は使用しないで下さい。　●裏面に記載された解答は無効とします。　24字×25行

令和３年度　必須科目Ⅰ－２

・添削後（２枚目／３枚中）

令和３年度　技術士第二次試験答案用紙

受験番号	○○○○○○○○○○○	技術部門	建　設　部門
問題番号	Ⅰ－２	選択科目	
答案使用枚数	２枚目　３枚中	専門とする事項	

○受験番号、問題番号、答案使用枚数、技術部門、選択科目及び専門とする事項の欄は必ず記入すること。
○解答欄の記入は、１マスにつき１文字とすること。（英数字及び図表を除く。）

(2) 最も重要だと考える課題

　近年、予想を超えた被害が多発していることから、被害が発生することを前提とした③「復旧」を観点とした迅速な対応が最も重要であると考える。

　課題に対する解決策

①構造物のモジュール化

　堤防や防波堤といったインフラ構造物は各現場に合わせた構造であることから復旧工事は時間を要する。そこで、構造物の規格をおおよそのパターンに分け、モジュール化することで復旧も容易となる。また、その規格化したパターンで、可能な箇所はプレキャスト化する等で迅速な対応にさらなる効果が期待できる。

②ICT施工を用いた現場復旧

　激甚災害によって現場は原型を留めていないことも多くあり、復旧における難易度の高い工事について迅速な対応が求められる。そこで、ICT建設機械を使用し、難しい施工でもGNSS等で座標管理して的確な復旧を行う。また、遠隔操作を行うことで現地に出向く人員を低減させ、人材に代わる担い手確保につながる。

③企業の垣根を超えたBCPの立案

　災害発生時に迅速な対応を行うためにもBCPを作成しておくことは不可欠である。例えば、発注者や民間企業が垣根を越えてタスクフォースを組むことで、各企業のさまざまな視点で計画することを可能とし、BCPをより効果的な計画とすることにつなげる。

●裏面は使用しないで下さい。　●裏面に記載された解答は無効とします。　24字×25行

令和3年度　必須科目Ⅰ－2

・添削後（3枚目／3枚中）

令和３年度　技術士第二次試験答案用紙

受験番号	○○○○○○○○○○○	技術部門	建　設　　部門
問題番号	Ⅰ－2	選択科目	
答案使用枚数	3 枚目　3 枚中	専門とする事項	

○受験番号、問題番号、答案使用枚数、技術部門、選択科目及び専門とする事項の欄は必ず記入すること。
○解答欄の記入は、1マスにつき1文字とすること。（英数字及び図表を除く。）

(3) 新たに生じうるリスク

新たに生じうるリスクとしては、構造物のモジュール化で高品質のプレキャスト材等を導入した場合、莫大な予算がかかる可能性がある。また、新規かつ高度なICT技術を駆使した機械の使用法、収集データの活用等を適切に使いこなせない恐れがある。

リスクに対する対応策

構造物のモジュール化で予算が限られる場合は、復旧順序を選定することが効果的である。例えば、人口が集中したエリアにおける人命に直結する構造物は優先的に対応するといった復旧順序の選択と集中を行い、限られた予算で最適な対応を行う。ICT技術の活用については、データの活用法をマニュアル化し、誰でも使用可能なプラットフォームを構築する。また、産学官連携を通じたマニュアルとすることで、より充実したマニュアルとする。

(4) 技術者としての倫理の観点

設計、施工の担当者は、風水害の災害発生場所に赴いて確認を行い、課題に対する最善の解決方法を見出し、公益の確保を最優先することに努める。

社会の持続性の観点

社会の持続性を確保するためには、復旧作業に率先して携わり、得られた知見を若手技術者に継承していく必要がある。そうすることで若手技術者にも責任感が芽生え、建設技術者の減少・離職の抑制につながる。

●裏面は使用しないで下さい。　●裏面に記載された解答は無効とします。　24字×25行

(令和2年度　必須科目Ⅰ－2)

Ⅰ－2　我が国の社会インフラは高度経済成長期に集中的に整備され、建設後50年以上経過する施設の割合が今後加速度的に高くなる見込みであり、急速な老朽化に伴う不具合の顕在化が懸念されている。また、高度経済成長期と比べて、我が国の社会・経済情勢も大きく変化している。

こうした状況下で、社会インフラの整備によってもたらされる恩恵を次世代へも確実に継承するためには、戦略的なメンテナンスが必要不可欠であることを踏まえ、以下の問いに答えよ。

(1) 社会・経済情勢が変化する中、老朽化する社会インフラの戦略的なメンテナンスを推進するに当たり、技術者としての立場で多面的な観点から課題を抽出し、その内容を観点とともに示せ。

(2) (1) で抽出した課題のうち最も重要と考える課題を1つ挙げ、その課題に対する複数の解決策を示せ。

(3) (2) で示した解決策に共通して新たに生じうるリスクとそれへの対策について述べよ。

(4) (1) ～ (3) を業務として遂行するに当たり必要となる要件を、技術者としての倫理、社会の持続可能性の観点から述べよ。

■令和2年度　必須科目Ⅰ－2

・添削前（1枚目／3枚中）

(1) 老朽化する社会インフラメンテナンスの課題

①「担い手」を観点としたメンテナンスの人材確保

近年、日本の人口が減少している一方、社会インフラにおいて建設後50年以上経過する施設の割合が増加している。そこで、今後増えていくインフラメンテナンスを行うためには、建設業への担い手の確保に加え生産性の向上で人に代わる担い手を確保することが課題である。

②「予算」を観点とした投資費用の確保・削減

日本の社会インフラにおいて、建設後50年経過する施設の割合が今後加速度的に高くなる。またそれに伴うメンテナンスの投資費用も加速度的に増加する。そこで、限られた予算内でメンテナンスができるように、メンテナンスにかかる投資費用を最大限抑制することが課題である。

③「機能」を観点としたインフラ残存耐力の評価

インフラ構造物において、老朽化することで少なくとも構造物の性能は低下する。しかし、現行の日本のマニュアル等において、老朽化した構造物の残存機能がどれほど低下したかは、定量的に評価されていないものも多くある。そこで、老朽化したインフラ構造物の適切な残存機能の評価が課題である。

(2) 最も重要だと考える課題

今後のインフラ構造物のメンテナンスにおいて、莫大な予算が必要となり、COVID-19の影響もあり、国

〈添削コメント〉

①～③について、多面的な視点から課題が提示されており、かつ、問題提示、問題分析もなされていて、素晴らしい出来です。

建設後50年以上経過する施設の割合や数がどれくらいか、定量的なデータを加えるとより良いです。

令和2年度　必須科目Ⅰ－2

・添削前（2枚目／3枚中）

の予算も大きく制限されることから、②「予算」を観点とした投資費用の確保・削減が最も重要と考える。
課題に対する解決策
①ICT 技術を用いた人に代わる担い手の確保
　現在のインフラ構造物のメンテナンスは、人の目視によるものも多くあり、今後はより多くのメンテナンスする担い手が必要である。そこで、ICT 技術を用いて、ICT 機器によるメンテナンスを行うことで、人に代わる担い手として活用する。特に、高所や海上といったメンテナンスに危険が伴う場所については安全管理面でも有効である。
②アセットマネジメントの導入
　今後インフラ構造物を長寿命化するためにもアセットマネジメントを導入することで、投資費用を最大限抑制する。施設が壊れて行う事後予防から定期的にメンテナンスを行う維持管理による予防保全の考えに転換することでライフサイクルコストに最大限配慮した計画を可能とする。
③投資費用の選択と集中
　供用後 50 年以上経過するインフラ構造物が今後加速度的に増加することが予想されるため、メンテナンスに関わる予算が全てには行き渡らない可能性がある。そこで、投資費用の選択と集中を行う。これは、国民が集中する地域に関わる構造物といった重要な構造物を選択し、メンテナンス等の投資費用を集中的に行う。

〈添削コメント〉
　問題文では問われていませんが、最重要課題である理由が一文入っており、論理的な論文となっておりOK です。

　①について、設問1の①の解決策となっていますので、記述の仕方を工夫するか、別の切り口にしたほうが良いと思います。また前半は設問1の課題で述べるべき内容が繰り返されているので、解決策の概要や具体策、（課題達成に）合理的な理由等を肉付けしましょう。

　②について、解決策の内容が表面的、抽象的な印象を受けます。投資費用を最大限抑制というよりかは、投資効果を最大限にする、といった記述がより良いかと思います。また、全体的にもう少し具体的に記述してみるとより良いです。

　③について、前半は設問1の課題で述べるべき内容が繰り返されているので、選択と集中を具体的にどのように行うのかを加筆しましょう。

令和２年度　必須科目Ⅰ－２

・添削前（３枚目／３枚中）

	〈添削コメント〉
また、必要性の低い構造物においては統廃合の措置をとり、限られた予算での運用を可能とする。	
(3) 新たに生じうるリスク 　いずれの解決策も同時に全ての構造物に適用できるものではなく、措置を行う順番が発生する。そこで、メンテナンスの順番付けにおける国民による不満や反対が生じる可能性がある。	リスクが何なのかがわかりにくいので、リスクを明示しましょう。
リスクに対する対応策 　対応策として、設備投資における順番付けを規定化することが挙げられる。具体的には、該当構造物が倒壊することによる影響人数で規定化することや経済影響について定量化することで、事前に規定を作成しておくことで、国民への透明性も確保しつつ、最善の設備投資の順序を立案する。	
(4) 技術者としての倫理の観点 　ICT 機器による現地に赴かなくてもいいメンテナンス技術を可能としても、場合によっては現場の状況を肌で感じ、ICT 機器の弱点をフィードバックし、より良いものを作ることで公益の確保を最優先することに努める。	抽象的でわかりにくい印象を受けます。ICT 機器の弱点とは何でしょうか？ 　インフラの戦略的メンテナンスを行ううえで、公益が損なわれないよう、具体的にどのような倫理的必要要件があるかを記述しましょう。
社会の持続性の観点 　社会の持続性を確保するためには、こういった新しい取り組みを若手技術者が率先して行うことが挙げられる。そうすることで若手技術者にも責任感が芽生え、建設技術者の減少・離職の抑制にも寄与する。	

〈講評〉

　題意に沿って概ね書かれていますが、抽象的であったり、わかりにくかったりする点がいくつかありますので、見直してみましょう。もう一息で良い論文となります。

■令和2年度　必須科目Ⅰ－2

・添削後（1枚目／3枚中）

令和２年度　技術士第二次試験答案用紙

受験番号	○○○○○○○○○○○
問題番号	Ⅰ－2
答案使用枚数	1 枚目　3 枚中

技術部門	建　設　部門
選択科目	
専門とする事項	

○受験番号、問題番号、答案使用枚数、技術部門、選択科目及び専門とする事項の欄は必ず記入すること。
○解答欄の記入は、1マスにつき1文字とすること。（英数字及び図表を除く。）

（1）老朽化する社会インフラメンテナンスの課題
①「担い手」を観点としたメンテナンスの人材確保
　日本の社会インフラは建設後50年以上経過する施設の割合は増加傾向にある。一方、今後も日本は人口減少が予測され、建設業の担い手の減少も予測される。今後加速度的に増加するインフラメンテナンスを適切に行うにあたり、建設業の担い手の確保に加え建設業従事者の技術の向上・育成が課題である。
②「コスト」を観点とした投資費用の抑制・工夫
　道路、河川施設、港湾岸壁等では、今後20年で建設後50年経過する施設の割合が50％以上となる。それに伴いメンテナンスを必要とする施設も加速度的に増加する。そこで、限られた予算でメンテナンスができるよう投資費用を抑制・工夫することが課題である。
③「機能」を観点としたインフラ残存耐力の評価
　インフラ構造物において、老朽化することで少なくとも構造物の性能は低下する。しかし、現行の日本のマニュアル等において、老朽化した構造物の残存耐力がどれほど低下したかは、定量的に評価されていないものも多くある。そこで、老朽化したインフラ構造物の適切な残存耐力の評価が課題である。
（2）最も重要だと考える課題
　今後のインフラ構造物のメンテナンスにおいて、莫大な予算が必要となり、COVID-19の影響もあり、国の予算も大きく制限されることから、②「コスト」を観

●裏面は使用しないで下さい。　●裏面に記載された解答は無効とします。　24字×25行

令和2年度　必須科目Ⅰ－2

・添削後（2枚目／3枚中）

令和２年度　技術士第二次試験答案用紙

受験番号	○○○○○○○○○○	技術部門	建　設　　部門
問題番号	Ⅰ－2	選択科目	
答案使用枚数	2 枚目　3 枚中	専門とする事項	

○受験番号、問題番号、答案使用枚数、技術部門、選択科目及び専門とする事項の欄は必ず記入すること。
○解答欄の記入は、１マスにつき１文字とすること。（英数字及び図表を除く。）

点とした投資費用の抑制・工夫が最も重要と考える。
課題に対する解決策
①ICT技術を用いた維持管理による生産性の向上
　ICT技術の活用により、維持管理を短時間かつ精度よく行い、生産性の向上を行う。これは、生産性が向上することで、限られた予算内でできる作業を広げることで、今後増えていく老朽化施設の維持管理を可能とする。例としては、高所や水中などの危険かつ手間のかかる維持管理を空撮ドローン、水中ドローン等を使用し、遠隔で管理することで作業の効率化を図る。
②アセットマネジメントの導入
　今後インフラ構造物を長寿命化し、かつ投資効果を最大限にするためアセットマネジメントを導入する。橋梁や下水道施設など一度損壊すると修繕に莫大な費用が発生することから、施設が壊れて行う事後保全から定期的にメンテナンスを行う予防保全の考えに転換することでライフサイクルコストの最適化を図る。
③投資費用の選択と集中
　限られた予算で施設への投資が全てに行き渡らない可能性があるため、投資費用の選択と集中を行う。これは、国民が集中する地域、交通結節点やライフラインに密接に関わる重要な構造物を「選択」し、メンテナンス等の投資費用を「集中」的に行う。また、必要性の著しく低い構造物においては統廃合の措置をとり、限られた予算での運用を可能とする。

●裏面は使用しないで下さい。　●裏面に記載された解答は無効とします。　24字×25行

令和２年度　必須科目Ⅰ－２

・添削後（3枚目／3枚中）

令和２年度　技術士第二次試験答案用紙

受験番号	○○○○○○○○○○○	技術部門	建　設　部門
問題番号	Ⅰ－２	選択科目	
答案使用枚数	３ 枚目　３ 枚中	専門とする事項	

○受験番号、問題番号、答案使用枚数、技術部門、選択科目及び専門とする事項の欄は必ず記入すること。
○解答欄の記入は、１マスにつき１文字とすること。（英数字及び図表を除く。）

（3）新たに生じうるリスク

いずれの解決策も新規の技術や手段であるため、多くの知見を得られていない。知見を得られていない状況下でこれらの施策を実施するとインフラ構造物の機能等を損なう恐れがある。そこでリスクとして、十分な知見を得る必要があるため施策の導入までに時間を要することが想定される。

リスクに対する対応策

対応策として、教育機関や研究機関の専門家の意見を反映する。産学官関係を活かして、知見や見解を集約することで適正な判断となり、導入にも拍車をかける。さらに国や地方公共団体、民間企業でのタスクフォースといった連携を図り、定量的な指標を策定し、マニュアル作成等を行うことで国民への透明化を図る。

（4）技術者としての倫理の観点

技術者として、戦略的なメンテナンスを行う上で公益の確保を最優先にする必要がある。そこでICT技術による情報量も膨大になるため、データの改ざんの回避や公正な分析をする必要がある。

社会の持続可能性の観点

日本のICT技術は、未だ発展途上の分野も多くある。社会持続可能性を確保するためドローンによる点検や非破壊検査等のビッグデータの処理といったICTを用いたメンテナンス技術をさらに向上させSDGs 9番にあたる産業と技術革新の基盤生成を行う必要がある。

●裏面は使用しないで下さい。　●裏面に記載された解答は無効とします。　24字×25行

4.2　Ⅱ－1選択科目

Ⅱ　次の2問題（Ⅱ－1、Ⅱ－2）について解答せよ。（問題ごとに答案用紙を替えること。）

（令和4年度　都市及び地方計画Ⅱ－1－4）

Ⅱ－1－4　都市の農地については、平成3年の生産緑地法改正による生産緑地制度のもと平成4年に三大都市圏で一斉に生産緑地地区が指定され、平成29年の法改正で、特定生産緑地制度が設けられた。

平成3年の法改正による生産緑地制度の概要を説明したうえで、特定生産緑地制度を必要とした背景及び制度の概要について説明せよ。

■令和4年度　都市及び地方計画Ⅱ－1－4

・添削前（1枚目／1枚中）

1．生産緑地制度の概要
・市街化区域内の農地を保全するための制度
・市町村が農地を指定するもので原則、解除できない。
・指定されると30年間農地として使用。
・指定する面積は500 m²以上である。
・固定資産税や都市計画税は農地のみに軽減する。

2．特定生産緑地制度の背景
・30年前と違い、農民の高齢化や担い手不足により市街地の農地を残すため制度がつくられた。
・市町村の財政が厳しく農地の買取が難しく、選べるようにした。

3．特定生産緑地制度の制度
・引き続き市街化区域の農地を保全するもの。
・指定する面積は条例により300 m²以上とすることができる。
・一体的に指定する農地も飛び地であっても所有者が一緒であれば指定できる。
・指定されたら原則、解除できない。

以上

〈添削コメント〉
国交省公表資料にある「市街化区域内の農地で、良好な生活環境の確保に効用があり、公共施設等の敷地として適している500 m²以上（条例により300 m²まで引き下げ可能）の農地を都市計画に定め、建築行為等を許可制により規制し、都市農地の計画的な保全を図る。」といったことも含めると、都市計画の技術士の視点が加わって良いです。

ここだけ読むと、「担い手が不足しているのに、農地を残してどうするのか？」と試験官が疑義を持ちますので、言葉を足してください。

〈講評〉
箇条書きで端的に書かれていて良いと思います。
都市計画の全体的な視点が含まれると高評価が得られやすいと思います。

■令和4年度　都市及び地方計画Ⅱ－1－4

・添削後（1枚目／1枚中）

令和4年度　技術士第二次試験答案用紙

受験番号	○○○○○○○○○○○	技術部門	建　設　部門
問題番号	Ⅱ－1－4	選択科目	都市及び地方計画
答案使用枚数	1 枚目　1 枚中	専門とする事項	

○受験番号、問題番号、答案使用枚数、技術部門、選択科目及び専門とする事項の欄は必ず記入すること。
○解答欄の記入は、1マスにつき1文字とすること。（英数字及び図表を除く。）

1．生産緑地制度の概要
・市街化区域内の農地で良好な生活環境の確保に効用。
・市町村が農地を指定するもので原則、解除できない。
・指定されると30年間農地として使用。
・指定する面積は500 m²以上である。
・固定資産税や都市計画税は農地課税並みに軽減。
・地区内では農作物等加工施設、農作物等直売所、農家レストランの設置が可能。
2．特定生産緑地制度の背景
・都市計画決定から30年が経過する日以後、所有者が市町村長に対し、いつでも買取の申出をすることができるようになったことから都市計画上、不安定な状態に置かれるため農地等利害関係人の同意を得て、申出基準日より前に特定生産緑地として指定し、買取申出が可能となる期日を10年延期できるようにした。
・人口減少局面に移行したため身近な農業体験の場や災害時の防災空間などとして多様な機能を発揮。
3．特定生産緑地制度の制度
・引き続き市街化区域の農地を保全するもの。
・指定面積は条例により300 m²以上とできる。
・税制は30年経過後、特定生産緑地に指定されなかった場合、宅地課税並み評価となる。
・3大都市圏特定市の市街化区域農地は急激な税負担を防ぐため5年間の段階的課税が適用される。以上

●裏面は使用しないで下さい。　●裏面に記載された解答は無効とします。　24字×25行

（令和4年度　道路Ⅱ－1－2）

Ⅱ－1－2　令和3年3月に踏切道改良促進法が改正された社会的背景を述べよ。また、その改正の概要を説明せよ。

■令和4年度　道路Ⅱ－1－2

・添削前（1枚目／1枚中）

(1) 社会的背景
・全国の踏切数や踏切事故件数は年々減少しているが、依然として発生しており、1日に1件の事故、4日に1人の死亡事故が発生している。
・H30年の大阪北部地震では、列車の駅間停車により踏切が7時間閉塞され、救急救命活動に約40分の遅れが生じた。
・全国に開かずの踏切は約600箇所存在するため、救急救命や災害時の支障となっている。
(2) 改正の概要
(2)-1　改良すべき踏切を機動的に指定
・踏切道改良事業の評価制度を導入してPDCAサイクル実施による改良を図る。
・迂回路、待避所の整備を対策メニューに追加した。
・市町村による、踏切道のバリアフリー化が可能となった。
(2)-2　管理の方法を定めるべき踏切を指定
・道路管理者と鉄道事業者が協働で踏切の開放までの手順を定めることが義務づけられた。
・鉄道事業者に踏切の監視カメラの補助制度を創設した。
(2)-3　関連道路法の改正
・防災道の駅を防災拠点自動車駐車場として、災害時に防災以外の利用を禁止・制限することが可能。
以上

〈添削コメント〉
大変よく記述されていますが、国交省公表資料を踏まえ、H28年の改正及びその後の状況にも触れるとより良いです。

〈講評〉
大変よく書けていてA評価上位の論文だと思います。
改正の概要については、国交省公表資料のポイントがすべて網羅されていて素晴らしいです。

■令和4年度　道路Ⅱ－1－2

・添削後（1枚目／1枚中）

令和4年度　技術士第二次試験答案用紙

受験番号	○○○○○○○○○○○	技術部門	建　設　部門
問題番号	Ⅱ－1－2	選択科目	道　路
答案使用枚数	1枚目　1枚中	専門とする事項	

○受験番号、問題番号、答案使用枚数、技術部門、選択科目及び専門とする事項の欄は必ず記入すること。
○解答欄の記入は、1マスにつき1文字とすること。（英数字及び図表を除く。）

（1）社会的背景

・全国の踏切数や踏切事故件数は年々減少しているが、依然として発生しており、2日に1件の事故、4日に1人の死亡事故が発生している。

・H30年の大阪北部地震では、列車の駅間停車により踏切閉塞され、救急救命活動に約40分遅れた。

・H28年改正により指定踏切数が大幅に増加したが、依然として、全国に開かずの踏切は約600箇所存在するなど、抜本的な改良が必要な踏切整備が未着手であり、救急救命や災害時の支障となっている。

（2）改正の概要

（2）-1　改良すべき踏切の機動的な指定

・踏切道改良事業の評価制度を導入してPDCAサイクル実施による改良を図る。

・迂回路、待避所の整備を対策メニューに追加した。

・市町村による、踏切道のバリアフリー化が可能。

（2）-2　管理の方法を定める踏切の指定

・道路管理者と鉄道事業者が協働で踏切の開放までの手順を定めることが義務づけられた。

・鉄道事業者に踏切の監視カメラの補助制度を創設。

（2）-3　関連道路法の改正

・防災道の駅を防災拠点自動車駐車場として、災害時に防災以外の利用を、道路管理者が禁止・制限することが可能となった。

以上

●裏面は使用しないで下さい。　●裏面に記載された解答は無効とします。　24字×25行

（令和4年度　港湾及び空港Ⅱ－1－2）

Ⅱ－1－2　防波堤の設計で使用する地盤データを取得するために行うボーリング調査の代表的な移動式足場を1つ挙げ、その概要を説明せよ。また、原位置試験及び室内で行う力学試験について代表的な試験をそれぞれ1つ挙げ、防波堤の設計での利用を踏まえた特性について述べよ。

■令和4年度　港湾及び空港Ⅱ－1－2

・添削前（1枚目／1枚中）

・移動式足場：SEP船
・概要
　海上ボーリングにおいて、調査機材等を船に積み、当該地点へ曳航（回航）する。その後、調査地点をGNSS等で確認し、SEP船の4本杭を建て込み、ジャッキアップする。また、再度ボーリング調査位置を確認し、調査の準備を行い、実施する。
・原位置試験：PS検層
　ボーリングと併せて、P波とS波をするため、PS検層を実施する。そうすることで、地震時における工学的基盤面を抽出することができる。
　防波堤の設計では、地震時における検討で使用し、また液状化の検討でもこの調査結果を活用する。
・室内で行う力学試験：繰返し非排水三軸試験
　ボーリングでコアサンプリングを行い、室内試験で地震を見立てた繰返し応力をかける繰返し非排水三軸試験を行う。
　防波堤の設計では、直下地盤において粒度、等価N値と等価加速度による液状化判定で液状化の可能性があると判定された場合、より正確な指標として液状化判定を行うものである。繰返し非排水三軸試験により求められる液状化強度比と地震応答解析により求められるせん断応力比により液状化判定を行う。液状化の可能性がある場合、地盤改良や置き換え等の対策を講じる。

〈添削コメント〉

正式名称（自己昇降式作業台船）を記載したほうがより良いです。

作業手順だけになっていて、技術士論文としては若干の物足りなさがあります。専門的学識をアピールしたいので、この足場の技術的特徴や留意点などを記述できるとより良いです。

下記の「繰り返し非排水三軸試験」の特性に比べて、かなり淡白になっているので、もう少し加筆してみましょう。「特性」について述べよ、とありますので、同試験との相性が良い点（メリット）、留意点などを挙げると良いと思います。
以下の、「繰返し非排水三軸試験」も同じです。

「特性」というより、試験の手順になっているので、防波堤の設計にどのように活用するのか（活用しやすいメリット、留意点等）を挙げると題意に沿いやすいと思います。

〈講評〉
　問われている項目が3つ（足場概要、試験の特性①、特性②）とありますので、できるだけ等分（同じ文量）に記述し、箇条書きをうまく使いながら、多くの事項を書けるようにすると良いです。
　「防波堤の設計での利用を踏まえた特性」とはなかなか難しいですが、単に概要だけを書くと加点されにくいです。例えば、利用時の特性＝メリット、留意点と捉えて記述するとより良いです。

■令和4年度 港湾及び空港Ⅱ－1－2

・添削後（1枚目／1枚中）

令和4年度 技術士第二次試験答案用紙

受験番号	0000000000	技術部門	建 設 部門
問題番号	Ⅱ－1－2	選択科目	港湾及び空港
答案使用枚数	1枚目 1枚中	専門とする事項	

○受験番号、問題番号、答案使用枚数、技術部門、選択科目及び専門とする事項の欄は必ず記入すること。
○解答欄の記入は、1マスにつき1文字とすること。（英数字及び図表を除く。）

・移動式足場：自己昇降式作業台船（SEP台船）
・概要
　調査機材等を台船に積み、当該地点へ曳航（回航）する。その後、調査地点をGNSS等で確認し、SEP船の4本杭を建て込み、プラットフォームを波浪の届かない高さまでジャッキアップする。そうすることで、風や波浪による本船の動揺を低減し、高波浪海域での稼働を可能とし、作業効率及び施工精度を高めることができる手法である。
・原位置試験：標準貫入試験
　防波堤の設計では、支持力（ビショップ）検討及び円弧すべり計算を行う際に標準貫入試験結果を用いる。試験で抽出されたN値をもとにせん断抵抗角を算出し、各層の地盤定数を設定する。その際に、支持力検討と円弧すべり計算では同一層でも地盤定数補正手順等が異なることに留意が必要である。
・室内で行う力学試験：繰返し非排水三軸試験
　防波堤の設計では、液状化判定を行う際に繰返し非排水三軸試験結果を用いる。液状化対象層のサンプルで試験を行い、地震と見立てた繰返し応力をかけることで、液状化のしやすさの指標となる液状化強度比を求める。この液状化強度比と地震動の最大せん断応力比の関係から液状化判定を行い、特に細粒分や塑性指数などを有していない砂層で、液状化強度が小さく液状化が発生しやすい特徴がある。

●裏面は使用しないで下さい。　●裏面に記載された解答は無効とします。　24字×25行

(令和3年度　都市及び地方計画Ⅱ－1－2)

Ⅱ－1－2　小さな敷地単位で低未利用地が散発的に発生する都市のスポンジ化によって、特にまちなかの都市機能の誘導・集約をはかるべき地域において、生活サービス施設の喪失、治安・景観の悪化等が引き起こされ、地域の魅力・価値が低下することが懸念されている。都市のスポンジ化に関わる土地利用上の課題を解決するために、土地の集約・再編の手法及び、土地の所有権と利用権を分離して低未利用地を利活用する手法について、異なるものをそれぞれ1つ示し、その概要、活用するメリット、活用するための留意点を説明せよ。

■令和3年度　都市及び地方計画Ⅱ－1－2

・添削前（1枚目／1枚中）

1．低未利用土地権利設定等促進計画
・低未利用地の促進を図るため、地権者と利用希望者とを行政が能動的にコーディネートし所有権にこだわらず、複数の土地や建物を一括して利用権を設定する計画を市町村が作成する。
・メリットとして計画を告示すると一括して権利の設定、移転が行われる。また所有者探索のため、市町村が固定資産税情報等を利用することが可能。
・留意点として市町村がコーディネートするには都市再生推進法人や都市計画協力団体、不動産業者等の専門家と連携してその知見を活用する必要がある。
2．コモンズ協定による共同管理
・都市機能誘導区域や居住誘導区域で空き地空き家を活用して交流広場、コミュニティ施設、防犯灯等、地域コミュニティやまちづくり団体が共同で整備・管理する空間・施設（コモンズ）について、地権者合意により協定で締結。
・メリットして権利設定等促進計画により集約した低未利用地を「コモンズ」として整備・管理する。また、市町村長が周辺地権者に参加を働きかけられるよう、協定締結者が要請できる。
・留意点として地域の幅広いニーズに対応し、必要な施設を一体的に整備・管理する等、地域コミュニティによる公共性が発揮できるよう調整が必要。

以上

〈添削コメント〉
大変よく書けています。
より高評価を目指すという意味で、下記コメントを踏まえて加筆してみてください。

1. 低未利用土地権利設定等促進計画について、
（問題文を踏まえて）土地の集約・再編がどのように行われるのかにも触れるとより良いです。

2. について、細かいところですが、「コモンズ協定」は通称なので、「立地誘導促進施設協定（コモンズ協定）と記すとより良いかと思います。
（問題文を踏まえて）
土地の所有権と利用権をどのように分割するのかにも触れるとより良いです。

■令和3年度　都市及び地方計画Ⅱ－1－2

・添削後（1枚目／1枚中）

令和３年度　技術士第二次試験答案用紙

受験番号	○○○○○○○○○○○	技術部門	建　設　部門
問題番号	Ⅱ－1－2	選択科目	都市及び地方計画
答案使用枚数	1 枚目　1 枚中	専門とする事項	

○受験番号、問題番号、答案使用枚数、技術部門、選択科目及び専門とする事項の欄は必ず記入すること。
○解答欄の記入は、1マスにつき1文字とすること。（英数字及び図表を除く。）

1．低未利用土地権利設定等促進計画
・低未利用地の促進を図るため、地権者と利用希望者とを行政が能動的にコーディネートし所有権にこだわらず複数の土地や建物を一括して利用権を設定する計画を市町村が作成する。
・メリットとして計画を告示すると一括して権利の設定、移転が行われる。また所有者探索のため、市町村が固定資産税情報等を利用することが可能。
・留意点として行政がコーディネートし同意がとれた部分から段階的に権利設定・移転を進めることで関係者の理解の熟成につなげる等の安心感を得る。
2．立地誘導促進施設協定（コモンズ協定）
・都市機能誘導区域や居住誘導区域で空き地空き家を活用して交流広場、コミュニティ施設、防犯灯等、地域コミュニティやまちづくり団体が共同で整備・管理する空間・施設（コモンズ）について、土地所有者及び借地権者の全員合意による協定で締結し、締結後に地権者になった者には承継効が付与される。
・メリットして協定により集約した低未利用地を「コモンズ」として整備・管理し公共的空間の創出・安定運営の促進を図るため市町村長が周辺地権者に参加を働きかけられるよう、協定締結者が要請できる。
・留意点として地域の幅広いニーズに対応し必要な施設を一体的に整備・管理する等、地域コミュニティによる公共性が発揮できるよう調整が必要。　以上

●裏面は使用しないで下さい。　●裏面に記載された解答は無効とします。　24字×25行

（令和3年度　港湾及び空港Ⅱ－1－1）

Ⅱ－1－1　港湾及び空港の施設を建設又は改良する際、請負人が作成することを求められる施工計画について、作成する目的を簡潔に説明せよ。また、施工する施設を想定し、それを明記したうえで、施工計画に定めるべき主要な事項を3つ挙げ、それぞれに記載すべき内容を説明せよ。

■令和3年度　港湾及び空港Ⅱ－1－1

・添削前（1枚目／1枚中）

施工計画について作成する目的

施工計画をする上で重要となってくるのが、施工の実現性である。現場における気象、波浪等の諸条件はさまざまである。そこで、設計したものが現場で施工可能か、またその透明性を示すための計画である。

施工を想定する施設

離島におけるケーソン式重力式防波堤

定めるべき主要な事項

①捨石、砂等の供給量

まず、第一段階として、捨石、ケーソン内の砂等の供給量を確認する必要がある。これは、現地周辺における関係機関にヒアリングを行い、供給量を確認し、計画における供給量と整合を図るものである。

②ケーソンの製作場所

ケーソンの製作において、ヤード製作もしくはフローティングドックどちらでやるのか等を検討し、その製作場所があることを確認する必要がある。またその時にコスト面、施工性で有効かを比較検討行う必要がある。

③資材の運搬・据付け

本検討は離島を想定しているため、まず、資材の運搬を行う。その際に、現地海象状況等加味したうえで、使用する船舶を決定する。また、ケーソンの据付けにおいては、据付から砂の投入等一連の作業となるため、連続静穏日も把握しておく必要がある。

〈添削コメント〉

施工計画の目的について、実現性だけでなく、QCD（品質、コスト、工期）や安全確保、環境配慮の視点も加えると良いです。

施工計画に定めるべき主要な事項はよく書けていると思います。

■令和3年度　港湾及び空港Ⅱ－1－1

・添削後（1枚目／1枚中）

令和３年度　技術士第二次試験答案用紙

受験番号	○○○○○○○○○○○	技術部門	建　設　部門
問題番号	Ⅱ－１－１	選択科目	港湾及び空港
答案使用枚数	１枚目　１枚中	専門とする事項	

○受験番号、問題番号、答案使用枚数、技術部門、選択科目及び専門とする事項の欄は必ず記入すること。
○解答欄の記入は、１マスにつき１文字とすること。（英数字及び図表を除く。）

施工計画について作成する目的

　施工計画を作成する目的は、工事目的物を完成するために必要な手順の作成や要求される品質を遵守し、より安全となる方法を立案し、工期内に納めることである。

施工を想定する施設

　離島におけるケーソン型重力式防波堤

定めるべき主要な事項

①捨石、砂等の供給量

　まず、第一段階として、捨石、ケーソン内の砂等の供給量を確認する必要がある。現地周辺における関係機関にヒアリングを行い、計画における供給量と整合を図り、工期内に納めることができるか検討する。

②ケーソンの製作

　ケーソンの製作において、品質管理の観点からコンクリートの強度や許容誤差等に着目して製作する必要がある。また、ここでのケーソンは離島で波浪が大きいことから、高い足場が必要であることが想定できるので製作時の安全管理に注意する必要がある。

③ケーソンのえい航、据付

　離島を想定しているため、ケーソンのえい航については現地海象状況等加味した上で行い、据付については品質確保のため出来高管理基準を遵守して行う必要がある。また、据付と砂の投入は一連作業となるので、連続静穏日も把握し、工程内に納める必要がある。

●裏面は使用しないで下さい。　●裏面に記載された解答は無効とします。　24字×25行

（令和2年度　港湾及び空港Ⅱ－1－2）

> Ⅱ－1－2　軟弱地盤上に埋立地を造成する際のケーソン式護岸の築造に関し、主な施工段階を施工手順に沿って説明せよ。そのうち3つの施工段階について、使用する作業船とそれを用いた施工の概要を述べよ。

■令和2年度　港湾及び空港Ⅱ－1－2

・添削前（1枚目／1枚中）

> ・主な施工段階、手順
> ①地盤改良（基礎造成）
> 軟弱地盤上にケーソン式護岸を築造することから、地盤沈下が予測されるため、SCP工法を採用する。SCP船を杭打設箇所に係船し、バイブロハンマーによりケーシングを支持地盤まで打ち込む。その後、砂を規定量投入し、一定高さまで引き抜き、振動で圧縮させる。この工程を繰り返し行うことで砂杭を造成し、併せてマウンドも造成する。
> ②ケーソン据付け
> ケーソン据付けは、起重機船により行う。製作場所からケーソンを積み出し、ワイヤーやロープでつなぎ、該当場所へ曳航を行う。曳航後、潜水士によって据付け位置等を確認しながら注水し、所定の位置に据付ける。その後、速やかに中詰投入、蓋コン等設置する。
> ③埋立
> ケーソン据付けの完了後、ケーソン式護岸背後への埋立を行う。埋立は、海上からの土の運搬を想定し、リクレーマ船及び土運船を用いて行い、護岸背後を埋立てし、その後転圧作業を施す。
> ・使用する作業船
> ①SCP船、引船、ガット船
> ②起重機船、引船、ガット船、コンクリートミキサー船
> ③リクレーマ船、土運船

〈添削コメント〉
施工手順をもう少し全体的かつ体系的に示すと良いです。
また、使用する作業船を羅列するだけでなく、それを用いた施工の概要が求められていますので、施工の概要を加筆しましょう。施工手順を3つ以上示して、そのうち3つの施工段階における、作業船及びそれを用いた施工概要を述べると良いかと思います。

■令和２年度　港湾及び空港Ⅱ－１－２

・添削後（１枚目／１枚中）

令和２年度　技術士第二次試験答案用紙

受験番号	○○○○○○○○○○○	技術部門	建　設　部門
問題番号	Ⅱ－１－２	選択科目	港湾及び空港
答案使用枚数	１枚目　１枚中	専門とする事項	

○受験番号、問題番号、答案使用枚数、技術部門、選択科目及び専門とする事項の欄は必ず記入すること。
○解答欄の記入は、１マスにつき１文字とすること。（英数字及び図表を除く。）

・主な施工段階
①地盤改良：基礎捨石投入をする際に当該海域が軟弱地盤であるため地盤沈下が予測される。そのため海底地盤の軟弱層について地盤改良を施す。
②基礎捨石投入：基礎マウンド上にケーソンを据付するため、基礎マウンド造成の捨石を投入する。また周辺海域への汚濁防止のため、汚濁防止膜等を設置する。
③ケーソン据付：基礎捨石上の所定の位置にケーソンを据付する。据付は据付誤差の範囲内に収まるよう精度よく行う必要がある。
④埋立：本工事は埋立地造成が目的なため、ケーソン背後に埋立を行う。公の水面での埋立は、公有水面埋立法が適用されるので違法行為には留意する。
・使用する作業船と施工の概要
①地盤改良：サンドコンパクションパイル工法（SCP）を想定し、SCP船を所定位置に係留する。バイブロハンマーでケーシングを打ち込み一定高さまで引き抜き、再度打ち込みを繰り返し行うことで砂杭を造成する。
②基礎捨石投入：基礎捨石投入はガット船もしくは底開式運搬船を用いて行う。しかし、捨込位置での水深が小さい場合は台船で運搬し、捨石投入を行う。
③ケーソン据付：フローティングドックの製作を想定し、ケーソン進水を行う。ロープ等でケーソンと曳船をつなぎ所定位置まで曳航する。据付は起重機船を用いて潜水士の据付位置確認やGNSS等で管理して行う。

●裏面は使用しないで下さい。　●裏面に記載された解答は無効とします。　24字×25行

4.3　Ⅱ－2選択科目

Ⅱ－2　次の2設問（Ⅱ－2－1、Ⅱ－2－2）のうち1設問を選び解答せよ。（青色の答案用紙に解答設問番号を明記し、答案用紙2枚を用いてまとめよ。）

（令和4年度　道路Ⅱ－2－1）

Ⅱ－2－1　高速道路が通過するにもかかわらずインターチェンジ（以下「IC」という。）が設置されていないため、通過するのみとなっているA市において、地域活性化を目的として、スマートICを計画することになった。この計画を担当する責任者として、下記の内容について記述せよ。なお、A市内の高速道路には、休憩施設やバスストップ等、スマートICに活用できる施設は存在しないものとする。

(1) ICの位置の選定に当たり、調査、検討すべき事項とその内容について説明せよ。

(2) 業務を進める手順について、留意すべき点、工夫を要する点を含めて述べよ。

(3) 業務を効率的、効果的に進めるための関係者との調整方策について述べよ。

■令和4年度　道路Ⅱ－2－1

・添削前（1枚目／2枚中）

(1) 調査・検討事項
(1)-1　調査事項
・地域特性として周辺土地利用状況、人口、世帯数、商業、アクセス道路等の状況の調査を行う。
・道路の交通量、渋滞状況等を調査する。
・ETC2.0等のプローブデータにより、急ブレーキ、急ハンドル発生箇所の調査を行う。
・交通事故履歴を調査する。
・都市計画マスタープラン等、上位計画を確認する。
(1)-2　検討事項
・IC設置位置の検討、併せて高速道路内に新たなSA・PA設置可否の検討を行う。
・ETC2.0による「賢い料金」導入を検討
・着地型観光拠点となる道の駅の建設、または拡張等整備を併せて検討する。
(2) 業務を進める手順、留意点、工夫点
(2)-1　整備検討協議会の設立
・IC整備検討に当たって、多様な関係者からなる検討協議会を設立する。中立な立場である学識経験者をメンバーに加えるよう留意する。
(2)-2　IC設置検討案作成
・IC設置概略案について複数案作成して検討協議会で検討する。
　交通シミュレーションを実施により、IC設置によるA市への誘導目的を明確に示すように留意する。

〈添削コメント〉
　いきなり具体的な検討に入ってしまっている印象を受けます。
　国交省公表資料も参考にして、広域的検討等を加筆すると良いです。

スマートICを活用するために、A市の持つ潜在的な魅力（観光・文化資源、集客施設等）の調査や、スマートICがA市にもたらす経済効果も調査・検討すると良いと思います。

どう「賢い」のかを加筆すると良いです。

設問3と重複しているので、マネジメント（例：要求事項に対する資源の配分、手戻り・ミスの防止等）の観点から記述してみましょう。

令和4年度　道路Ⅱ－2－1

・添削前（2枚目／2枚中）

・SA・PAを併せて整備するスマートIC案、本線直結型スマートIC案を併せて検討する。
(2)-3　ETC2.0による「賢い料金」導入の検討
・「賢い料金」導入によりA市への一時滞在効果を得ることについて検討する。
(2)-4　設計案の決定
　検討協議会の検討結果により、設計案を決定して詳細設計を行う。BIM/CIMによる3次元データによる図面等作成するよう留意する。
(3)　関係者との調整方策
(3)-1　検討協議会
・学識経験者、道路管理者、高速道路管理者、市役所担当者、商工会、観光等の多様な関係者の意見を聴取して調整を図る。
・利害関係に中立な立場での調整に留意する。
(3)-2　警察
・交通安全の視点で綿密な協議調整を行う必要がある。
・高速道の入口、出口交差部の安全対策に留意した協議・調整が必要である。
(3)-3　地元住民
・地元説明会を開催して、計画について説明を行い理解と協力を得る。
・3次元図面を活用して、わかりやすく伝えることに留意し理解度向上を図る。また、HP等に計画公表する等により合意形成を図る必要がある。　　以上

〈添削コメント〉

どう「賢い」のかを加筆すると良いです。（例：高速道路からの一時退出を可能とすること）

問題文では、計画を担当することになっているので、設計に言及する必要はないです。ここは削除して、計画策定までの業務プロセスをそのぶん充実させると良いです。

想定される関係者との利害を具体的に挙げて、それをどのように調整するのかを加筆すると良いです。

これは、（コンピテンシーの）コミュニケーションの観点ですので、ここではリーダーシップ（利害調整、合意形成）の観点に絞って記述してみましょう。

〈講評〉

　題意に沿って概ね良く書けていると思いますが、設問1について、スマートICの設置の意義を踏まえて、もう少し俯瞰的に調査・検討事項を挙げると良いと思います。交通事故履歴や賢い料金導入は若干主旨からずれている印象を受けます。これらよりももっと優先的に調査・検討すべき事項があるように思います。

　設問2はマネジメントの視点、設問3はリーダーシップの視点にもう少し特化して書けると高評価が得やすいと思います。

■令和4年度　道路Ⅱ－2－1

・添削後（1枚目／2枚中）

令和4年度　技術士第二次試験答案用紙

受験番号	○○○○○○○○○○○	技術部門	建設　部門
問題番号	Ⅱ－2－1	選択科目	道路
答案使用枚数	1枚目　2枚中	専門とする事項	

○受験番号、問題番号、答案使用枚数、技術部門、選択科目及び専門とする事項の欄は必ず記入すること。
○解答欄の記入は、1マスにつき1文字とすること。（英数字及び図表を除く。）

（1）調査・検討事項
（1）-1　調査事項
・高速道路及び、連結可能な道路の周辺地形測量データ、既存道路施設台帳等の資料収集を行う。
・スマートIC周辺の周辺道路の整備計画等、上位計画を確認する。
・連結可能な道路の交通量、渋滞状況等の現況調査及びまた、ETC2.0等のプローブデータ確認や、交通事故履歴を調査する。
・A市の既存の商工業、観光資源等の調査を行う。
（1）-2　検討事項
・上記調査データ等を分析・整理・共有を行い、スマートIC整備と土地利用、産業政策、交通等の地域計画との関係について広域的検討を行う。
・スマートIC活用によりA市の潜在的な魅力（観光・文化資源、集客施設等）の調査や、スマートICがA市にもたらす経済的効果について検討する。
・着地型観光拠点となる道の駅の建設、または拡張等整備による効果を検討する。
（2）業務を進める手順、留意点、工夫点
（2）-1　スマートIC必要要件の確認
・スマートIC整備により、地域活性化に伴う便益が得られるよう検討を行う。また、スマートIC設置の必要要件を満たすことに留意して業務を進める。
（2）-2　地区協議会設置・検討

●裏面は使用しないで下さい。　●裏面に記載された解答は無効とします。　24字×25行

令和4年度　道路Ⅱ－2－1

・添削後（2枚目／2枚中）

令和４年度　技術士第二次試験答案用紙

受験番号	○○○○○○○○○○○	技術部門	建　設　部門
問題番号	Ⅱ－２－１	選択科目	道　路
答案使用枚数	２枚目　２枚中	専門とする事項	

○受験番号、問題番号、答案使用枚数、技術部門、選択科目及び専門とする事項の欄は必ず記入すること。
○解答欄の記入は、１マスにつき１文字とすること。（英数字及び図表を除く。）

・スマートIC設置による地域活性化について、地区協議会で多面的な意見を考慮しながら検討を行う。
・スマートICの構造及び整備方法を検討する。
・整備コストについて経済的かつ、維持管理コスト・容易さを考慮し、LCC最小化を図るよう工夫する。
・スマートIC施設の管理区分や維持管理・運営方法について検討する。高速道路会社と連結道路管理者の管理区分の明確化に留意する。

(2)-3　実施計画の作成

・地区協議会の検討・調整結果を踏まえたスマートIC実施計画書を作成して関係機関に提出する。

(3)関係者との調整方策

(3)-1　地区協議会

・学識経験者、連結道路管理者、高速道路会社、市役所、商工会、観光等の多様な関係者と調整を図る。
・ICの出入口の設置位置によっては、商工業・観光産業等の特定の事業者に利益が偏る可能性があることから、中立な立場での利害調整に留意する。

(3)-2　警察

・交通安全の視点で綿密な協議調整を行う必要がある。
・高速道の入口、出口交差部の安全対策に留意した協議・調整が必要である。

(3)-3　地元住民

・地元説明会を開催して、IC必要性、設置効果を、地元住民に対して合意形成を図る必要がある。　以上

●裏面は使用しないで下さい。　●裏面に記載された解答は無効とします。　24字×25行

（令和4年度　港湾及び空港Ⅱ－2－2）

Ⅱ－2－2　海上に建設される港湾や空港では桟橋や進入灯橋梁等の鋼構造物の適切な維持管理が重要である。ある鋼構造物について、一般定期点検の際顕著な劣化が確認されたため、緊急的・応急的措置が実施された。このような状況の下、当該鋼構造物について、臨時点検診断を行い必要な対応を検討することとなった。あなたがこの業務の担当責任者となった場合を想定し、下記の内容について記述せよ。

(1) 業務の対象として想定する施設を明記したうえで、調査、検討すべき事項とその内容について説明せよ。

(2) 業務を進める手順を列挙して、それぞれの項目ごとに留意すべき点、工夫を要する点を述べよ。

(3) 業務を効率的、効果的に進めるための関係者との調整方策について述べよ。

■令和4年度　港湾及び空港Ⅱ－2－2

・添削前（1枚目／2枚中）

(1) 想定する施設：荷役を目的としたジャケット式桟橋
調査、検討すべき事項
①老朽度調査
　一般定期点検で劣化が確認されたことからこれまでの点検履歴等から老朽度について調査する必要がある。部材や施設における損傷度を適切に評価し、更新における判断材料とする。
②利用状況の把握
　供用開始時と比べ利用状況も変化している可能性がある。施設の利用状況を調査し、施設の重要度や費用対効果など考慮し、港の集約といった施策の検討も視野に入れる。
③現行基準への見直し
　供用時から現在にいたるまでで、基準等が変更している可能性がある。例えば、H19では荷役稼働率は90～95％以上であったのに対し、H30では97.5％以上に変更されている。このように補修を行う際にはこういった現行基準の変更点に留意する必要がある。
(2) 業務を進める手順・留意点・工夫点
①維持管理計画の策定（PLAN）
　老朽度調査から劣化予測を行い、最適な維持管理計画を立案する。また、ライフサイクルコストにも着目し、予防保全の観点からの計画策定に留意する。
②補修・修繕の実施（DO）
　維持管理計画で抽出した残存供用年数や再設定した

〈添削コメント〉

顕著な劣化の原因を調査することも重要だと思いますので、加えてみると良いです。

問題文によると、厳密には「臨時点検診断を行い必要な対応を検討すること」が業務の範囲ですので、臨時点検診断も含めつつ、②の補修自体は不要かと思います。③④の観点も含めて、①を充実して記述すると題意に沿っていてより高評価が得られると思います。

令和4年度　港湾及び空港Ⅱ－2－2

・添削前（2枚目／2枚中）

供用年数をもとに補修、修繕を行う。例えば、桟橋の床板下が海水により劣化している場合、長期的視点で鉄筋コンクリート構造から炭素繊維構造に転換し、メンテナンスフリーの補修を行うなどで工夫する。

③AI等による点検体制の確立（CHECK）

期間が経過した時の点検にも配慮して体制を確立しておく必要がある。例えば、床板のクラックや桟橋杭の劣化についてはAIでの教育データを付与し、無人点検化を行い、異常時には通知するシステムなども整備し、迅速な対応につなげる。

④評価・見直し（ACT）

①～③の手順を評価し、見直しを実施する。特に技術開発で新技術を取り入れることも念頭にし、再度維持管理計画へ立ち戻りこれをPDCAサイクル化することでより効率的な維持管理計画を模索する。

(3) 関係者との調整方策

①工事時における荷役作業との調整

工事の際に荷役作業への影響が想定される。港湾管理者、施工者、荷役業者が代替岸壁案、利用時間の調整等、作業の影響を最小限に低減した案を立案する。

②発注者、設計者間での早期協議

設計者は高価だが安全である施策にしたい一方、発注者とはトレードオフの関係である。長期的視点も含め早期協議を行い、計画における方向性を定める。

〈添削コメント〉

荷役作業を最優先としてしまうと、維持管理工事が高額。長期化してしまうおそれがありますので、荷役作業の繁忙期やコアタイムに配慮する、又は荷役作業部署と協議調整を行って、より効率的・効果的な維持管理計画となるようにする、といったことが書けるとより良いと思います。
※リーダーシップの定義は、明確なデザインを持った利害調整ですので。

良い観点です。ただ言葉足らずとなっているので、発注者はコスト縮減・工期短縮という意向があることをしっかり書いたほうが良いです。

〈講評〉

全体的に大変よく書けていると思います（A評価に到達していると思います）。上記コメントを踏まえて推敲・加筆修正していただくと、A評価上位になると思います。

■令和4年度 港湾及び空港Ⅱ－2－2

・添削後（1枚目／2枚中）

令和４年度 技術士第二次試験答案用紙

受験番号	○○○○○○○○○○○	技術部門	建 設 部門
問題番号	Ⅱ－２－２	選択科目	港湾及び空港
答案使用枚数	１枚目 ２枚中	専門とする事項	

○受験番号、問題番号、答案使用枚数、技術部門、選択科目及び専門とする事項の欄は必ず記入すること。
○解答欄の記入は、１マスにつき１文字とすること。（英数字及び図表を除く。）

（1）想定施設：荷役を目的としたジャケット式桟橋
調査、検討すべき事項
①老朽度調査
　一般定期点検で劣化が確認されたことからこれまでの点検履歴等から老朽度について調査する必要がある。部材や施設における損傷度を適切に評価することに加え、経年での劣化や塩害といった劣化原因も究明し、更新における判断材料とする。
②利用状況の把握
　供用開始時と比べ利用状況も変化している可能性がある。施設の利用状況を調査し、重要度や費用対効果など考慮し、港集約等の施策の検討も視野に入れる。
③現行基準への見直し
　供用時から現在にいたるまでで、基準等が変更している可能性がある。例えば、H11以前では荷役稼働率は90～95％以上であったのに対し、H11基準では97.5％以上に変更されている。このように補修を行う際にはこういった現行基準の変更点に留意する必要がある。
（2）業務を進める手順・留意点・工夫点
①維持管理計画の策定
　老朽度調査から劣化予測を行い、残存供用年数等を含めたライフサイクルコスト（LCC）にも着目した最適な維持管理計画を立案する。当該施設は海上構造物であるため杭の肉厚や床板の塩害等には特に留意して対応措置を検討する必要がある。また、LCCだけでな

●裏面は使用しないで下さい。 ●裏面に記載された解答は無効とします。 24字×25行

令和4年度　港湾及び空港Ⅱ－2－2

・添削後（2枚目／2枚中）

令和4年度　技術士第二次試験答案用紙

受験番号	○○○○○○○○○○○	技術部門	建　設　　部門
問題番号	Ⅱ－2－2	選択科目	港湾及び空港
答案使用枚数	2枚目　2枚中	専門とする事項	

○受験番号、問題番号、答案使用枚数、技術部門、選択科目及び専門とする事項の欄は必ず記入すること。
○解答欄の記入は、1マスにつき1文字とすること。（英数字及び図表を除く。）

く海上における安全管理の工夫を行うことが望ましい。
②AI等による点検体制の確立
　今後の点検体制として、海上における安全管理と人員削減の観点から無人点検化の体制を確立する。例えば、床板のクラックや桟橋杭の劣化についてはAIでの教育データを付与し、それを設置して異常発生時に迅速な対応につなげる。
③妥当性検証、評価
　①と②から計画、体制の妥当性を検証、評価し、見直しを実施する。特に技術開発で、より効率的な新技術を取り入れることも留意にする。またそれを維持管理計画へフィードバックし、これをサイクル化することでより効率的な計画を模索する。
（3）関係者との調整方策
①工事時における荷役作業との調整
　工事の際に、荷役作業を優先すると工事は長期化し高額となる。そこで維持計画段階であらかじめ港湾管理者、施工者、荷役業者と代替岸壁案、繁忙期やコアタイムを考慮した利用時間の調整等、作業の影響を最小限に低減した案を計画に組み込む。
②発注者、設計者間での早期協議
　発注者はコスト縮減、工期短縮したい一方、設計者はリダンダンシーを含めより安全性を考慮したいがためのトレードオフが発生する場合がある。長期的視点も含め早期協議を行い、計画における方向性を定める。

●裏面は使用しないで下さい。　●裏面に記載された解答は無効とします。　24字×25行

（令和3年度　港湾及び空港Ⅱ－2－1）

Ⅱ－2－1　近年、台風や爆弾低気圧により、港湾や空港において波浪による被害が増大している。このため、完成後長期間が経過している施設を対象として、波浪に対する要求性能の照査及び対策工の検討を行うこととなった。あなたがこの業務を担当責任者として進めることとなった場合、下記の内容について記述せよ。

(1) 業務の対象として想定する施設を明記したうえで、調査、検討すべき事項とその内容について説明せよ。

(2) 業務を進める手順を列挙して、それぞれの項目ごとに留意すべき点、工夫を要する点を述べよ。

(3) 業務を効率的、効果的に進めるための関係者との調整方策について述べよ。

■令和3年度　港湾及び空港Ⅱ－2－1

・添削前（1枚目／2枚中）

(1) 調査、検討すべき事項
想定する施設：荷役作業を行うための港内波高低減を目的とした防波堤
①土質、老朽度調査
　波浪に対する対策を講じるにあたって、まず現在の土層構成や老朽度を調査する必要がある。これは、改良工事をするにあたって、地盤条件を把握することと老朽度調査を行い、防波堤における現在の残存機能を適切に評価する必要がある。
②地震応答解析の実施
　低気圧の影響により、津波の発生を誘発する地震における地震応答解析を実施する必要がある。その際に地震の発生については、①の土質調査結果からゆるい砂層であった場合は、液状化リスクを考慮する必要がある。
③変形を考慮した安定性照査
　老朽化等による現在までの変形や地震応答解析の実施結果を考慮した状態で対策後の安定性照査を行う必要がある。また、それぞれの対策で比較検討を行い、ライフサイクルコストで有利になる対策を講じる必要がある。
(2) 業務を進める手順・留意点・工夫点
①基本方針の設定
　最初に、要求性能に準じて性能規定を定め、照査方法を決定する必要がある。ここでは、関係者を通して

〈添削コメント〉
(1) について、多面的によく書けていますが、(問題文を踏まえ) 例えば、波浪被害を受けた施設の調査や、従来の照査方法や対策工のフィードバックも加えると良いと思います。

令和3年度　港湾及び空港Ⅱ－2－1

・添削前（2枚目／2枚中）

既設構造物の残存機能等の取り扱いは定量的な評価がされていないため留意する必要がある。
②設計条件の設定
　本検討で対象とする設計条件を設定する必要がある。特にどの程度の波浪を見込むのかとその条件設定の妥当性は留意しておく必要がある。また津波の場合は、津波における周期と港における固有周期の共振があることに留意する。
③断面諸元の決定
　設計条件をもとに断面諸元を決定する必要がある。その際に、予想を上回る波浪が発生しても粘り強い構造とすることで被害軽減の工夫を行う。例としては、防波堤港内の腹付け工、天端形状の工夫による越流の誘導、洗掘防止マットの敷設等が挙げられる。
(3) 関係者との調整方策
①発注者との共通認識
　設計段階において、既存構造物の残存機能等の取り扱いを発注者と設計者が設計思想を共有しておくことが重要である。そうすることで、設計における手戻りの発生を抑制する。
②荷役業者との利用時調整
　防波堤施設の改良工事にあたって、港内の荷役作業に影響を及ぼす場合がある。そこで、荷役業者への岸壁代替案、利用時間の調整の可不可といった影響を最大限抑制した方策を立案する。

〈添削コメント〉
　問題文にある「要求性能の照査と対策工の検討」の業務内容が書かれていてOKです。

　(3) ②について、利用者の利便性を最優先とすると、十分な被害対策が妨げられるおそれがあります（トレードオフの関係）。ここに利害関係がありますので、このことに言及したうえで、安全確保の重要性を利用者に理解してもらい、利便性にもできるだけ配慮していくことが記述できると良いです。
　①②とも似たような内容となっているので、例えば、
　　①は発注者と受注者との利害調整（例：発注者ができるだけ予算・時間をかけずに品質・安全確保を図りたいが、受注者は品質・安全確保のために十分な予算・時間を確保したい）
　　②は利用者と管理者の利害調整（例：利用者は利便性が最重要だが、管理者は安全確保が最重要）
としても良いかと思います。

■令和3年度　港湾及び空港Ⅱ－2－1

・添削後（1枚目／2枚中）

令和３年度　技術士第二次試験答案用紙

受験番号	○○○○○○○○○○○	技術部門	建　設　　部門
問題番号	Ⅱ－２－１	選択科目	港湾及び空港
答案使用枚数	１枚目　２枚中	専門とする事項	

○受験番号、問題番号、答案使用枚数、技術部門、選択科目及び専門とする事項の欄は必ず記入すること。
○解答欄の記入は、１マスにつき１文字とすること。（英数字及び図表を除く。）

（1）調査、検討すべき事項
想定する施設：荷役作業を行うための港内波高低減を目的とした防波堤
①老朽度、波浪被害調査
　完成後長期間が経過していることから、現在における老朽度や波浪による被害の調査を行う必要がある。これは、ひび割れ等の損傷の調査に加え、対象の既存施設の残存機能を検討する必要がある。
②設計波浪の見直し
　台風や低気圧が起因する波浪の増大による設計波浪の見直しを行う。供用後長期間経過していることから最新観測データや推算手法で設計波浪を見直し、更新した設計波浪における安定性照査を行う必要がある。
③要求性能の照査及び対策工の検討
　要求性能の照査についても設計波浪の見直しと同様に、供用時の照査方法から現在における照査方法に見直す必要がある。また、設計波浪や要求性能の照査で定めた条件について、既存施設で耐力が維持できない場合、対策工を検討する必要がある。
（2）業務を進める手順・留意点・工夫点
①既存施設耐力の評価・取り扱い
　老朽度・波浪被害調査から既存施設における耐力の評価を行う。工夫点として、関係者を通して既存施設の残存機能を近年の波浪被害による傾向も加味した上で定量的に評価することが挙げられる。

●裏面は使用しないで下さい。　●裏面に記載された解答は無効とします。　24字×25行

令和３年度　港湾及び空港Ⅱ－２－１

・添削後（２枚目／２枚中）

令和３年度　技術士第二次試験答案用紙

受験番号	○○○○○○○○○○○	技術部門	建　設　部門
問題番号	Ⅱ－２－１	選択科目	港湾及び空港
答案使用枚数	２枚目　２枚中	専門とする事項	

○受験番号、問題番号、答案使用枚数、技術部門、選択科目及び専門とする事項の欄は必ず記入すること。
○解答欄の記入は、１マスにつき１文字とすること。（英数字及び図表を除く。）

②設計条件の設定及び要求性能照査方法の選定

　最新の観測データや推算手法から波浪条件や潮位等を適切に設定する。また、要求性能については、荷役稼働率等現行制度や基準に倣って選定する必要がある。具体例としては、H19まで港内静穏度についての荷役稼働率は90～95％以上であったのに対し、H19以降97.5％以上に変わっていることが挙げられる。

③対策工及び断面諸元の決定

　見直しした設計条件や要求性能照査方法をもとに、対策工を含む断面諸元を決定する。諸条件を満足させる対策に加え、粘り強い構造となる対策工とすることで被害軽減の工夫を行う。対策工の具体例としては、防波堤港内の腹付工、天端形状の工夫等がある。また、粘り強い構造の指標として、安全率1.0にどの程度余裕があるかに留意し、適切に設定する必要がある。

（3）関係者との調整方策

①発注者と受注者の利害調整

　大掛かりな改良工事が想定されるため発注者は時間・予算をかけずに品質・安全確保を図りたいが、受注者はそれに相反するトレードオフの関係にある。そこで、早期段階で協議を行い、折衷案を模索する。

②港湾利用者との施設利用時における調整

　改良工事において、港内の荷役作業に影響を及ぼす場合がある。港湾利用者への岸壁代替案、利用時間の調整といった影響を最小限に抑制した方策を立案する。

●裏面は使用しないで下さい。　●裏面に記載された解答は無効とします。　24字×25行

（令和3年度　電力土木Ⅱ－2－1）

Ⅱ－2－1　電力土木施設の建設又は維持管理を行う際に、施設の基礎地盤や周辺斜面などの変状により、電力土木施設の健全性や機能などへの影響が問題になることがある。あなたが建設又は維持管理の担当責任者になったとして、以下の内容について記述せよ。

(1) 具体的な電力土木施設の名称1つとその地盤変状の原因と内容を明記の上、地盤変状による影響を抑止するための対策を計画する業務を実施するに当たり、調査、検討すべき項目について具体的に説明せよ。

(2) (1)の業務を進める手順について、留意すべき点、工夫を要する点を含めて述べよ。

(3) 業務を効率的、効果的に進めるための関係者との調整方策について述べよ。

■令和3年度　電力土木Ⅱ－2－1

・添削前（1枚目／2枚中）

(1)－①施設の名称、地盤変状の原因と内容
　水力発電所導水路中の水路橋について述べる。地盤変状の原因と内容としては、支持力不足による構造物の沈下と、それに伴う漏水等が生じる可能性がある。
(1)－②調査・検討すべき項目
(a) 既往資料
　竣工図や工事記録等の既往資料から当時の施工状況等を把握する。
(b) 外観状況や地質・地形データ等
　現地にて、外観状況を確認するとともに、ボーリング調査により地形・地質データを取得する。また、可能であれば、コンクリート強度や配筋状況を確認し、今後の補強等の基礎資料とする。
(c) 施工条件
　工事による断水の要否や工事に必要となる重機の搬入計画について検討する。
(2) 業務手順と留意点・工夫点
　上述の（a）～（c）の順に調査・検討を行う。これらの結果を踏まえて、対策方法を選定し、構造検討、施工計画の立案、関係機関協議を行う。
　現地調査においては、安全に留意することはもちろんであるが、データの抜けが無いよう事前に綿密に作業計画を立てる。また、後に現地状況を思い出すために現地状況をビデオ等で撮影しておくと良い。
　施工計画の立案については、断水の要否を確認する

〈添削コメント〉
　(1) について、地盤変状の原因と内容が若干淡白なので、複数の原因・内容を記述できるとより良いです。
　調査・検討すべき項目は良く書けています。
　(2) の業務を進めるために、あらかじめ調査・検討すべき項目を記述すると、(2) につなげやすくなります。

　(2) について、地盤変状による影響の抑止対策の計画業務ですので、現地調査を踏まえてどのような抑止対策を比較検討・選定していくかのプロセスにも言及できると良いです。
　また、留意点・工夫点において、マネジメントの観点（限られたリソース（設備、人材、資金、情報等）をどう配分するか？）からも記述できると良いです。
　また、問題文に「建設又は維持管理の担当責任者となったとして」とありますので、「建設担当責任者として」ということがわかるようにしておくとより良いです。

令和3年度　電力土木Ⅱ－2－1

・添削前（2枚目／2枚中）

ともに、断水が必要であれば工事可能な時期を確認しておく。また、減電影響が短くなるよう施工計画を立案する必要がある。さらに、導水路をかんがい用水等の送水のため供用しているものもあるため、工事中の送水の要否や送水方法について確認しておく。

(3) 関係者との調整方策

①周辺住民

周辺環境への影響を分かりやすく説明して住民の協力を得られるように努める。また、工事前、工事中、工事完了後に説明会や意見交換会を開き、協力を得られるように努力する。

②河川管理者、利水権者

工事内容や環境影響等を分かりやすく説明し、計画について協議する。

また、SNSやクラウドサービス等のITツールを導入し、業務の効率化を図るとともに、様々な意見を調整し、最適な方針を提示できるようにリーダーシップを発揮することが重要である。

〈添削コメント〉

(3) について、複数の関係者が挙げられていてOKです。

各関係者とどのような利害関係があるのか、その利害を調整するためにどのように対応していくのか、実務経験を踏まえて加筆できるとより良いです（余白が多いので、加筆してみましょう）。

■令和3年度　電力土木Ⅱ－2－1

・添削後（1枚目／2枚中）

令和３年度　技術士第二次試験答案用紙

受験番号	○○○○○○○○○○○	技術部門	建　設　部門
問題番号	Ⅱ－2－1	選択科目	電力土木
答案使用枚数	1 枚目　2 枚中	専門とする事項	

○受験番号、問題番号、答案使用枚数、技術部門、選択科目及び専門とする事項の欄は必ず記入すること。
○解答欄の記入は、１マスにつき１文字とすること。（英数字及び図表を除く。）

(1)－①施設の名称、地盤変状の原因と内容
　水力発電所導水路中の水路橋について述べる。地盤変状の原因と内容としては、基礎の支持力不足や粘性土層の圧密沈下による構造物の沈下、雨水の浸透に伴う地下水位（土水圧）上昇による橋脚の転倒・滑動、地震時の液状化による水路橋の倒壊等が生じる可能性がある。また、上記に伴い漏水が生じる可能性がある。
(1)－②調査・検討すべき項目
(a)既往資料
　竣工図や工事記録等から地質状況等を把握する。
(b)外観状況や地質・地形データ等
　現地にて、外観状況を確認するとともに、ボーリング調査により地形・地質データを取得する。
(c)施工条件
　工事による断水の要否や工事に必要となる重機の搬入計画について検討する。
(2)業務手順と留意点・工夫点
　支持力不足対策の計画業務について述べる。業務は、前提条件の確認、対策範囲・工法の選定、施工計画の立案の順に行う。留意点・工夫点等を次に述べる。
①前提条件の確認
　周辺の地質状況、断水の要否・可能時期および用地制約等を確認・整理する。
②対策範囲・工法の選定
　まず、地質状況を踏まえて支持層・対策範囲を設定

●裏面は使用しないで下さい。　●裏面に記載された解答は無効とします。　24字×25行

令和3年度　電力土木Ⅱ－2－1

・添削後（2枚目／2枚中）

令和３年度　技術士第二次試験答案用紙

受験番号	○○○○○○○○○○○	技術部門	建　設　　部門
問題番号	Ⅱ－２－１	選択科目	電力土木
答案使用枚数	２枚目　２枚中	専門とする事項	

○受験番号、問題番号、答案使用枚数、技術部門、選択科目及び専門とする事項の欄は必ず記入すること。
○解答欄の記入は、１マスにつき１文字とすること。（英数字及び図表を除く。）

する。対策範囲を選定する際は、取壊し範囲を最小限に留める。次に対策箇所の強度を設定する。強度は、固定台や支台の安定計算結果から設定することとなるが、水力発電特有の荷重（水重や水位差による推力等）を考慮する。最後に対策工法を選定する。対策工法は、支持層までの深度や経済性・施工性等を考慮して、良質土置換、地盤改良、杭基礎等から選定する。

③施工計画の立案

　施工計画の立案では、減電影響が短くなるよう配慮する。また、昨今の作業員不足を考慮し、無理のない工程計画（班体制）にするとともに、その他施設に補修等が必要であれば、同時発注し、経費の削減を図る。

（3）関係者との調整方策

①周辺住民

　工事の際、騒音・振動、近隣道路の通行規制および土地の借用等の影響が想定される。工事前、工事中に説明会や意見交換会を開き、周辺環境への影響を分かりやすく説明して住民の協力を得られるように努める。

②河川管理者、利水権者

　河川区域内工事の申請や施工時に導水路を供用している農業用水・上水の取水制限等の影響が想定される。工事内容や環境影響等を分かりやすく説明し、計画について協議するとともに、代替案（散水車による水供給等）を提示する。また、様々な意見を調整し、最適な方針を提示できるようにリーダーシップを発揮する。

●裏面は使用しないで下さい。　●裏面に記載された解答は無効とします。　24字×25行

（令和2年度　都市及び地方計画Ⅱ－2－1）

Ⅱ－2－1　豪雨により大規模な浸水や土砂災害の被害を受けた地方公共団体において、防災の強化のために、過去に策定した立地適正化計画における居住誘導区域を見直すこととなった。本業務の担当責任者として、下記の内容について記述せよ。

(1) 居住誘導区域の見直し案（都市計画審議会から意見聴取する段階の案をいう）を作成するために、調査、検討すべき事項とその内容について説明せよ。

(2) 留意すべき点、工夫を要する点を含めて業務を進める手順について述べよ。

(3) 業務を効率的、効果的に進めるための関係者との調整方策について述べよ。

■令和2年度　都市及び地方計画Ⅱ－2－1

・添削前（1枚目／2枚中）

(1) 調査、検討すべき事項
1) 災害履歴の調査
　過去の災害による被害履歴や各種ハザードマップ等の確認を行う。特に近年、被害を受けた大規模な浸水・土砂災害の履歴を詳細に確認する。
2) 災害リスクの調査
　被害を受けた現地の調査を行い、現在の居住誘導区域と洪水や土砂災害ハザードマップ等と重ね合わせ、想定される災害リスクの確認を行う。
3) 他都市事例の調査
　過去に被災経験のある他都市の立地適正化計画の見直し事例を調査する。特に人口規模や地形特性が近い都市の事例を調査し対応可能な施策を検討する。
(2) 業務手順
1) 現状と課題の整理
　上位計画である総合計画や都市マスタープランとの調整に留意する。工夫点として災害リスクと居住誘導区域をGISで重ね合わせ、視覚化することにより課題の整理を行い分析する。
2) 業務推進検討会の設置
　見直しにあたり、業務推進検討会を設置する。留意点として委員は行政・民間・学識経験者等の幅広い人材から選定し、災害リスクの高い地域を抽出する。工夫点として会議は定例化し集約した意見や意思決定を協議録としてまとめ、情報共有を図る。

〈添削コメント〉
「居住誘導区域の見直し」にフォーカスを当てて、必要な調査・検討事項を挙げてみましょう。

問題文に「居住誘導区域の見直し」とありますので、現行の居住誘導区域をどのような手順で見直していくのかを軸にして業務手順を記述すると良いです。

課題の整理をどのように進めていくのかをもう少し加筆すると良いです。

令和2年度　都市及び地方計画Ⅱ－2－1

・添削前（2枚目／2枚中）

3）基本的な方針の検討

居住誘導区域における基本的な方針を検討する。留意点として災害から居住を守るには災害リスクの除外、低減、予防の検討が必要であるため災害リスクの評価を行う。工夫点として災害リスクを定量的に評価するため自治体がもっている住基情報や公共施設情報等のビッグデータを活用し方針とする。

4）居住誘導区域の見直し案の作成

見直し案は区域からの除外を含めた案とし、リードタイムがある水災害への対応を想定しリスクの予防・低減対策を盛り込むよう留意する。工夫点として対策は河川整備や防災公園などのハード整備と避難路の整備や避難計画の見直し等のソフト対策を併せて検討する。

(3) 関係者との調整

1）関係部局との調整

災害リスクの評価や今後の方針について治水・防災部局、下水道や海岸等の管理者等の関係者との意見交換を行い、分析の効率化を図る。

2）住民等との合意形成

災害リスクが高い地域は区域からの除外も視野に入れ検討を行うため、住民や不動産事業者等と防災士などの専門家を含めたワークショップを開催し、意見を取り入れることで住民等の合意形成を図る。

以上

〈添削コメント〉

基本的な方針とはどういうものかをもう少し説明すると良いです。

居住誘導区域の見直し案に関する留意・工夫点というよりも、防災対策の留意・工夫点という印象を受けます。居住誘導区域の見直しとの関連性を高めてみましょう。

居住誘導区域の見直しにフォーカスして調整策を挙げてみましょう。

設問2の業務手順において、「災害リスクの評価」がないため、唐突な印象を受けます。設問2の業務手順にこれを加筆すると、論文の整合性が高まると思います。

■令和2年度　都市及び地方計画Ⅱ－2－1

・添削後（1枚目／2枚中）

令和２年度　技術士第二次試験答案用紙

受験番号	○○○○○○○○○○○	技術部門	建　設　部門
問題番号	Ⅱ－2－1	選択科目	都市及び地方計画
答案使用枚数	1 枚目　2 枚中	専門とする事項	

○受験番号、問題番号、答案使用枚数、技術部門、選択科目及び専門とする事項の欄は必ず記入すること。
○解答欄の記入は、1マスにつき1文字とすること。（英数字及び図表を除く。）

（1）調査、検討すべき事項
1）現計画の方針等の確認
　現計画の居住誘導区域の方針（目指すべきまちづくりの方針）やターゲット等を確認する。また居住誘導区域の設定の経緯や誘導方針の考え方について整理し、防災の視点からの見直しが必要な点を検討する。
2）災害履歴の調査
　現在の居住誘導区域内の災害履歴や各種ハザードマップ等の確認と現地調査を行う。特に近年、被害を受けた大規模な浸水・土砂災害の履歴を詳細に確認する。
3）他都市事例の調査
　過去に被災経験のある他都市の立地適正化計画の見直し事例を調査する。特に人口規模や地形特性が近い都市の事例を調査し対応可能な施策を検討する。
（2）業務手順
1）現状と課題の整理
　（1）での調査・検討を踏まえ現計画の居住誘導区域において地区ごとの防災上の課題の整理を行う。工夫点として災害リスクと居住誘導区域をGISで重ね合わせ視覚化・数値化することで課題分析の効率化を図る。
2）まちづくり方針や目標値の検討
　防災上の課題への対応方針やターゲットを検討し、想定されるハード・ソフトの取組方針及び目標値を検討する。工夫点は業務推進検討会を設置し委員を行政・民間・学識経験者等の幅広い人材から選定し、定期

●裏面は使用しないで下さい。　●裏面に記載された解答は無効とします。　24字×25行

令和2年度　都市及び地方計画Ⅱ－2－1

・添削後（2枚目／2枚中）

令和２年度　技術士第二次試験答案用紙

受験番号	○○○○○○○○○○○	技術部門	建　設　　　部門
問題番号	Ⅱ－２－１	選択科目	都市及び地方計画
答案使用枚数	２ 枚目　２ 枚中	専門とする事項	

○受験番号、問題番号、答案使用枚数、技術部門、選択科目及び専門とする事項の欄は必ず記入すること。
○解答欄の記入は、１マスにつき１文字とすること。（英数字及び図表を除く。）

開催することで業務の進捗を管理し、協議内容を公表することで公平性・透明性を確保する。

3)居住誘導区域から除外する地区の検討

　区域のうちハザードエリアにおいて原則除外とするが当該地区の災害リスクを踏まえた防災・減災対策を示すことで区域に残すかを検討する。工夫点はハード対策だけでは経済的・技術的に困難であるためソフト対策のハザードマップ作成や防災教育等を検討する。

4)防災指針の策定

　地区毎の課題を踏まえた取組方針と施策案を踏まえて防災指針の策定を行う。工夫点は防災指針に則した宅地被害防止事業や土地区画整理事業等を活用することで実効性を確保する。

（3）関係者との調整

1)住民等との合意形成

　区域の見直しにより、影響が考えられる住民や施設、特に福祉施設や子育て支援施設等の災害弱者施設については施設管理者や利用者に対してもリスク回避対策（移転等）の必要性を他都市の災害事例を踏まえた資料で説明を行うことにより円滑な合意形成を図る。

2)関係部局との調整

　防災に関するハード・ソフト対策の検討に当たっては庁内関係部局の既存事業や施設整備・管理者との調整を図り、活用できる国の制度や補助金、整備スケジュール等の検討を行う。　　　　以上

●裏面は使用しないで下さい。　●裏面に記載された解答は無効とします。　24字×25行

（令和2年度　港湾及び空港Ⅱ－2－2）

Ⅱ－2－2　A港（又はA空港）において、供用中のケーソン式係船岸又は供用中の滑走路を対象に新たに地震対策が求められ、耐震性向上のための改良設計を行うこととなった。あなたがこの業務を担当責任者として進めるに当たり、港湾又は空港のいずれかを選び、下記の内容について記述せよ。

(1) 調査、検討すべき事項とその内容について説明せよ。

(2) 業務を進める手順について、その際に留意すべき点、工夫を要する点を含めて述べよ。

(3) 業務を効率的、効果的に進めるための関係者との調整方策について述べよ。

■令和2年度　港湾及び空港Ⅱ－2－2

・添削前（1枚目／2枚中）

・選択分野：港湾
(1) 調査、検討すべき事項
①土質調査の実施
　ケーソン式係船岸の耐震性向上を図るため、現行より大きな地震動での検討が必要であり、その際に懸念されるのが地盤の液状化である。液状化は、特に砂質土で発生しやすいので、改良設計をするにあたって、現状の土質を把握する必要がある。
②老朽度調査及び利用状況調査
　対象施設が供用中であることから、現在における施設の老朽度を確認し、またその残存機能の取り扱いに注意する必要がある。それに併せて、供用中の改良設計であることから施設の利用頻度や利用状況も調査し、工事時の施設利用調整を配慮する必要がある。
③照査用震度の設定及び要求性能の照査
　耐震性向上を行うにあたって、照査用震度を見直す必要がある。それに併せて、例えば、レベル1地震動対応かレベル2地震動対応かで耐震性の要求性能が異なるのに注意する必要がある。
(2) 業務を進める手順・留意点・工夫点
①既存施設耐力の評価・取り扱い
　最初に、老朽度調査の結果をもとに、施設の残存機能の評価を行う。工夫点として、関係者を通して供用中の施設における残存機能を近年の地震被害による傾向も加味した上で定量的に評価することが挙げられる。

〈添削コメント〉
（1）について、よく書けていると思います。

（2）について、よく書けていると思いますが、手順について補足してみましょう。
①の工夫点における「関係者」は誰でしょうか？　利害調整に絡む内容であれば、(3)で記述したほうが良いです。

あと、細かいところですが、「挙げられる」→「挙げる」と主体的な記述にすると良いです。

令和2年度　港湾及び空港Ⅱ－2－2

・添削前（2枚目／2枚中）

②設計条件の設定及び要求性能照査方法の選定

施設の用途や要求性能を吟味した上で、設計条件である照査用震度を選定する。また、要求性能照査方法について供用開始時と現行の方法とで異なる場合は併せての見直しを行う。また、地震の発生に起因して、発生する津波についても配慮して津波条件を選定する必要がある。

③施設の改良設計の策定

再設定した照査用震度と要求性能照査方法をもとに改良設計の策定を行う。ここでは、ケーソン式係船岸直下の地盤の液状化はもちろんであるが、堤体の滑動、転倒等も確認する必要がある。また、改良を行うにあたって施設が供用中であることから、地盤改良や堤体の補強といった工事と利用者の作業が交錯しないようにする必要がある。

(3) 関係者との調整方策

①有識者へのヒアリング

地震動は突発的な自然現象であり、条件設定の判断が難しい場合がある。そこで、照査用震度の設定をするにあたって、産学官等の有識者にヒアリングをもとにすることで適切な条件設定を可能とする。

②港湾利用者との施設利用時における調整

改良工事において施設利用者の作業に影響を及ぼす場合がある。施設利用者への岸壁代替案、利用時間の調整といった影響を最小限に抑制した方策を立案する。

〈添削コメント〉

(2) ①～③の留意点・工夫点においては、実務経験を踏まえ、マネジメント（資源（人員、設備、金銭、情報等）の配分）の視点からも記述できると良いです。

関係者との利害を示し、それをどう調整するかを記述しましょう。

■令和2年度　港湾及び空港Ⅱ－2－2

・添削後（1枚目／2枚中）

令和2年度　技術士第二次試験答案用紙

受験番号	○○○○○○○○○○○	技術部門	建　設　部門
問題番号	Ⅱ－2－2	選択科目	港湾及び空港
答案使用枚数	1 枚目　2 枚中	専門とする事項	

○受験番号、問題番号、答案使用枚数、技術部門、選択科目及び専門とする事項の欄は必ず記入すること。
○解答欄の記入は、1マスにつき1文字とすること。（英数字及び図表を除く。）

・選択分野：港湾

（1）調査、検討すべき事項

①土質調査の実施

　ケーソン式係船岸の耐震性向上を図るため、現行より大きな地震動での検討が必要であり、その際に懸念されるのが地盤の液状化である。液状化は、特に砂質土で発生しやすいので、改良設計をするにあたって、現状の土質性状を把握する必要がある。

②老朽度調査及び利用状況調査

　対象施設が供用中であることから、現在における施設の老朽度を確認し、またその残存機能の取り扱いに注意する必要がある。それに併せて、供用中の改良設計であることから施設の利用頻度や利用状況も調査し、工事時の施設利用調整を配慮する。

③照査用震度の設定及び要求性能の照査

　耐震性向上を行うにあたって、照査用震度を見直す。それに併せて、例えば、レベル1地震動対応かレベル2地震動対応かで耐震性の要求性能が異なることに注意する必要がある。

（2）業務を進める手順・留意点・工夫点

①既存施設耐力の評価

　最初に、老朽度調査の結果をもとに、対象施設における耐力の評価を行う。そこで、新旧構造物の荷重分担や残存機能の評価を定量化することで設計思想の明確化や共有化を図り、業務を遂行することに留意する。

●裏面は使用しないで下さい。　●裏面に記載された解答は無効とします。　24字×25行

令和2年度　港湾及び空港Ⅱ－2－2

・添削後（2枚目／2枚中）

令和２年度　技術士第二次試験答案用紙

受験番号	○○○○○○○○○○○○	技術部門	建　設　　部門
問題番号	Ⅱ－２－２	選択科目	港湾及び空港
答案使用枚数	２枚目　２枚中	専門とする事項	

○受験番号、問題番号、答案使用枚数、技術部門、選択科目及び専門とする事項の欄は必ず記入すること。
○解答欄の記入は、１マスにつき１文字とすること。（英数字及び図表を除く。）

②設計条件の設定及び要求性能照査方法の選定

　施設の用途や要求性能を吟味した上で、設計条件である照査用震度を選定する。併せて、要求性能照査方法について供用開始時と現行の方法とで異なる場合は併せての見直しを行うことに留意する。また、地震の発生に起因して、発生する津波についても配慮して津波条件を選定する必要がある。

③施設の改良工法の策定

　再設定した照査用震度と要求性能照査方法をもとに改良工法の策定を行う。工法の策定にあたっては、工期やコストといった面から比較検討を行い、安全性を満足した断面決定することに留意する。改良案の例として、岸壁延伸を想定した場合、勾配を付けた斜底面ケーソンとすることで滑動抵抗力を増大させ、改良幅の縮小につながりコスト縮減させる工法が有効である。

（3）関係者との調整方策

①ユーザー意見を加味した改良設計

　港湾管理者は時間やコストをかけずに業務を遂行したいが、設計請負人はそれに相反するトレードオフの関係にある。そこで、早期に旅客ユーザー等の安全管理、工期等の要望も判断材料にし、妥結点を模索する。

②港湾利用者との施設利用時における調整

　改良工事において施設利用者の作業に影響を及ぼす場合がある。施設利用者への岸壁代替案、利用時間の調整といった影響を最小限に抑制した方策を立案する。

●裏面は使用しないで下さい。　●裏面に記載された解答は無効とします。　　24字×25行

（令和2年度　施工計画、施工設備及び積算Ⅱ－2－2）

Ⅱ－2－2　既成市街地内の幹線道路下で、新駅工事（延長約200 m、幅約25 m、深さ約20 m、掘削土総量約10万m^3・沖積土層）が開削工法（ソイルセメント柱列式地下連続壁工法）により計画されている。本工事の掘削は約1年間で完了し、発生土は道路や河川堤防事業等の他事業に搬出・再利用する計画となっているが、受入れ先の状況・条件に合わせた適切な搬出計画とする必要がある。以上を踏まえて、本工事の担当責任者として、発生土の処分に関する業務に当たり、以下の内容について記述せよ。

(1) 調査・検討すべき事項（関係者との調整事項は除く）のうち業務の特性を踏まえて重要なものを2つ挙げ、その内容について説明せよ。

(2) 業務の手順を述べた上で、業務を管理する際に留意すべき点、工夫を要する点について述べよ。

(3) 業務において必要な関係者との調整事項を1つ挙げ、業務を効率的、効果的に進めるための関係者との調整方策について述べよ。

■令和2年度　施工計画、施工設備及び積算Ⅱ－2－2

・添削前（1枚目／2枚中）

1．発生土処分の業務で調査・検討すべき2つの事項

1-1 現況調査と運搬経路の検討

既成市街地内の幹線道路下のため、周辺状況を調査と適切な運搬経路を検討する。特に、1年間で掘削土総量が、約10万 m^3 と1日当り数百 m^3 の搬出となる。運搬経路には、交通量調査と交通誘導員を配置し、渋滞対策や振動騒音の測定器設置を検討する。

1-2 受入れ先の条件調査とストックヤードの検討

受入先の場所や時期等の条件を調査する。特に発生土は、沖積土と水分が多い軟弱土と想定されるため、土質調査や受入先で土質改良等を検討する。また1日当り数百 m^3 の搬出量が想定される。類似事例や複数の受入れ先の調査、ストックヤードの確保を検討する。

2．業務手順と業務管理上の留意・工夫を要する点

2-1 業務手順

①事前調査：現場の施工立地や時期、発生土の土質、運搬経路、交通量、受入態勢等の事前調査を行う。

②基本計画：発生土運搬の施工順序や方法、工程計画、仮設計画を複数検討する。特に類似工事を参考とし、1年間で10万 m^3 搬出する施工条件を意識する。

③調達計画：労務・機械・資材の調達・使用・輸送計画を立て、1年間に渡る調達や施工を意識する。

④管理計画：品質、原価、工程、安全、環境保全の各管理基準計画を定める。特に大型車の大量運搬による騒音や振動、渋滞等の環境保全対策を意識する。

〈添削コメント〉

受入先で土質改良ということは、軟弱土のままダンプトラックで運搬するということでしょうか？

ストックヤードとは、受入先の受入時期が遅れた際に、新駅工事エリア内で掘削土砂をストックするためのヤードということで良いでしょうか？　ストックヤードの目的等を加筆するとわかりやすいです。

①は、設問1に含めれば良いと思います。

②、③、④の「意識する」といった表現は曖昧で抽象的なので、試験官が評価できません。具体的に記述しましょう。

①～④はいずれも一般的・抽象的な（教科書的な）記述となっているので、問題文の与条件を踏まえて具体的に記述しましょう。

例えば、既成市街地内であること、開削工法（ソイルセメント柱列式地下連続工法）であることも踏まえて加筆しましょう。

令和２年度　施工計画、施工設備及び積算Ⅱ－２－２

・添削前（２枚目／２枚中）

2-2 業務管理上の留意・工夫を要する点

(1) 発生土の運搬時

　留意点は、搬出の工程計画で、類似工事の施工計画や天候不良等の不稼働日数を参入した工程計画とする。特に、市街地内を１日当り数百 m³ 運搬するため、ICT 運行管理システムを活用し、運行状況の共有を図り、渋滞や待機時間、運行ロスを避ける工夫をする。

(2) 発生土の受入時

　留意点は、受入先との情報共有である。内容は、受入時期や受入態勢の調整や、土質改良の必要性等の判断である。工夫は、ICT機器で工程やストックヤードの状況、土質データ等の相互の情報共有を行う。これにより、相互の工程調整もしやすく、発生土の土質・数量等データを把握できる。

３．関係者との調整事項と調整方策

　調整事項は、地元や道路管理者、警察とのトラック運搬経路の説明である。

　地元には、説明会を開催と工事の理解を求める。特に地元に、交通誘導員の配置、騒音振動の周知することや、安全対策の要望を反映することが重要である。

　道路管理者には手戻りを防ぐため、運搬経路の事前協議を行い、道路幅員や道路占用等の確認をする。

　警察にも、手戻りを防ぐため、交通規制や道路使用申請の協議を十分に行う。特に渋滞等が想定される場合、複数の迂回路や安全対策を協議する。　　以上

〈添削コメント〉

文がねじれていたり、言葉足らずになっていたりするので、推敲してもう少し丁寧に記述してみましょう。
「調整事項は、……説明である。」だと文がねじれているので、例えば、調整する事項をいくつか例示する形で記述すると良いです。

もう少し丁寧に書いてみましょう。

　例えば、「類似工事の施工計画や天候不良等の不稼働日数を参入した工程計画」＝「AやBを参入した計画」という構成ですので、「類似工事の施工計画を参入した工程計画」という意味合いになってしまいます。「類似工事の施工計画を参考にした工程計画」ですよね？　このような文となっているところが時折見受けられますので、留意しましょう（低評価につながりやすいです）。

■令和2年度　施工計画、施工設備及び積算Ⅱ－2－2

・添削後（1枚目／2枚中）

令和2年度　技術士第二次試験答案用紙

受験番号	○○○○○○○○○○○	技術部門	建　設　部門
問題番号	Ⅱ－2－2	選択科目	施工計画、施工設備及び積算
答案使用枚数	1 枚目　2 枚中	専門とする事項	

○受験番号、問題番号、答案使用枚数、技術部門、選択科目及び専門とする事項の欄は必ず記入すること。
○解答欄の記入は、1マスにつき1文字とすること。（英数字及び図表を除く。）

1．発生土処分の業務で調査・検討すべき2つの事項

1-1 現況調査と運搬経路の検討

既成市街地内の幹線道路下のため、周辺状況を調査と適切な運搬経路を検討する。特に、1年間で掘削土総量が、約10万m^3と1日当り数百m^3の搬出となる。運搬経路には交通量調査を行い、交通誘導員を配置し、渋滞対策や振動騒音の測定器設置を検討する。

1-2 受入れ先の条件調査とストックヤードの検討

受入先の場所や時期等の条件を調査する。特に発生土は、沖積土と水分が多い軟弱土と想定される。土質調査や脱水・土質改良を検討する。また、類似事例や複数の受入れ先を調査し、搬出に滞りが出ないよう、受入先付近でストックヤードの確保を検討する。

2．業務手順と業務管理上の留意・工夫を要する点

2-1 業務手順

①事前調査：新駅工事の施工立地と、時期により開削工法での発生土量に、偏りがないか事前調査を行う。

②基本計画：発生土運搬の施工順序や方法、工程計画、仮設計画を複数検討する。類似工事を参考とし、年間を通して無理の無い、安定量を搬出する計画とする。

③調達計画：労務・機械・資材の調達・使用・輸送計画を立て、人材・資機材の無理な集中投下を防ぐ。

④管理計画：品質、原価、工程、安全、環境保全の各管理基準計画を定める。特に、搬出時の騒音振動の基準値を定め、環境保全対策を厳守する。

●裏面は使用しないで下さい。　●裏面に記載された解答は無効とします。　24字×25行

令和2年度　施工計画、施工設備及び積算Ⅱ－2－2

・添削後（2枚目／2枚中）

令和２年度　技術士第二次試験答案用紙

受験番号	○○○○○○○○○○○	技術部門	建設　部門
問題番号	Ⅱ－2－2	選択科目	施工計画、施工設備及び積算
答案使用枚数	2 枚目　2 枚中	専門とする事項	

○受験番号、問題番号、答案使用枚数、技術部門、選択科目及び専門とする事項の欄は必ず記入すること。
○解答欄の記入は、1マスにつき1文字とすること。（英数字及び図表を除く。）

2-2 業務管理上の留意・工夫を要する点

（1）発生土の運搬時

　搬出の工程計画において、類似工事の日数を参考とし、天候不良等の不稼働日数を参入した工程計画とすることに留意する。特に、ICT運行管理システムを活用することで、運行状況を全体で共有する。渋滞や待機時間、運行ロスを避ける工夫をする。

（2）発生土の受入時

　受入先との情報共有において、受入時期や受入態勢の調整や、土質改良の必要性等の判断に留意する。工夫点としては、ICT機器で工程やストックヤードの状況、土質データ等の相互の情報共有を行う。これにより、相互の工程調整もしやすく、発生土の土質・数量等データを把握できる。

3．関係者との調整事項と調整方策

　調整事項は、トラックの運搬経路である。地元や道路管理者、警察に説明を行い、調整を図る。

　地元には、説明会の開催と工事の理解を求める。特に通学路に交通誘導員の配置、住宅街に騒音振動計の設置をする等、当初から提案することが有効である。

　道路管理者には、多様な関係者と利害調整のため、運搬経路の道路幅員や道路占用等の確認を行う。

　警察も、多様な関係者の利害調整のため、交通規制や道路使用申請の確認を行う。特に渋滞等が想定される場合、複数の迂回路や安全対策を調整する。以上

●裏面は使用しないで下さい。　●裏面に記載された解答は無効とします。　24字×25行

（令和2年度　建設環境Ⅱ－２－１）

Ⅱ－２－１　環境影響評価法に定める第一種事業に当たる海域の公有水面埋立事業が計画されている。対象事業実施区域近傍には、自然干潟や藻場が存在しているものとする。本事業における工事の実施、及び埋立地の存在に係る環境影響評価について、方法書以降の手続に係る環境への影響に関する調査・予測及び保全措置の検討を担当責任者として進めるに当たり、以下の問いに答えよ。

(1) この事業が干潟・藻場に与える環境影響に関して、調査、検討すべき事項とその内容について説明せよ。

(2) 方法書以降の手続に沿って業務を進める手順について、留意すべき点、工夫を要する点を含めて述べよ。

(3) 業務を効率的、効果的に進めるための関係者との調整方策について述べよ。

■令和2年度　建設環境Ⅱ－2－1

・添削前（1枚目／2枚中）

(1) 環境影響に関しての調査・検討事項と内容
　対象事業実施区域近傍には、トカゲハゼの生息やアジサシの飛来が確認された干潟、クビレミドロが生息する藻場が存在する。埋立事業により干潟、藻場の一部が消失し、動植物の生息場は減少することが想定される。調査、検討すべき事項は動植物、生態系とする。また、工事中には濁水の流出、供用時には潮流の変化に伴う水質や底質の悪化が想定される。工事中、供用時には、動植物の生息環境への影響を把握するため、水質、底質も、調査、検討すべき事項とする。
(2) 方法書以降の手順、留意点と工夫点
①方法書の手続
　方法書は、事業特性や地域特性に応じて調査項目や手法を検討するものである。検討に当たっては、地域特性に精通した専門家、住民や漁業関係者との情報共有を図り、手戻りが生じないようにする。
②準備書の手続
　準備書は、調査、予測・評価を行い、環境保全措置を検討するものである。水質、底質、潮流の変化などの影響を受ける動植物は、予測に不確実性を伴うため、工事中や供用後の事後調査を計画する。
③評価書の手続
　評価書は、準備書に対する意見を踏まえて、必要に応じて修正するものである。事業の許認可権者や環境大臣の意見を踏まえ、十分に検討を行い確定させるこ

〈添削コメント〉
　具体的な種名（沖縄の固有種等）が出てきましたが、どこにでもいる種ではないと思いますので、「存在することを想定する。」などの記載が必要かと思います。
　埋立事業の場合は、工事が終わると完了するので、供用時より埋立地の存在がいいかと思います。問題文に合わせたほうがいいです。

　準備書は調査・予測・評価を行うわけではなく、調査を行ったが結果、予測・評価の検討結果等をまとめたもの（環境保全措置の検討結果を含む）です。準備書はあくまでも図書です。
　たとえ、このことをわかっていたとしても、今の書き方だと勘違いしてしまいます。
　また、「供用後」より「埋立の存在」がいいかもしれないです。
　④の報告書も同様です。

令和２年度　建設環境Ⅱ－２－１

・添削前（2枚目／2枚中）

とが重要である。
④報告書の手続
　報告書では、工事中や供用後に環境保全措置の状況を把握し、その結果を報告するものである。回避、低減ができず、代替措置として移植等を行った場合には、特に移植先での生息環境の変化に留意が必要である。動植物の分布状況の把握、水質、底質の現地調査を行い、PDCAによる順応的管理を行う。
(3) 関係者との調整方策
①利害関係者との調整
　事業を円滑に進める上では、住民や漁業組合、環境保護団体等の利害関係者との合意形成を図ることが重要となる。法で定められた以外にも説明会を開催し、丁寧に状況を説明することで透明性の確保に努める。また、説明会で得られた懸案事項や要望は、環境配慮事項に反映するなど、関係者との間に信頼関係を築くことが効果的、効率的な業務に繋がると考える。
②分かりやすい図書の作成
　方法書や準備書の内容は、写真やポンチ絵を活用した環境情報図の作成等、分かりやすい図書となるよう工夫する。また、住民説明会では、文字を極力抑え、視覚的にも理解しやすいよう写真や図を多くしたパワーポイントを用いて説明する。環境影響評価に対して、関係者の理解を深めることが、効果的、効率的な業務に繋がると考える。

〈添削コメント〉

〈講評〉
　準備書と報告書はあくまでも図書であり、調査等を行うものでないので、そこの部分が気になります。また、問題文に、「工事の実施と埋立地の存在」と書いてあるので、できるだけその言葉を用いましょう。

■令和2年度 建設環境Ⅱ－2－1

・添削後（1枚目／2枚中）

令和２年度 技術士第二次試験答案用紙

受験番号	○○○○○○○○○○○	技術部門	建 設 部門
問題番号	Ⅱ－2－1	選択科目	建設環境
答案使用枚数	1 枚目 2 枚中	専門とする事項	

○受験番号、問題番号、答案使用枚数、技術部門、選択科目及び専門とする事項の欄は必ず記入すること。
○解答欄の記入は、１マスにつき１文字とすること。（英数字及び図表を除く。）

（1）環境影響に関しての調査・検討事項と内容
　事業実施区域周辺には、アジサシが飛来する干潟、クビレミドロが生息する藻場が存在することを想定する。埋立事業により干潟、藻場の一部が消失し、動植物の生息場は減少することが想定される。また、工事中には濁水の流出、埋立地の存在により潮流が変化することで、水質や底質の悪化が想定される。調査、検討すべき事項は、動植物、生態系、水質、底質とする。
（2）方法書以降の手順、留意点と工夫点
①方法書の手続
　方法書は、事業特性や地域特性に応じて調査項目や手法を検討し、決定する手続きである。検討に当たっては、地域特性に精通した専門家、住民や漁業関係者との情報共有を図り、手戻りが生じないようにする。
②準備書の手続
　準備書は、調査、予測、評価、環境保全措置の検討結果を示し、事業者の環境保全に対する考えをまとめたものである。評価は、実行可能なより良い対策を採用し、「ベスト追求型」の考え方で実施する。環境保全措置は、干潟や藻場への影響を少なくするため、できるだけ回避、低減、代償措置の順で行う。
③評価書の手続
　評価書は、準備書に対する意見を踏まえて、必要に応じて修正するものである。評価書の内容によって許認可が行われ、実施段階には環境保全措置が講じられ

●裏面は使用しないで下さい。 ●裏面に記載された解答は無効とします。 24字×25行

令和2年度　建設環境Ⅱ－2－1

・添削後（2枚目／2枚中）

令和２年度　技術士第二次試験答案用紙

受験番号	○○○○○○○○○○○	技術部門	建　設　　部門
問題番号	Ⅱ－２－１	選択科目	建設環境
答案使用枚数	２枚目　２枚中	専門とする事項	

○受験番号、問題番号、答案使用枚数、技術部門、選択科目及び専門とする事項の欄は必ず記入すること。
○解答欄の記入は、１マスにつき１文字とすること。（英数字及び図表を除く。）

るため、十分に検討を行い確定させる必要がある。
④報告書の手続
　報告書は、工事が完了した段階で環境保全措置の結果をまとめて報告するものである。干潟や藻場の代替措置を行う場合、新たな生息場の創出や移植を行うことになるが、PDCAによる順応的管理を行い、結果により保全措置の追加や再検討を行う必要がある。
（3）関係者との調整方策
①利害関係者との調整
　事業を円滑に進める上では、住民や漁業組合、環境保護団体等の利害関係者との合意形成を図ることが重要となる。法で定められた以外にも説明会を開催し、丁寧に状況を説明することで透明性の確保に努める。また、説明会で得られた懸案事項や要望は、環境配慮事項に反映するなど、関係者との間に信頼関係を築くことが効果的、効率的な業務に繋がると考える。
②分かりやすい図書の作成
　方法書や準備書の内容は、写真やポンチ絵を活用した環境情報図の作成等、分かりやすい図書となるよう工夫する。また、住民説明会では、文字を極力抑え、視覚的にも理解しやすいよう写真や図を多くしたパワーポイントを用いて説明する。環境影響評価に対して、関係者の理解を深めることが、効果的、効率的な業務に繋がると考える。

●裏面は使用しないで下さい。　●裏面に記載された解答は無効とします。　24字×25行

4.4 Ⅲ選択科目

Ⅲ 次の2問題（Ⅲ－1、Ⅲ－2）のうち1問題を選び解答せよ。（赤色の答案用紙に解答問題番号を明記し、答案用紙3枚を用いてまとめよ。）

（令和4年度 都市及び地方計画Ⅲ－1）

Ⅲ－1 中核市などの地方都市においては、コンパクト・プラス・ネットワークの実現に向け、多様な関係者が連携し、まちの中心となる駅まち空間（駅・駅前広場と周辺街区）を魅力ある空間として再構築を行うことが求められている。

このような状況を踏まえ、以下の問いに答えよ。

(1) 地方都市における駅まち空間の再構築を進めるに当たっての課題を、技術者としての立場で多面的な観点から3つ抽出し、それぞれの観点を明記したうえで、その課題の内容を示せ。

(2) 抽出した課題のうち最も重要と考える課題を1つ挙げ、その課題に対する複数の解決策を示せ。

(3) 前問 (2) で示したすべての解決策を実施しても新たに生じうるリスクとそれへの対策について、専門技術を踏まえた考えを示せ。

■令和４年度　都市及び地方計画Ⅲ－１

・添削前（１枚目／３枚中）

(1) 変化及び課題
課題①居心地が良い駅まち空間の形成
　かつて土地区画整理事業等で整備された駅前広場や道路が利用者ニーズに合わず、賑わいが低下しているという問題がある。車両の通行が減少しているにも関わらず、車線が多いままの道路となっており、歩道は狭い。駅前広場は賑わいのための計画になっておらず、利活用されていない。従って、空間再編の観点から、駅前広場や道路等の周辺街区を再構築し、賑わいを創出する必要がある。
課題②低未利用地の集約・再編
　多くの地方都市では、人口減少・少子高齢化による土地利用の需要縮退から、深刻なスポンジ化が問題になっている。中心市街地の低未利用地は、個人が相続で取得し、小さく不整形であることから、利用しにくい。また、分散しているので、駅前からのアーケードの賑わいを分断し、人通りの連続性を分断させてしまう。従って、スポンジ化対策の観点から、低未利用地を集約・再編し、利活用することにより、魅力ある駅まち空間を形成する必要がある。
課題③地元生活圏の形成
　コロナ禍を契機に、働き方や住まい方が変化したが、駅まち空間が対応できていないという問題がある。デジタル化の進展に伴い、テレワークや遠隔勤務が可能となったが、遠距離の通勤や通学を前提にした駅まち

〈添削コメント〉
　３つの課題について、よく書けていると思いますが、各観点が若干重複していると感じる部分もあるので、国交省公表資料を参考にもう少し推敲・加筆修正してみると、より高評価が得られると思います。まだ各課題における問題抽出・分析において可能であれば定量情報を追記してみてください。

令和4年度　都市及び地方計画Ⅲ－1

・添削前（2枚目／3枚中）

空間のままとなっており、職と住が分離しているためである。従って、都市機能の観点から、職住遊学が複合化した、地元生活圏の形成が必要である。
(2) 最も重要と考える課題と解決策
①最も重要と考える課題
「居心地良い駅まち空間の形成」を挙げる。他の課題と比べて、多様な関係者の連携により、魅力ある駅まち空間を形成するのに効果が高いためである。
②解決策
a）まちなかウォーカブル推進事業
駅前広場や道路等の公的空間を、まちなかウォーカブル推進事業により再構築する。具体的には、駅前広場を芝生化し、イベント広場を整備する。車線の減少と合わせて、歩道を拡幅し、高質化する。段差を無くし、バリアフリーに対応する。結果、駅前広場や道路を含んで周辺街区を再編し、居心地の良い空間とすることができる。
b）一体滞在型快適性等向上事業
上記事業と一体となって、民間敷地を賑わいのある空間に整備する。具体的には、民間敷地をセットバックしポケットパークとする。拡幅する歩道に面して、商業部分をガラス張り化して、賑わいを表出させる。結果、公民が一体となって、駅まち空間を再構築することができる。
c）スマートシティの導入

令和4年度　都市及び地方計画Ⅲ－1

・添削前（3枚目／3枚中）

　デジタル技術を導入した、スマートシティを積極的に導入する。具体的には、センシング技術による人流分析を行い、歩行者の移動距離を最小にする施設配置を行う。混雑状況をリアルタイム発信し、密集を避けつつ、施設利用の待ち時間を短くする。結果、市民と利用者の目線で、公共サービスを提供することができる。

(3) 新たに生じうるリスクと対策

①合意形成

　リスク①として、駅まち空間は、関係者が多様なので、合意形成に時間がかかり、事業が遅延してしまう可能性がある。

　対策①として、早期の市民参画を促すため、ワークショップを開催する。車線の減少による、周辺街区への渋滞の可能性は、3D都市モデルによりシミュレーションし、EBPMとして提示する。

②運営継続

　リスク②として、駅まち空間を再構築しただけで、完結してしまい、運営が継続できない可能性がある。

　対策②として、官民連携まちなか再生推進事業を適用する。本事業により、多様な関係者（駅利用者、市民、交通事業者、行政、大学等）と協議会を設置し、都市未来ビジョンの策定や社会実証実験等を行う。

〈添削コメント〉

（①合意形成について）問題文に「全ての解決策を実施しても、新たに生じうるリスク」とありますので、解決策は実施されたうえで発生するリスクを挙げましょう。（例　コロナ等の感染症拡大のリスク）

（「運営が継続できない」について）継続できない理由や継続できない状況をもう少し具体的に示すと良いです。（例　ランニングコストなど）

〈講評〉

　概ね題意に沿ってよく書けていて、過年度のA評価論文と比較すると遜色ない出来栄えです。上記コメントを踏まえて推敲・加筆修正していただくとさらに高評価の論文になると思います。

■令和4年度　都市及び地方計画Ⅲ－1

・添削後（1枚目／3枚中）

令和４年度　技術士第二次試験答案用紙

受験番号	○○○○○○○○○○○	技術部門	建　設　部門
問題番号	Ⅲ－1	選択科目	都市及び地方計画
答案使用枚数	1 枚目　3 枚中	専門とする事項	

○受験番号、問題番号、答案使用枚数、技術部門、選択科目及び専門とする事項の欄は必ず記入すること。
○解答欄の記入は、１マスにつき１文字とすること。（英数字及び図表を除く。）

（1）駅まち空間再構築のための課題
課題①居心地が良い駅まち空間の形成
　かつて土地区画整理事業等で整備された駅前広場や道路が利用者ニーズに合わず、賑わいが低下しているという問題がある。車両の通行が減少しているにも関わらず、車線数が多いままの道路となっており、歩道は狭い。駅前広場は賑わいのための計画になっておらず、利活用されていない。従って、賑わい創出の観点から、駅前広場や道路等の周辺街区を再構築し、賑わいを創出する必要がある。
課題②スポンジ化対策
　多くの地方都市では、少子高齢化による土地利用の需要縮退から、全国の空家率が13％を超える等、深刻なスポンジ化が問題になっている。中心市街地の低未利用地は、個人が相続で取得し、小さく不整形であることから、利用しにくい。また、分散しているので、駅前からのアーケードの賑わいを分断し、人通りの連続性を途絶えさせてしまう。従って、周辺街区の活性化の観点から、低未利用地を集約・再編し、利活用することにより、魅力ある駅まち空間を形成する必要がある。
課題③地元生活圏の形成
　コロナ禍を契機に、働き方や住まい方が変化したが、駅まち空間が対応できていないという問題がある。デジタル化の進展に伴い、テレワークや遠隔勤務が可能

●裏面は使用しないで下さい。　●裏面に記載された解答は無効とします。　24字×25行

令和4年度　都市及び地方計画Ⅲ－1

・添削後（2枚目／3枚中）

令和4年度　技術士第二次試験答案用紙

受験番号	○○○○○○○○○○○	技術部門	建　設　　部門
問題番号	Ⅲ－1	選択科目	都市及び地方計画
答案使用枚数	2枚目　3枚中	専門とする事項	

○受験番号、問題番号、答案使用枚数、技術部門、選択科目及び専門とする事項の欄は必ず記入すること。
○解答欄の記入は、1マスにつき1文字とすること。（英数字及び図表を除く。）

となったが、遠距離の通勤や通学を前提にした駅まち空間のままとなっており、職と住が分離しているためである。従って、住まい方の観点から、職住遊学が複合化した、地元生活圏の形成が必要である。

（2）最も重要と考える課題と解決策

①最も重要と考える課題

「居心地良い駅まち空間の形成」を挙げる。他の課題と比べて、多様な関係者の連携により、魅力ある駅まち空間を効果的に形成することができるためである。

②解決策

a）まちなかウォーカブル推進事業

駅前広場や道路等の公的空間を、まちなかウォーカブル推進事業により再構築する。具体的には、駅前広場を芝生化し、イベント広場を整備する。車線の減少と合わせて、歩道を拡幅し、高質化する。段差を無くし、バリアフリーに対応する。結果、駅前広場や道路を含んで周辺街区を再編し、居心地の良い空間とすることができる。

b）一体滞在型快適性等向上事業

上記事業と一体となって、民間敷地を賑わいのある空間に整備する。具体的には、民間敷地をセットバックしポケットパークとする。拡幅する歩道に面して、商業部分をガラス張り化して、賑わいを表出させる。結果、公民が一体となって、駅まち空間を再構築することができる。

●裏面は使用しないで下さい。　●裏面に記載された解答は無効とします。　24字×25行

令和4年度　都市及び地方計画Ⅲ－1

・添削後（3枚目／3枚中）

令和４年度　技術士第二次試験答案用紙

受験番号	○○○○○○○○○○○	技術部門	建　設　部門
問題番号	Ⅲ－1	選択科目	都市及び地方計画
答案使用枚数	3 枚目　3 枚中	専門とする事項	

○受験番号、問題番号、答案使用枚数、技術部門、選択科目及び専門とする事項の欄は必ず記入すること。
○解答欄の記入は、１マスにつき１文字とすること。（英数字及び図表を除く。）

c）スマートシティの導入

　デジタル技術を導入したスマートシティを積極的に導入する。具体的には、センシング技術による人流分析を行い、歩行者の移動距離を最小にする施設配置を行う。混雑状況をリアルタイム発信し、密集を避けつつ、施設利用の待ち時間を短くする。結果、市民と利用者の目線で、公共サービスを提供することができる。

（3）新たに生じうるリスクと対策

①共同管理

　リスク①として、公民の多様関係者が保有する都市の資産を共有して活用することから、公民の共同管理が必要となる可能性がある。

　対策①として、立地誘導促進施設協定を締結し共同管理の役割分担を明確にする。公告・縦覧等の手続きにより承継項を付与し、相続や世代交代に対応する。

②運営継続

　リスク②として、駅まち空間を再構築しただけで、完結してしまい、運営主体の人材や財源の不足により運営が継続できない可能性がある。

　対策②として、官民連携まちなか再生推進事業を適用する。本事業により、多様な関係者（駅利用者、市民、交通事業者、行政、大学等）と協議会を設置し、都市未来ビジョンの策定や社会実証実験等を行う。また、財源不足には、地域再生エリアマネジメント負担金制度を適用する。

●裏面は使用しないで下さい。　●裏面に記載された解答は無効とします。　24字×25行

（令和4年度　道路Ⅲ－2）

Ⅲ－2　我が国の高速道路は、供用からの経過年数が30年以上の区間が半分を超え、老朽化が進展している。こうした中、平成24年の中央自動車道笹子トンネル天井板崩落事故を受け、平成26年度以降、定期点検結果に基づく修繕や更新事業を進めながら、2巡目の定期点検を実施しているところであり、これらの取組を通じて新たな知見も得られている。

このような状況を踏まえて、以下の問いに答えよ。

(1) 高速道路を取り巻く国土・経済社会の現状等を踏まえ、その機能を将来にわたり維持するために、技術者としての立場で多面的な観点から3つの課題を抽出し、それぞれの観点を明記したうえで、その課題の内容を示せ。

(2) 前問（1）で抽出した課題のうち、最も重要と考える課題を1つ挙げ、その課題に対する複数の解決策を示せ。

(3) 前問（2）で示したすべての解決策を実行しても新たに生じうるリスクとそれへの対策について、専門技術を踏まえた考えを示せ。

■令和4年度　道路Ⅲ－2

・添削前（1枚目／3枚中）

(1) 多面的な3つの課題

(1)-1　予防保全型維持管理への転換

我が国の高速道路は高度経済成長期以降に集中的に整備されており、今後、一斉に建設後50年以上の老朽化を迎える。このことから、修繕・更新費用等増加により財政が逼迫する恐れがある。

このため、予防保全型維持管理への転換と併せて、維持管理の効率化を図ることが施設の安全確保、財政負担軽減の観点から重要な課題である。

(1)-2　暫定2車線区間の4車線化

我が国の高規格幹線道路は計画延長14,000 kmの約12,000 kmが開通しているが、そのうち約4割が暫定2車線区間である。

暫定2車線区間は災害時のリダンダンシー確保の支障になるだけでなく舗装の維持修繕等が困難である。

このため、暫定2車線区間の4車線化を実施することが、高速道路の維持修繕効率化の観点から重要な課題である。

(1)-3　メンテナンス産業の担い手確保

我が国のメンテナンス産業の担い手不足が深刻化している。原因として、我が国の建設産業が新規インフラ建設を中心に成長してきたことや、維持修繕工事は施工が非効率であり利益が出にくいことも一因と考えられる。

このため、メンテナンス工事の積算基準等の見直し

〈添削コメント〉

何から（予防保全型に）転換するのかを示すと良いです。現在は事後保全型となっていてどのような問題が生じているかを加筆すると良いです。

令和4年度　道路Ⅲ－2

・添削前（2枚目／3枚中）

利益率向上や、働き方改革による長時間労働是正等を行うことがメンテナンス産業の担い手確保の観点から重要な課題である。

(2) 最も重要と考える課題と複数の解決策

(2) -1　最も重要な課題

　(1) -1　予防保全型維持管理への転換により、施設の安全性確保による国民の安全安心向上、厳しい財政負担軽減のため最も重要な課題と考える。

(2) -2　複数の解決策

①メンテナンスサイクルのスパイラルアップ

　点検・診断・措置・記録のメンテナンスサイクルをサイクル毎にスパイラルアップを図る。

　具体的には、ドローンやセンサーによる、高所部の点検等、AI技術による構造物診断等を実施することで効率化を図っていく必要がある。

②xROADデータプラットフォームの活用

　道路データプラットフォームに維持管理データ共有化を図ることで、横断的なデータ活用による効率化を図る。

　具体的には、共有データの先進事例、類似事例等活用することで効率化、低コスト化を図る。

③アセットマネジメントの導入

　橋梁、トンネル、舗装等の、中長期的な修繕計画を作成すると共に、アセットマネジメントを導入することが必要である。

〈添削コメント〉

細かいところですが、もう少し言葉を足して具体的に示すとより良いです。（例　複数の道路管理者間）

令和4年度　道路Ⅲ－2

・添削前（3枚目／3枚中）

効果として、修繕・更新等の投資の平準化、最適な時期での補修・修繕等実施により長寿命化効果も期待できる。
④維持管理の容易な構造による整備・更新
　橋梁等の整備・更新に当たって、維持管理の視点から補修・修繕等の手間が少なくなる構造が必要である。
　例えば、橋梁上部工の水切り部の工夫により、雨水等による床版裏面劣化の抑制を図る等の工夫が必要である。
(3) 新たに生じるリスクとそれへの対策
(3)-1　新たに生じるリスク
　予防保全が維持管理への転換に伴う、デジタル新技術導入に伴いベンダー企業の技術のブラックボックス化により、建設業者のデジタル技術の継続的な運用が困難となる恐れがある。
(3)-2　リスク対策
　デジタル化に伴い、建設業界全体でベンダー企業との連携を図る必要がある。
　また建設業界でのデジタル人材活用促進が必要である。
　また、今後のデジタル社会への対応に向けて、学校教育での人材教育、研修等の実施によりデジタル人材育成を行い、デジタル化に対応していくことが、建設産業の持続性確保のため重要と考える。
以上

〈添削コメント〉

細かいところですが、「伴う」「伴い」が連続していて読みにくいです。また予防保全とデジタル新技術導入との関連性をもう少し言葉を足して説明すると良いです。

(3)-1で挙げたリスクの対策以外のことが書かれていて、題意を外している印象を受けます。また設問（1)-3の課題と重複していますので、構成を再検討してみましょう。リスクを2つ挙げて、それぞれの対策を挙げても良いと思います。

〈講評〉
　全体的に大変よく書けていると思います。少し言葉足らずのところがあるので、そこを微修正していただくとさらに高評価の論文に仕上がると思います。

■令和4年度　道路Ⅲ－2

・添削後（1枚目／3枚中）

令和4年度　技術士第二次試験答案用紙

受験番号	○○○○○○○○○○○	技術部門	建　設　部門
問題番号	Ⅲ－2	選択科目	道　路
答案使用枚数	1 枚目　3 枚中	専門とする事項	

○受験番号、問題番号、答案使用枚数、技術部門、選択科目及び専門とする事項の欄は必ず記入すること。
○解答欄の記入は、1マスにつき1文字とすること。（英数字及び図表を除く。）

(1) 多面的な3つの課題

(1)-1　予防保全型維持管理への転換

我が国の高速道路は高度経済成長期以降に集中的に整備されており、今後、一斉に建設後50年以上の老朽化を迎える。これを施設の不具合が生じて対処する事後保全で対応した場合、施設破損や倒壊等により第三者被害発生、また災害時の弱点となる恐れがある。

このため、予防保全型維持管理への転換を行い、併せて維持管理の効率化を図ることが施設の安全確保、財政負担軽減の観点から重要な課題である。

(1)-2　暫定2車線区間の4車線化

我が国の高規格幹線道路は計画延長14,000 kmの約12,000 kmが開通しているが、そのうち約4割が暫定2車線区間である。

暫定2車線区間は災害時のリダンダンシー確保の支障になるだけでなく舗装の維持修繕等が困難である。

このため、暫定2車線区間の4車線化を実施することが、高速道路の維持修繕効率化の観点から重要な課題である。

(1)-3　メンテナンス産業の担い手確保

我が国のメンテナンス産業の担い手不足が深刻化している。原因として、我が国の建設産業が新規インフラ建設を中心に成長してきたことや、維持修繕工事は施工が非効率であり利益が出にくいことも一因と考える。

●裏面は使用しないで下さい。　●裏面に記載された解答は無効とします。　24字×25行

令和4年度　道路Ⅲ－2

・添削後（2枚目／3枚中）

令和４年度　技術士第二次試験答案用紙

受験番号	○○○○○○○○○○○	技術部門	建　設　部門
問題番号	Ⅲ－2	選択科目	道　路
答案使用枚数	2 枚目　3 枚中	専門とする事項	

○受験番号、問題番号、答案使用枚数、技術部門、選択科目及び専門とする事項の欄は必ず記入すること。
○解答欄の記入は、１マスにつき１文字とすること。（英数字及び図表を除く。）

　このため、メンテナンス工事の積算基準等の見直し利益率向上や、働き方改革による長時間労働是正等を行うことがメンテナンス産業の担い手確保の観点から重要な課題である。

(2) 最も重要と考える課題と複数の解決策

(2)-1　最も重要な課題

　(1)-1　予防保全型維持管理への転換により、施設の安全性確保による国民の安全安心向上、厳しい財政負担軽減のため最も重要な課題と考える。

(2)-2　複数の解決策

①メンテナンスサイクルのスパイラルアップ

　点検・診断・措置・記録のメンテナンスサイクルをサイクル毎にスパイラルアップを図る。

　具体的には、ドローンやセンサーによる、高所部の点検等、AI技術による構造物診断等を実施することで効率化を図っていく必要がある。

②xROAD データプラットフォームの活用

　道路データプラットフォームに維持管理データ共有化を図ることで、道路管理者間の点検・診断、修繕等のデータの横断的活用による効率化を図る。

　具体的には、共有データの先進事例、類似事例等活用することで効率化、低コスト化を図る。また工法の妥当性の検証を行う等、品質確保効果を図る。

③アセットマネジメントの導入

　橋梁、トンネル、舗装等の、中長期的な修繕計画を

●裏面は使用しないで下さい。　●裏面に記載された解答は無効とします。　24字×25行

令和4年度　道路Ⅲ－2

・添削後（3枚目／3枚中）

令和4年度　技術士第二次試験答案用紙

受験番号	○○○○○○○○○○○	技術部門	建　設　部門
問題番号	Ⅲ－2	選択科目	道　路
答案使用枚数	3 枚目　3 枚中	専門とする事項	

○受験番号、問題番号、答案使用枚数、技術部門、選択科目及び専門とする事項の欄は必ず記入すること。
○解答欄の記入は、1マスにつき1文字とすること。（英数字及び図表を除く。）

作成すると共に、アセットマネジメントを導入することが必要である。

効果として、修繕・更新等の投資の平準化、最適な時期での補修・修繕等実施により長寿命化効果も期待できる。

④維持管理の容易な構造による整備・更新

橋梁等の整備・更新に当たって、維持管理の視点から補修・修繕等の手間が少なくなる構造が必要である。

例えば、橋梁上部工の水切り部の工夫により、雨水等による床版裏面劣化の抑制を図る等の工夫が必要である。

（3）新たに生じるリスクとそれへの対策

（3）-1　新たに生じるリスク

①予防保全型維持管理への転換による、DX新技術導入のため、ベンダー企業の技術を活用した場合、DX技術のブラックボックス化により、建設業者のデジタル技術の継続的な運用が困難となる恐れがある。

②DX技術導入コストが捻出できないため、中小企業はDX化の遅れが生じる可能性がある。

（3）-2　リスク対策

①DX化に伴い、建設業界全体でベンダー企業との連携を行い継続的なDX運用体制を築く必要がある。

②建設業界全体でDX導入支援を行う仕組みづくりや、国等による補助金拡充により中小企業がDX導入できる環境づくりが重要と考える。　以上

●裏面は使用しないで下さい。　●裏面に記載された解答は無効とします。　24字×25行

（令和4年度　港湾及び空港Ⅲ－1）

Ⅲ－1　地方創生が主要課題の1つである我が国では、新型コロナウィルス感染症流行に伴う大きな影響を踏まえ、地方の経済振興に取り組んでいくことが求められている。港湾及び空港においては、アフターコロナを見据えつつ、物流・人流の脆弱性や今後の動向等を考慮し、地方の経済振興に貢献していくことが期待されている。

(1) 国際の物流・人流に着目し、地方の経済振興に貢献するために港湾及び空港において取り組むべき課題を、技術者としての立場で多面的な観点から3つ抽出し、それぞれの観点を明記したうえで、その課題の内容を示せ。ただし、DX（デジタル・トランスフォーメーション）、地球温暖化対策、自然災害対策に関する取組は除くものとする。

(2) 抽出した課題のうち最も重要と考える課題を1つ挙げ、その課題に対する複数の解決策を、専門技術用語を交えて示せ。

(3) 前問（2）で示したすべての解決策を実行しても新たに生じうるリスクとそれへの対策について、専門技術を踏まえた考えを示せ。

■令和4年度　港湾及び空港Ⅲ－1

・添削前（1枚目／3枚中）

(1) 地方の経済振興に貢献するための課題
①「集客」を観点とした魅力づくり快適な環境づくり
　経済振興を図るうえで、集客やリピーターを増加させる必要がある。そのためにも港湾及び空港が特性を活かして魅力づくりや快適な環境づくりを行い集客の軸となることが重要な要素となる。そこで、いかにして港湾及び空港への魅力づくり、快適な環境づくりを図れるかが課題である。
②「整備」を観点とした輸送機器の大型化対応の整備
　物流や人流を増加し経済を活性化するためには船舶や飛行機の大型化が必要である。またそれに伴う港湾岸壁や滑走路の延伸等の整備を行う必要がある。そこで、いかにして、輸送機器の大型化に対応すべく港湾及び空港の施設整備を図るかが課題である。
③「交通」を観点とした交通結節点の整備
　物流、人流の軸となる港湾及び空港の施設では、生活者と観光者が入り交じり混乱を招く。物流と人流の円滑化を図るうえでも港湾及び空港を軸とした交通網の整備は重要な要素となる。そこで、いかにして円滑な物流や観光を促進するために港湾及び空港を軸とした交通結節点を整備するかが重要である。
(2) 最も重要と考える課題
　地方の経済振興を図る上で、第一に国民に認知してもらい集客し、そこで消費してもらうことで経済を活性化することが重要であるため「集客を観点とした魅

〈添削コメント〉
　3つの課題の観点、とても素晴らしいですが、①～③ともすべての文が課題提示のみになっているので、①現状の問題の提示（可能な範囲で定量的に）→②問題の分析→③課題の提示をそれぞれ1文ずつで記述できるとより良いです（問題解決のコンピテンシーの観点）。

令和4年度　港湾及び空港Ⅲ－1

・添削前（2枚目／3枚中）

力づくり快適な環境づくり」が最も重要な課題であると考える。

・課題への解決策

①ユニバーサルデザインの導入

集客を促進するためにも誰でも快適に過ごせる環境づくりのため、ユニバーサルデザインで対応する。例えば、港湾及び空港におけるバリアフリーを付与することやターミナル内に運動スペースや休憩スペースを用意する。また、外国人のためにも多言語の案内標識やパンフレットを設置することで対応する。

②インフラツーリズムの促進

港湾及び空港の魅力づくりとしてインフラツーリズムで集客の増加を図る。例えば、臨港道路形状の工夫やターミナルのライトアップ等でより魅力的な整備を行い、それを観光ツアー等の工程の1つとすることで多くの人に魅力を広げる。また、その際にその施設や整備の目的や重要さの説明も行うことでより興味を深めてもらう。

③新型コロナウイルスへの対策強化

アフターコロナといえど、国民の警戒は0にならないと考えられるため、新型コロナウイルス対策を強化する。例えば、乗船、搭乗時や下船、降機時においてサーモグラフィー等で検温の徹底やターミナル内のソーシャルディスタンス等を徹底するルール付けを行うことで安全、安心な環境づくりを提供する。

令和4年度　港湾及び空港Ⅲ－1

・添削前（3枚目／3枚中）

(3) 新たに生じうるリスク

①イニシャルコスト

様々な魅力づくりや快適な環境づくりによる施策や設備を設置することからイニシャルコストを要し、施策が行き届かない恐れがある。

対応策としては、港湾及び空港の運営をPPP/PFIで民間資金を活用する。これは、国や地方公共団体による運営を民間に貸与することで民間資金だけでなく、民間のノウハウを活用することでさらなる集客にも期待できる。また、それでも予算不足で施策が行き届かない場合は、資金投資の選択と集中を行う。その地域における重要度や費用対効果を考慮し、施策の資金投資の優先順序を決めることで対応する。

②広報が行き届かない

様々な魅力づくりや快適な環境づくりを行っても国民に認知してもらえなければ本来の集客効果を発揮できない。

対応策としては、官民が連携して広報活動を強化する。また、地域のみなとオアシスが軸となって、地域の活性化を図り、それをSNS等をうまく活用し、魅力づくりや快適な環境の周知を徹底し、官民と国民の地方経済振興におけるベクトルを合わせる。また、地域の活性化における方向性を定めることで広報活動を効果的に行い、より多くの人に港湾及び空港における魅力を周知することが可能となる。

〈添削コメント〉

問題文には「設問2のすべての解決策を実行しても新たに生じうるリスク」とありますので、解決策実行後のリスクを挙げましょう。例えば、イニシャルコストではなく、ランニングコストだと良いです。

〈講評〉

とても素晴らしい出来だと思います。添削コメントを踏まえて加筆修正していただければ、A評価のトップクラスの論文になると思います。

■令和4年度　港湾及び空港Ⅲ－1

・添削後（1枚目／3枚中）

令和４年度　技術士第二次試験答案用紙

受験番号	０００００００００００	技術部門	建　設　部門
問題番号	Ⅲ－1	選択科目	港湾及び空港
答案使用枚数	1 枚目　3 枚中	専門とする事項	

○受験番号、問題番号、答案使用枚数、技術部門、選択科目及び専門とする事項の欄は必ず記入すること。
○解答欄の記入は、１マスにつき１文字とすること。（英数字及び図表を除く。）

(1) 地方の経済振興に貢献するための課題
①「集客」を観点とした魅力づくり快適な環境づくり
　新型コロナウイルス感染症の影響で、これまで年間3000万人に上っていた訪日観光客は約90％減少し、多大な経済損失を与えた。地方の経済振興を図っていく上で、観光の拠点となる港湾が軸となり、観光客を増加させることは重要な要素となる。そこで、いかにして「集客」を観点とした港湾及び空港への魅力づくり、快適な環境づくりを図れるかが課題である。
②「整備」を観点とした輸送機器の大型化対応の整備
　クルーズ船や飛行機の大型化が進む中でそれに対応する整備や岸壁までの経路を横断する橋を通過できないなど受け入れ整備が不十分な現状下にある。輸送機器の大型化が進んでも、受け入れできなければ経済振興は見込めないことから受け入れ整備を充実させる必要がある。そこで、いかにして「整備」を観点とした輸送機器の大型化に対応するための港湾及び空港の施設整備を図れるかが課題である。
③「交通」を観点とした交通結節点の整備
　物流、人流の軸となる港湾及び空港の周辺施設では、生活者と観光者が入り交じり混雑を招き、経済振興を阻害する。経済振興を図っていく上でこの混雑を解消することは必要不可欠である。そこで、いかにして「交通」を観点とした円滑な観光を促進するための交通結節点を整備するかが課題である。

●裏面は使用しないで下さい。　●裏面に記載された解答は無効とします。　24字×25行

令和4年度　港湾及び空港Ⅲ－1

・添削後（2枚目／3枚中）

令和4年度　技術士第二次試験答案用紙

受験番号	○○○○○○○○○○○	技術部門	建　設　部門
問題番号	Ⅲ－1	選択科目	港湾及び空港
答案使用枚数	2 枚目　3 枚中	専門とする事項	

○受験番号、問題番号、答案使用枚数、技術部門、選択科目及び専門とする事項の欄は必ず記入すること。
○解答欄の記入は、1マスにつき1文字とすること。(英数字及び図表を除く。)

（2）最も重要と考える課題

　地方の経済振興を図る上で、第一に国民に認知してもらい集客し、そこで消費してもらうことで経済を活性化することが重要であるため「集客を観点とした魅力づくり快適な環境づくり」が最も重要な課題であると考える。

・課題への解決策

①ユニバーサルデザインの導入

　集客を促進するためにも誰でも快適に過ごせる環境づくりのため、ユニバーサルデザインで対応する。例えば、港湾及び空港におけるバリアフリーを付与することやターミナル内に運動スペースや休憩スペースを用意する。また、外国人のためにも多言語の案内標識やパンフレットを設置することで対応する。

②インフラツーリズムの促進

　港湾及び空港の魅力づくりとしてインフラツーリズムで集客の増加を図る。例えば、臨港道路形状の工夫やターミナルのライトアップ等でより魅力的な整備を行い、それを観光ツアー等の工程の1つとすることで多くの人に魅力を広げる。また、その際にその施設や整備の目的や重要さの説明も行うことでより興味を深めてもらう。

③新型コロナウイルスへの対策強化

　アフターコロナといえど、国民の警戒は0にならないと考えられるため、新型コロナウイルス対策を強化

●裏面は使用しないで下さい。　●裏面に記載された解答は無効とします。　24字×25行

令和4年度　港湾及び空港Ⅲ－1

・添削後（3枚目／3枚中）

令和4年度　技術士第二次試験答案用紙

受験番号	○○○○○○○○○○○	技術部門	建　設　部門
問題番号	Ⅲ－1	選択科目	港湾及び空港
答案使用枚数	3 枚目　3 枚中	専門とする事項	

○受験番号、問題番号、答案使用枚数、技術部門、選択科目及び専門とする事項の欄は必ず記入すること。
○解答欄の記入は、1マスにつき1文字とすること。（英数字及び図表を除く。）

する。例えば、乗船、搭乗時や下船、降機時においてサーモグラフィー等で検温の徹底やターミナル内のソーシャルディスタンス等を徹底するルール付けを行うことで安全、安心な環境づくりを提供する。

（3）新たに生じうるリスク

①ランニングコスト

　経済振興を図るうえで、様々な魅力づくり、快適な環境づくりによる施策や設備を維持し続けることでランニングコストを要し、財政危機に陥る恐れがある。

　対応策としては、港湾及び空港の運営をPPP/PFIで民間資金を活用する。これは国や地方公共団体による運営を民間に貸与することで、民間資金で財源を賄うだけでなく、民間の技術力を活用できる。効果的な技術を活用することで、さらなる集客にも期待でき港湾及び空港の存続につながる。

②広報が行き届かない

　様々な魅力づくりや快適な環境づくりを行っても国民が認知しなければ本来の集客効果を発揮できない。

　対応策としては、官民が連携して広報活動を強化する。また、地域のみなとオアシスが軸となって、地域の活性化を図り、SNS等をうまく活用し、魅力づくりや快適な環境の周知を徹底し、官民と国民の地方経済振興におけるベクトルを合わせる。そうすることで、より多くの人に港湾及び空港における魅力を周知することが可能となる。

●裏面は使用しないで下さい。　●裏面に記載された解答は無効とします。　24字×25行

（令和3年度　港湾及び空港Ⅲ－2）

Ⅲ－2　世界的な脱炭素化への動きや2050年カーボンニュートラルの政府方針を踏まえ、港湾及び空港の分野において、カーボンニュートラルポートの形成やエコエアポート施策の導入が進められている。脱炭素化の取組に当たっては、港湾及び空港が国際運輸の結節点であり産業拠点であることから、それぞれの立地特性や機能の高度化・効率化に配慮する必要がある。このような状況を踏まえて、以下の問いに答えよ。ただし、維持・更新工事に係る取組は除くものとする。

(1) 港湾及び空港が供用段階での機能を果たす中において脱炭素化の取組を進めるために、技術者としての立場で多面的な観点から3つ課題を抽出し、それぞれの観点を明記したうえで、課題の内容を示せ。

(2) 前問（1）で抽出した課題のうち最も重要と考える課題を1つ挙げ、その課題に対する複数の解決策を示せ。

(3) 前問（2）で示したすべての解決策を実行しても新たに生じうるリスクとそれへの対策について、専門技術を踏まえた考えを示せ。

■令和3年度　港湾及び空港Ⅲ－2

・添削前（1枚目／3枚中）

(1) 港湾が機能を果たす中での脱炭素化の取組み
①物流における温室効果ガスの削減
　港湾施設における物流は国際運輸の結節点となり、重要な役割を果たす。しかし、物流における輸送をする際には船舶や自動車が温室効果ガスを排出する。そこで、カーボンニュートラルポートの形成のため、物流輸送における温室効果ガスの排出を抑制することが課題である。
②環境配慮した港湾構造物の改良設計
　近年、物流だけでなくクルーズ船の大型化等に伴い様々な場面で岸壁の延伸、増深化が必要となっている。また、港湾構造物の改良にあたって、浚渫などにより、二酸化炭素を吸収し、脱炭素化の役割を果たす海洋資源であるブルーカーボン等を破壊する可能性がある。そこで港湾施設が産業拠点の機能を確保しつつ、環境配慮を行った港湾構造物の改良設計が課題である。
③再生可能エネルギーの産出、活用
　港湾施設が物流機能を果たしていくうえで、様々な場面で温室効果ガスの排出が伴ってくる。しかし、脱炭素化を推進するにあたって、温室効果ガスの排出を最小限に留める必要がある。そこで、温室効果ガスを抑制しつつ、それに代わる再生可能エネルギーを産出することが課題である。また、再生可能エネルギーの出力は不確実性を伴うことから、これを取り除いていくことも課題である。

〈添削コメント〉
　問題文において、「港湾及び空港」とありますので、空港も含めた課題提示が必要かと思います。港湾がご専門なので、港湾を主としつつ空港も包含する形で記述できればよろしいかと思います。

①～③について、多面的な視点から課題が提示されていて良いです。
それぞれ、
1) 問題提示（どのような問題があるかを示す）
2) 問題分析（問題を放置するとどういう負の影響（問題文にある災害による甚大な被害に触れるとOK）があるかを示す）
を加筆して、
3) 課題提示（問題解決のための課題の方向性を示す）
につなげていくと、問題解決のコンピテンシーを試験官に効果的にアピールできて、高評価が得られやすいと思います。
問題＝あるべき姿と現状とのギャップ
課題＝問題解決のために行うこと

令和３年度　港湾及び空港Ⅲ－２

・添削前（２枚目／３枚中）

(2) 最も重要だと考える課題
　物流における温室効果ガスの削減
課題に対する解決策
①モーダルシフトへの転換
　物流において船舶及び自動車による輸送が発生し、一般的に船舶より自動車の方が温室効果ガスの排出量は大きい。そこで、自動車輸送から船舶輸送へモーダルシフトすることによって、温室効果ガスを削減に寄与する。
②グリーン燃料の活用
　モーダルシフトに転換したとしても、多からず温室効果ガスが発生する。そこで船舶による輸送で温室効果ガスの排出を抑制する必要がある。そこで、天然液化ガス、水素、アンモニア等のグリーン燃料を活用することで温室効果ガスの排出を抑制する。また、LNGバンカリング等を整備することでグリーン燃料船舶を対象としたバースを増やすことができる。
③CONPASによるゲート前混雑の解消
　物流において最終的には、自動車輸送の場面があり、コンテナターミナル、バルクターミナル等でゲート内に入る際に手続きが発生し、混雑が発生する。そこで、CONPASの導入により事前予約や認証の簡易化を行う。そうすることで混雑を解消し自動車停滞による温室効果ガスを削減し、また、ターミナル内を水素燃料等を用いた車両を使用することでさらなる効果を生み出す。

〈添削コメント〉
　問題文では問われていませんが、最重要課題である理由を１文入れると、論理的な論文となり、高評価が得られやすいです。

　①～③において、具体例が書かれていて良いです。
　①～③において、
　1) 解決策の概要・効果
　2) 最重要課題の達成にこの解決策が合理的である理由
を肉付けして、具体例を含めてバランスよく記述してみましょう。

　CONPAS（新港湾情報システム）の概要説明を入れると良いです。

令和3年度　港湾及び空港Ⅲ－2

・添削前（3枚目／3枚中）

(3) 新たに生じうるリスク
　新たに生じうるリスクとして、初期費用が大きいことによるコスト不足が挙げられる。解決策のいずれも港湾物流を抜本的に変える施策であることから、膨大な費用がかかることや近年爆発的に流行しているCOVID-19による感染症に対応する費用もあり、コスト不足に陥る恐れがある。また、財源にも限りがあることから物流における港湾施設の対応について、費用が行き届かない恐れがある。
リスクにおける対応策
　リスクにおける対応策の1つ目として、民間投資の誘発が挙げられる。これは、港湾施設を地方公共団体だけで維持するのではなく民間企業の協力を得て投資を誘発することによって、初期コストを分担し、施策の対応を可能とする。
　リスクにおける対応策の2つ目として、港湾施設の重要度や利用状況によって、適切にコストを割り当てることが重要である。これは、全国の物流における港湾施設全てに温室効果ガスの削減策を講じることは困難である。そこで、対策費用をあてる施設の選択と集中を行うことが効果的である。また、今後供用するための維持が難しい場合などについては設備の統廃合を行うことでコスト不足の対応策につながる。

〈添削コメント〉
　問題文に「すべての解決策を実行しても新たに生じうるリスク」とありますので、解決策の副作用（＝負の影響）や解決策がうまく機能しないリスクを考えてみましょう。
→例えば、（予算が不足したり、協議調整に時間を要したりして、）解決策の遂行に時間を要し、温室効果ガスの縮減が期限までに達成できないリスクはあるといえますね。
※論文を書き始める前に、骨子表を作成して、(1) (2) (3) に何を記述するかあらかじめ整理して、論理的につながるようにアレンジすることもテクニックとして重要といえます。
　また、「初期費用が大きい」、「コスト不足」という表現は違和感がありますので、例えば、「初期費用を要する」、「予算不足」といった表現が好ましいかと思います。

〈講評〉
　題意に沿って書かれていて良いですが、上記のコメントを踏まえて記述内容を充実させると、A評価を確実に得ることができると思います。

■令和3年度　港湾及び空港Ⅲ－2

・添削後（1枚目／3枚中）

令和３年度　技術士第二次試験答案用紙

受験番号	○○○○○○○○○○○	技術部門	建　設　部門
問題番号	Ⅲ－２	選択科目	港湾及び空港
答案使用枚数	１枚目　３枚中	専門とする事項	

○受験番号、問題番号、答案使用枚数、技術部門、選択科目及び専門とする事項の欄は必ず記入すること。
○解答欄の記入は、１マスにつき１文字とすること。（英数字及び図表を除く。）

（1）港湾及び空港における脱炭素化の取組み

①物流における温室効果ガスの削減

港湾及び空港の施設における物流は国際運輸の結節点であり重要な役割を果たすが、輸送をする際には飛行機や船舶、自動車等が温室効果ガスを排出する。今後、この温室効果ガスを大きく削減しなければ2050年のカーボンニュートラルの政府方針に逸脱する。そこで、カーボンニュートラルに向けて、物流輸送における温室効果ガスの排出を抑制することが課題である。

②環境に配慮した港湾及び空港施設の改良

近年、物流だけでなくクルーズ船の大型化や空港の機能強化に伴い、岸壁の延伸、増深化や滑走路の延伸などが必要となっている。しかし、改良工事にあたって、浚渫等により脱炭素化の役割を果たす海洋資源であるブルーカーボンを破壊する可能性があり、カーボンニュートラルを阻害する可能性がある。そこで港湾及び空港の施設が産業拠点の機能の高度化、効率化をしつつ、環境に配慮を行った改良が課題である。

③再生可能エネルギーの産出

港湾及び空港の施設で、温室効果ガスを排出せずに機能を発揮することは困難で、カーボンニュートラルポートやエコエアポートの形成も困難となる。そこで、温室効果ガスを排出しないため、それに代わる港湾及び空港の立地特性を生かした洋上風力発電等による再生可能エネルギーを産出することが課題である。

●裏面は使用しないで下さい。　●裏面に記載された解答は無効とします。　24字×25行

令和3年度　港湾及び空港Ⅲ－2

・添削後（2枚目／3枚中）

令和３年度　技術士第二次試験答案用紙

受験番号	○○○○○○○○○○○	技術部門	建　設　部門
問題番号	Ⅲ－２	選択科目	港湾及び空港
答案使用枚数	２枚目　３枚中	専門とする事項	

○受験番号、問題番号、答案使用枚数、技術部門、選択科目及び専門とする事項の欄は必ず記入すること。
○解答欄の記入は、１マスにつき１文字とすること。（英数字及び図表を除く。）

（2）最も重要だと考える課題
　港湾及び空港の施設が果たす役割は、主として物流における輸送であることから、①物流における温室効果ガスの削減が最も重要であると考える。
課題に対する解決策
①モーダルシフトへの転換
　より温室効果ガスを抑制した物流を行うためモーダルシフトへの転換で対応する。具体例として、一般的に船舶より自動車の方が温室効果ガスの排出量が大きいことから、自動車輸送を船舶輸送に転換するなど、温室効果ガス排出を最小限に抑制した輸送手段を立案する。
②グリーン燃料の活用
　天然液化ガス、水素、アンモニア等のグリーン燃料を活用することで温室効果ガスの排出を抑制する。加えて、グリーン燃料船舶についての燃料供給については、船舶の規模によってLNGタンクローリー、LNGターミナル、LNG燃料船等を配備することで、グリーン燃料船舶への対応だけでなく、ライフサイクルコストの低減にも寄与する。
③港湾及び空港における機能分担化
　施設敷地内に入るゲート前では大型トラックの渋滞により、混雑・待機が発生し、温室効果ガスが発生している。原因として主要拠点への一極集中が挙げられ、これを緩和させるための港湾及び空港施設における機

●裏面は使用しないで下さい。　●裏面に記載された解答は無効とします。　24字×25行

令和3年度　港湾及び空港Ⅲ－2

・添削後（3枚目／3枚中）

令和3年度　技術士第二次試験答案用紙

受験番号	○○○○○○○○○○○	技術部門	建　設　　部門
問題番号	Ⅲ－2	選択科目	港湾及び空港
答案使用枚数	3 枚目　3 枚中	専門とする事項	

○受験番号、問題番号、答案使用枚数、技術部門、選択科目及び専門とする事項の欄は必ず記入すること。
○解答欄の記入は、1マスにつき1文字とすること。（英数字及び図表を除く。）

能分担化を行う。例えば、港湾では多機能のバースではなく、クルーズ船や大型貨物船等の専用バースを設け、一つの施設が受け持つ機能を分散することで課題解決につなげる。

（3）新たに生じうるリスク

　新たに生じうるリスクとして、初期費用が高額であることから、必要な予算の確保が困難となり、施策が行き届かない可能性がある。その理由として、解決策が物流を抜本的に変える施策であることやCOVID-19による感染症への対応も必要であるため予算不足に陥る恐れがある。それに加えて、施設の改良等を視野に入れると時間も要し、2050年カーボンニュートラルの政府方針が達成できない可能性がある。

リスクにおける対応策

　対応策の1つ目として、民間投資の誘発が挙げられる。これは、港湾及び空港における施設を地方公共団体だけで維持するのではなく民間企業の協力を得て投資を誘発することによって、初期費用を分担し、施策の対応を可能とする。

　対応策の2つ目として、施設の重要度や利用状況によって、予算の割り当てを行う。物流における全ての施設に温室効果ガスの削減策を講じることは困難であることから優先順位をつけ、予算投資の選択と集中を行う。また、今後供用する上で維持が難しい場合などについては統廃合を行うことで予算を最小限に抑える。

●裏面は使用しないで下さい。　●裏面に記載された解答は無効とします。　24字×25行

（令和3年度　電力土木Ⅲ－1）

Ⅲ－1　電気事業を取り巻く環境が大きく変化する中、電力土木技術者に期待されている役割も変化しつつあり、今後の展望を踏まえて人材育成を進める必要がある。

これを踏まえ、電力土木技術者の育成の担当責任者になったとして、以下の問いに答えよ。

(1) 将来の電力土木技術者の役割を明記の上、現状の電力土木業界における課題を多面的な観点から3つ以上抽出し分析せよ。

(2) (1) で抽出した課題のうち、あなたが最も重要と考える課題を1つ挙げ、その課題を解決するための2つ以上の技術（又はスキル）を育成方法とともに示せ。

(3) (2) で挙げたそれぞれの技術やスキルの育成に当たり、共通して新たに生じうるリスクとそれへの対策について述べよ。

■令和3年度　電力土木Ⅲ－1

・添削前（1枚目／3枚中）

(1) −1：将来の電力土木技術者の役割
　将来の電力土木技術者の役割としては、施設の維持管理を含めた電力の安定供給を継続していくことが求められると考える。また、これまで培ってきた電力施設の建設技術を海外へ展開することが求められると考える。
(1) −2：課題
①点検の体系化と点検技術の継承・開発
　これまで、電力施設の点検では、熟練技術者の技術と実績に基づき行われてきており、十分に体系化されていない部分がある。また、点検技術についても熟練技術者から若手技術者へ十分に継承されていないため、解決すべき課題として取り上げた。
②新たな生活様式を支える政策
　新型コロナウィルス感染症が拡大する中、人々の生活基盤は、物理空間から情報空間へと急速に遷移し、DX への要求も高まりつつある。パンデミックを発端とするデジタル技術の定着と価値観の変化に応じて、今後の電力施設整備や維持管理・運用においても、物理空間と情報空間を融合させ、データをリアルタイムかつ高度に活用できる新しい仕組みを創る必要がある。
③担い手の確保
　この課題は、我が国の全産業に共通する課題であるが、建設部門では特に深刻で、ICT 技術等を活用した生産性向上によりこの課題解決を代替とする機運もあ

〈添削コメント〉
　冒頭において、将来の電力土木技術者の役割について、よく書けていると思いますが、電気事業を取り巻く環境の変化を大まかに記述したうえで、役割がどのように変化しているかにも言及するとより良いです。

※電力土木技術者ならでは（＝他の土木技術者との相違点）の点にも言及できると高評価が得られやすいと思います。

課題①～③について、それぞれ、
1）問題提示（どのような問題があるかを示す）
2）問題分析（問題を放置するとどういう負の影響（問題文にある災害による甚大な被害に触れるとOK）があるかを示す）
を加えたうえで、
3）課題提示（問題解決のための課題の方向性を示す）
につなげられると、問題解決の資質能力（コンピテンシー）がアピールできて、高評価が得られやすいと思います。

問題＝あるべき姿と現状とのギャップ
課題＝問題解決のために行うこと

令和3年度　電力土木Ⅲ－1

・添削前（2枚目／3枚中）

るが、熟練技術者の大量退職を控える中、解決していかなければならない課題である。
(2) 最も重要と考える課題と解決するための技術
　電力施設は、建設後50年を経過しているものが増加しており、今後もその傾向は続くことから「点検の体系化と点検技術の継承・開発」を最も重要な課題と考えた。
①OJT以外の技術継承方法の開発
　点検の体系化については、マニュアルを作成すれば良いが、理論だけで熟練技術者と同様の点検ができるようになるわけではない。また、担い手不足によりOJTを行う余裕がない場面も多く、OJT以外の技術継承方法が必要となっている。具体的には、熟練技術者の点検風景をビデオ撮影する方法やヴァーチャルリアリティ技術を用いる方法等により若手技術者は点検のポイントを押えることができる。
②劣化予測・余寿命予測の精度向上等
　今後の維持管理では、対処療法的措置では無く、アセットマネジメント手法を導入し、ライフサイクルコストを削減していくことが重要である。これらを実行していくには、劣化予測・余寿命予測の精度向上が必要である。また、点検の効率化を図るため、高性能な非破壊検査機器等を開発する必要もある。
　これらの開発等については、熟練技術者と新たな発想を持った若手技術者が共に知恵を出し合って取り組

〈添削コメント〉
　問題文では問われていませんが、最重要課題である理由が記述されており、論理的な論文となっており、OKです。
　良く書けています。

以下、（今後、別テーマで論文作成する際の）参考です。
①～②において、
　1）解決策の概要・効果
　2）最重要課題の達成にこの解決策が合理的である理由
を、具体例を含めてバランスよく記述すれば高評価が得られやすいです。

令和3年度　電力土木Ⅲ－1

・添削前（3枚目／3枚中）

んでいくことが重要である。

(3) 共通して新たに生じうるリスクとその対策

共通して新たに生じうるリスクとして、担い手不足を挙げる。点検技術の新たな継承方法を開発しても、新たな点検技術を開発するにしても若手技術者の絶対数が不足している。

この対策としては、建設産業従事者の働き方改善のための発注・契約方式、雇用契約方法等の制度の整備が考えられる。

〈添削コメント〉

(2) で示した解決策を実施しても生じうるリスクを挙げましょう。

担い手不足（確保）は、問題1の課題③と重複しているので、読み手が混乱してしまいます（課題→解決策→リスクにおいて、課題とリスクがループしている）。

また余白が多いので、リスクを複数挙げて、その対策をそれぞれ挙げてみましょう。

※論文を書き始める前に、骨子表を作成して、(1) (2) (3) に何を記述するかあらかじめ整理して、論理的につながるようにアレンジすることもテクニックとして重要といえます。

〈講評〉

(1)、(2) は大変よく書けています。(3) を中心に上記コメントを踏まえて、加筆修正するとさらに素晴らしい論文になると思います。

■令和3年度　電力土木Ⅲ－1

・添削後（1枚目／3枚中）

令和３年度　技術士第二次試験答案用紙

受験番号	○○○○○○○○○○○	技術部門	建　設　　　部門
問題番号	Ⅲ－１	選択科目	電力土木
答案使用枚数	１ 枚目　３ 枚中	専門とする事項	

○受験番号、問題番号、答案使用枚数、技術部門、選択科目及び専門とする事項の欄は必ず記入すること。
○解答欄の記入は、１マスにつき１文字とすること。（英数字及び図表を除く。）

(1)-1：将来の電力土木技術者の役割

2018年の北海道胆振東部地震では、北海道全域で大規模停電が発生し、電力の安定供給の重要さが再認識された。また、「2050年カーボンニュートラル」の実現に向け、すべての業界で取り組みが求められている。

将来の電力土木技術者の役割としては、「S＋3E（安全性＋安定供給、経済性、環境）」の考えに基づき、施設の維持管理を含めた電力の安定供給を継続していくこと、これまで培ってきた技術や新たなイノベーションにより建設・修繕工事等のCO_2排出量を削減することが求められる。

(1)-2：課題

①点検の体系化と点検技術の継承・開発

これまで、電力施設の点検では、熟練技術者の技術と実績に基づき行われてきた。しかし、電源開発の低迷とともに熟練技術者は減少している。また、点検技術についても熟練技術者から若手技術者へ十分に継承されていない。熟練技術者の減少に対応するため、点検の体系化、点検技術の継承および省力化につながる点検技術（機器）の開発が必要である。

②指導する立場の技術者の技術力向上

近年、発電所の大規模更新や再開発の需要が高まり、豊富な建設経験を有する技術者に対するニーズが高まっている。一方、大型の発電所建設等が極端に減少しており、実施設計や工事管理の経験が少ない技術者が

●裏面は使用しないで下さい。　●裏面に記載された解答は無効とします。　24字×25行

令和3年度　電力土木Ⅲ－1

・添削後（2枚目／3枚中）

令和３年度　技術士第二次試験答案用紙

受験番号	○○○○○○○○○○○
問題番号	Ⅲ－１
答案使用枚数	２枚目　３枚中

技術部門	建　設　部門
選択科目	電力土木
専門とする事項	

○受験番号、問題番号、答案使用枚数、技術部門、選択科目及び専門とする事項の欄は必ず記入すること。
○解答欄の記入は、１マスにつき１文字とすること。（英数字及び図表を除く。）

増加している。このような技術者が指導する立場になりつつあり、技術継承が円滑に行われていない現状がある。よって、指導する立場の技術者の技術力向上が必要である。

③担い手の確保

　担い手確保は、少子高齢化による労働人口の減少等により我が国の全産業に共通する課題であるが、建設部門では業界イメージの低下等により特に深刻な課題となっている。ICT技術等を活用した生産性向上によりこの課題解決を代替とする機運もあるが、熟練技術者の大量退職を控える中、解決していかなければならない課題である。

（2）最も重要と考える課題と解決するための技術

　電力施設は、建設後50年を経過しているものが多く、今後もその傾向は続くことから「点検の体系化と点検技術の継承・開発」を最も重要な課題と考えた。

①OJT以外の技術継承方法の開発

　点検の体系化については、マニュアルを作成すれば良いが、理論だけで熟練技術者と同様の点検ができるようになるわけではない。また、担い手不足によりOJTを行う余裕がない場面も多く、OJT以外の技術継承方法が必要となっている。具体的には、熟練技術者の点検風景をビデオ撮影する方法やヴァーチャルリアリティ技術を用いる方法等により若手技術者は点検のポイントを押えることができる。

●裏面は使用しないで下さい。　●裏面に記載された解答は無効とします。　24字×25行

令和3年度 電力土木Ⅲ－1

・添削後（3枚目／3枚中）

令和３年度 技術士第二次試験答案用紙

受験番号	○○○○○○○○○○○	技術部門	建 設 部門
問題番号	Ⅲ－1	選択科目	電力土木
答案使用枚数	3 枚目 3 枚中	専門とする事項	

○受験番号、問題番号、答案使用枚数、技術部門、選択科目及び専門とする事項の欄は必ず記入すること。
○解答欄の記入は、１マスにつき１文字とすること。（英数字及び図表を除く。）

②劣化予測・余寿命予測の精度向上等
　今後の維持管理では、対処療法的措置では無く、アセットマネジメント手法を導入し、ライフサイクルコストを削減していくことが重要である。これらを実行していくには、劣化予測・余寿命予測の精度向上が必要である。また、点検の効率化を図るため、高性能な非破壊検査機器等を開発する必要もある。既往手法をよく理解した上で、これらを使用することにより（既往）技術の継承と省力化を図ることができる。
（3）共通して新たに生じうるリスクとその対策
　共通して新たに生じうるリスクとして、次の2つを挙げる。
①提示した手法・機器等を利用しない・できない
　ヴァーチャルリアリティ技術を用いた技術継承手法や精度の高い劣化予測・余寿命予測手法等を開発しても、価格が高価であったり、使い方が難しかったりして、利用しない・できないケースが生じる。この対策としては、官民との連携・支援によるコスト削減や講習会の実施による普及拡大等が必要である。
②技術継承の確認方法
　（2）で提示した解決策は、どちらもICTや新技術を活用したものであり、熟練技術者の関わりが希薄になるため、確実に技術継承できているか確認することが困難である。この対策としては、熟練技術者と若手のコミュニケーションの活性化が重要と考える。

●裏面は使用しないで下さい。 ●裏面に記載された解答は無効とします。　24字×25行

（令和2年度　港湾及び空港Ⅲ－1）

Ⅲ－1　我が国は、平成28年に「明日の日本を支える観光ビジョン　―世界が訪れたくなる日本へ―」を定め、外国人の訪日旅行の振興に精力的に取り組んでいるところである。その中で、国際ゲートウェイである港湾及び空港は、ビジョンの実現に向けて大きな役割を果たしていくことが期待されている。

(1) 訪日旅行の振興によって国民経済的便益を増大させていく上での課題を、港湾及び空港分野の技術者として多面的な観点から抽出し、その内容を観点とともに示せ。

(2) (1) で抽出した課題のうち最も重要であると考える課題を1つ挙げ、その課題に対する複数の解決策を示せ。

(3) (2) で示した解決策に共通して新たに生じうるリスクとそれへの対策について、専門技術を踏まえた考えを示せ。

■令和2年度　港湾及び空港Ⅲ－1

・添削前（1枚目／3枚中）

(1) 国民経済的便益を増大させていく上での課題
①クルーズ船の大型化及び岸壁改良
　COVID-19の終息後、急激に訪日観光客が増加することが予想され、国民経済的便益を増大させていく上で、それに対応できる施設整備等行う必要がある。そこで、訪日観光客の増加に対応可能なクルーズ船の大型化に加え寄港可能な岸壁改良を行うことが課題である。
②外国人に対応した施設整備、取組み
　訪日観光客を増やしていく上で、外国人に対応した施設整備や魅力づくりを行う必要がある。それに加え、ターミナル内やターミナルからの移動手段の確保といった円滑な観光を促す取り組みもする必要がある。そこで、訪日外国人に対応した施設設備や取組みを行っていくことが課題である。
③観光拠点における混雑の解消
　訪日観光客の増加が予測される一方、地域間の格差から一部の観光地に集中している傾向も見受けられる。それに伴い、当該拠点における観光客と生活者が入り交じり混雑が発生している。そこで、訪日時における観光拠点の混雑解消が課題である。
(2) 最も重要だと考える課題
　国民経済財的便益を増大させていく上で、訪日外国人に魅力的で快適であると感じてもらうことが重要であるため、②外国人に対応した施設整備、取組みが最

〈添削コメント〉

　問題文では問われていませんが、最重要課題である理由が1文入り、論理的な論文となり、OKです。

　選択科目Ⅲ＝専門科目の視点で解答する必要がありますので、港湾及び空港に関連する課題を前面に出していきましょう。
　国交省公表資料等を参考に論文骨子を再整理してみてください。
　(1) ①～③とも、現状の問題提示→問題分析を入れると良いです。
　②は、①との観点の違いがわかるように工夫して書けると良いです。
　③は、観光拠点＝港湾・空港ということで記述すると良いです。選択科目Ⅲですので、港湾及び空港の技術士の視点で記述しましょう。

令和2年度　港湾及び空港Ⅲ－1

・添削前（2枚目／3枚中）

も重要であると考える。
・課題に対する解決策
①ユニバーサルデザインの強化
　訪日外国人が快適で言語を理解できる取り組みが必要であり、今後今まで以上に多国の訪日が予想されることから、ユニバーサルデザインに力を入れることで対応する。具体的には、標識を多言語化することで訪日外国人へ見える化で示すことや各国の言語に対応したパンフレット等を作成することによって、言語の対応だけでなく観光の補助にも寄与する。
②インフラツーリズム
　今後訪日観光客の増加が予測されることから施設整備も伴ってくる。そこで、単に施設整備するのではなく、魅力的な構造とすることで、インフラツーリズムの促進につなげる。インフラ構造物を性能に支障がない程度に形状を工夫することやターミナルのライトアップ等で印象付けることで魅力を深める。それに加えて、インフラツアー等で行程にインフラの見学を組み込むことで訪日旅行を促進する。
③MaaS を活用した混雑軽減
　訪日外国人が日本の観光地における混雑状況等を把握できていないことが想定される。快適な旅行をする上で、混雑を軽減することは重要であることから、MaaS を効果的に活用する。いつ、どこでも現地の状況把握可能なアプリを使用することで観光に最適なス

〈添削コメント〉
　①～③とも切り口はバランスが良くて、とても良いです。
　設問1と同様、設問2の解決策も空港・港湾にフォーカスを当てて記述しましょう。

令和2年度　港湾及び空港Ⅲ－1

・添削前（3枚目／3枚中）

ケジュールを作成することやVR、ARの可視化技術で観光による弊害を取り除く。

(3) 新たに生じうるリスク

解決策のいずれも、全くの未整備の地域においては、初期費用が膨大となることが予想される。また、港湾及び空港においては、国や地方公共団体が運営している場合は多い中で、COVID−19が終息しても感染対策は継続することが考えられ、予算の確保が行き届かないことが予想される。

リスクにおける対応策

初期費用不足や予算の確保ができない時の対応策として、2つ考えられる。

1つ目は、官民連携による運営が挙げられる。国や、地方公共団体の予算取りが間に合わない場合、民間企業の資金で投資を誘発することで対応する。他にも、日本では、PPP／PFIの実績もついてきていることから、こういった制度を状況に使い分けることで、リスクの解消につなげる。

2つ目は、港湾及び空港の施設における統廃合が挙げられる。これは、訪日旅行に対応する施設として、規模も小さく、便益として機能していない地域もある。そこで、機能していない地域においては統廃合を行い予算を削減しつつ、一極集中しないような予算配分を行うことで、予算を最大限抑制した快適な訪日旅行となる施策となる。

〈添削コメント〉

選択科目Ⅲは、必須科目Ⅰに比べて設問4がないぶん、設問1〜3をしっかり書く必要があります。設問3においてはリスクを複数挙げるとより良いです。

「全くの未整備の地域」とありますが、国際ゲートウェイとして、これから新規に整備する港湾や空港はあるのでしょうか？

どのようなものに初期費用が膨大となるのか具体的に示すと高評価が得られやすいと思います。

COVID−19といった感染症リスクは重要ですね。設問1〜3のいずれかで触れるべき重要事項だと思います。

リスクを初期費用膨大と感染症拡大にして、感染症リスクに対する対応策も挙げると良いです。

対応策、良く書けています。

〈講評〉

題意に沿って書かれていますが、港湾・空港の観点をもっと強く出して書くと高評価が得られやすいです。上記コメントを踏まえて推敲・加筆してみてください。

■令和２年度　港湾及び空港Ⅲ－１

・添削後（1枚目／3枚中）

令和２年度　技術士第二次試験答案用紙

受験番号	○○○○○○○○○○○	技術部門	建　設　部門
問題番号	Ⅲ－１	選択科目	港湾及び空港
答案使用枚数	１ 枚目　３ 枚中	専門とする事項	

○受験番号、問題番号、答案使用枚数、技術部門、選択科目及び専門とする事項の欄は必ず記入すること。
○解答欄の記入は、１マスにつき１文字とすること。（英数字及び図表を除く。）

(1)国民経済的便益を増大させていく上での課題

①大型クルーズ船の寄港可能な港湾施設整備

　国際ゲートウェイである港湾及び空港は、COVID-19の終息後、訪日観光客が増加することが予想される。しかし、日本の港湾において、大型クルーズ船の寄港に適した岸壁は不足している。そこで、国民経済的便益を増大させていく上で、多くのクルーズ船の寄港を想定し、それに対応できる港湾施設整備が課題である。

②港湾及び空港を活かした魅力・快適な環境づくり

　日本における港湾及び空港では、地域間の格差等があることから訪日観光客の満足度やリピート率もさまざまである。しかし、国民経済性便益を増大させていく上では、リピート率を向上させ消費拡大を促進する必要がある。そこで、訪日観光客の満足度やリピート率の向上を目的として、世界の窓口である港湾及び空港における分野を活かした魅力づくりや快適な環境づくりが課題である。

③観光拠点における混雑の解消

　訪日観光客の増加が予測される一方、日本における港湾及び空港では観光客が主要な港湾や空港に集中している。この一極集中に伴い、港湾及び空港施設では観光客と生活者が入り交じり混雑が発生している。そこで、訪日時における港湾及び空港の観光拠点の混雑解消が課題である。

(2)最も重要だと考える課題

●裏面は使用しないで下さい。　●裏面に記載された解答は無効とします。　24字×25行

令和2年度　港湾及び空港Ⅲ－1

・添削後（2枚目／3枚中）

令和２年度　技術士第二次試験答案用紙

受験番号	○○○○○○○○○○○	技術部門	建　設　部門
問題番号	Ⅲ－1	選択科目	港湾及び空港
答案使用枚数	2 枚目　3 枚中	専門とする事項	

○受験番号、問題番号、答案使用枚数、技術部門、選択科目及び専門とする事項の欄は必ず記入すること。
○解答欄の記入は、１マスにつき１文字とすること。（英数字及び図表を除く。）

国民経済財的便益を増大させる上でリピーターの創出は不可欠であることから、②港湾及び空港を活かした魅力・快適な環境づくりが最も重要であると考える。

・課題に対する解決策

①ユニバーサルデザインの強化

訪日観光客が快適な旅行を推進するために、ユニバーサルデザインの強化で対応する。具体的には、港湾及び空港の施設は規模が大きく複雑なため混乱を招くことから、多言語の案内標識を増やすことや施設にバリアフリー機能を付与することで対応する。他にも港湾及び空港に関する各国の言語に対応したパンフレット等を作成することによって観光の補助にも寄与する。

②インフラツーリズムの促進

今後訪日観光客の増加が予測されることから港湾及び空港の施設整備も伴うため、単に設備するのではなく、魅力的な構造にすることでインフラツーリズムの促進につなげる。例えば、港湾及び空港の特徴を活かし、臨港道路形状の工夫に加えライトアップ等の機能を組み込み印象付ける。さらに、インフラツアー等の計画を促進し、このインフラを観光スポットとして、行程に見学を加えることで訪日旅行を魅力的にする。

③MaaSを活用した円滑な観光

訪日観光客が快適な旅行をする上で、港湾及び空港の施設における観光地のトラブル等含めた現地状況の把握は重要であることから、MaaSを効果的に活用する。

●裏面は使用しないで下さい。　●裏面に記載された解答は無効とします。　24字×25行

令和2年度　港湾及び空港Ⅲ－1

・添削後（3枚目／3枚中）

令和２年度　技術士第二次試験答案用紙

受験番号	○○○○○○○○○○○○	技術部門	建　設　　部門
問題番号	Ⅲ－1	選択科目	港湾及び空港
答案使用枚数	3 枚目　3 枚中	専門とする事項	

○受験番号、問題番号、答案使用枚数、技術部門、選択科目及び専門とする事項の欄は必ず記入すること。
○解答欄の記入は、1マスにつき1文字とすること。（英数字及び図表を除く。）

具体的には、港湾及び空港の発着時間の遅れ等に加え、いつ、どこでも現地状況がリアルタイムで把握可能なアプリを普及する。そうすることで現地状況を確認の上で、港湾及び空港を起点とした最適な観光スケジュールの作成が可能である。

（3）新たに生じうるリスク

3つの解決策で、付帯設備の設置、港湾及び空港における構造物の改良、ICT技術の導入と様々な施策を講じることに加えCOVID-19の感染症対策の予算も考えるとコスト不足に陥る可能性がある。また、3つの解決策を講じることで訪日観光客が増えた場合、それに伴い人との接触頻度も増えるためCOVID-19の感染リスクも発生することが考えられる。

リスクにおける対応策

コスト不足の対応策としては、官民連携による運営を行う。国や地方公共団体の予算取りが間に合わない場合、港湾及び空港施設の運営を民間企業に貸与し、民間企業の投資を誘発することで対応する。

COVID-19の感染症対応策としては、乗船・搭乗時、下船・降機時における検温の徹底を行う。しかし、各人の検温は手間がかかるため、ICT技術を組み込んだサーモグラフィーでの検温を実施し、効率化を図る。さらに、港湾及び空港施設において、COVID-19が発生した場合を想定し、COVID-19に関するBCPを立案することで万が一の事態にも対応可能とする。

●裏面は使用しないで下さい。　●裏面に記載された解答は無効とします。　24字×25行

（令和2年度　施工計画、施工設備及び積算Ⅲ－1）

Ⅲ－1　我が国は人口減少局面にあることに加え、総人口に占める高齢者の割合は増加しており、他国も経験したことのない超高齢化社会を迎えようとしている。こうしたなか、全国平均に比べて早い時期から高齢化が進行している過疎地域では、今後の地域社会の維持・継続が困難になる事態が多数発生すると危惧されている。このような状況を踏まえ、施工計画・施工設備及び積算分野の技術者として、以下の問いに答えよ。

(1) 過疎化が進行しつつある地域におけるインフラの維持管理・更新を実施するに当たって、多面的な観点から課題を抽出し、その内容を観点とともに示せ。

(2) 前問（1）で抽出した課題のうち最も重要と考える課題を1つ挙げ、その課題に対する複数の解決策を示せ。

(3) 前問（2）で示した解決策の実施に際して生じうるリスクとそれへの対策について、専門技術を踏まえた考えを示せ。

■令和２年度　施工計画、施工設備及び積算電力土木Ⅲ－１

・添削前（1枚目／3枚中）

1．過疎化地域での維持管理・更新の課題と観点
1.1　課題1：効率的なメンテナンス手法の確立
　高度経済成長期に整備した橋梁等のインフラが、一斉に老朽化する。一方、従来のメンテナンスは、損傷が深刻化してから修繕を行う事後保全であるため、過疎化地域では、財源や人不足から全ての修繕はできない。今後、限られた財源を考慮し、施設の統廃合を含め、計画的にメンテナンスする必要がある。よって、効率的なメンテナンス手法の確立が課題である。
1.2　課題2：建設現場の省力化
　建設業の就業者は、1997年のピークから約7割になった。今後、少子高齢化に伴い、過疎化地域では、更なる建設業の労働者不足が予想される。一方、インフラの老朽化とメンテナンスの重要性は増していく。これに対応するには、機械化を推進して施工量の向上を図る等、建設現場を省力化する必要がある。よって、いかに建設現場の省力化を図るかが課題である。
1.3　課題3：技術の継承
　構造物の補修の必要性や対策の判断は、維持管理の高度な知識や判断能力を持つ、ベテランに依存する。今後、そのベテランの退職により、彼らが長年培った技術が途切れる問題が生じている。この技術の継承が、次世代に正しくされないと、メンテナンスの品質低下等の問題が、過疎化地域でも発生する。よって、いかに技術の継承を図るかが課題である。

〈添削コメント〉
　多面的な視点で課題が挙げられていて良いです。

令和2年度　施工計画、施工設備及び積算電力土木Ⅲ－1

・添削前（2枚目／3枚中）

2．最も重要な課題（課題1）とその解決策

過疎地では、特に財源不足が深刻と考え、課題1の「効率的なメンテナンス手法の確立」がコスト縮減に直接効果があると考える。以下に解決策を示す。

2.1　解決策1：AIでの高度なメンテナンスを推進

AIでの高度なメンテナンスを推進することで、予算の平準化と中長期の修繕計画を立てる。

例えば、道路舗装修繕をビッグデータの活用とAI分析を行う。3Dによる、舗装の劣化状況や予測、修繕範囲の見える化で、修繕の優先順位を選択し、集中的に施工を行う。結果、過疎化地域でも、計画的な舗装修繕による舗装の長寿命化とLCC縮減が期待できる。

2.2　解決策2：構造物等の標準化

構造物等の標準化を採用することで、従来の現場合わせの設計施工から、工場製品の活用を標準とする。

例えば、古い小さな橋梁修繕の場合、従来は現場打ちで手間を要した。今後は、PCa製品やプレハブ鉄筋、各種定型部材を活用し、構造物等の標準化を図る。結果、メンテナンスの設計・施工が効率化され、過疎地においても全体コストの縮減が期待できる。

2.3　解決策3：多様な主体との連携

民間企業や国・県等、多様な主体との連携や多様な入札契約方式を活用し、効率的にメンテナンスを行う。

例えば、入札契約方式で地域維持型JVを活用する。従来は、舗装や治水、除雪等、案件毎していた契約を、

〈添削コメント〉

地域維持型JV、一括維持管理契約は良い解決策の一つだと思います。

令和2年度　施工計画、施工設備及び積算電力土木Ⅲ－1

・添削前（3枚目／3枚中）

今後は、過疎地を含めた広域エリア単位で、地元の精通業者に一括維持管理契約とする。結果、一括管理による事務や施工の効率化、コスト縮減が期待できる。

3．解決策に共通して新たに生じるリスクと対策

3.1　新たに生じるリスク

地域間・企業間格差の拡大がリスクである。小規模の自治体は、社会保障費等の増大から財政難である。また、技術力の不足と維持管理を担当する職員数も5人以下の自治体が多く、対応格差の懸念がある。

更に受注者にとって、新技術の導入や契約方式の転換は、新たな資機材の導入や人材配置等、負担となる。そのため、中小企業が取組についていけず、大企業との格差が広がり、適正な競争にならない可能性がある。

3.2　リスク対策

地域間格差には、国が、自治体支援や官民連携を積極的に行う。例えば、国の個別補助制度や人材・技術支援、包括的民間委託等で民間を活用する。更にインフラメンテナンス国民会議の地方展開や、市民参加型の施設点検等、多様な主体との連携を含め拡大を図る。

企業間格差にも、先ずは国が、中小企業の支援・育成の優遇策を示す。例えば、育成コンソーシアムやAI開発支援プラットホーム等の技術教育支援を行い、企業の知識管理やOFF-JT等を促す。更にICT / IoT機器やAI等の新技術開発や導入の補助金交付で、中小企業の負担を減らしつつ、ICT / IoT化を促す。　以上

〈添削コメント〉

過疎地域における解決策なので、地域間・企業間の格差は（全国レベル（大都市 vs 地方の小規模都市）に比べると）小さいといえますので、例えば、自治体の担当部署の人員不足のため、解決策の実行が不十分となるリスクを挙げると良いと思います。

例えば、対策として、過疎化が進みつつあるので、地域住民の居住エリアや使用頻度の高いインフラを調査・分析して、インフラの再編・集約を進めることも挙げても良いかと思います。

〈講評〉

全体的によく書けています。社会資本インフラの維持管理は全国的な重要テーマなので、多くの受験生がそれなりのレベルの論文が書けるところですが、本問題は過疎地域に特化して論文展開する必要があるので、ここをうまく掘り下げて記述された論文が高評価を得やすくなります。

過疎が進みつつある地域もしくは郊外部のインフラ維持管理の取組方針等を踏まえて肉付けすると、さらに高評価の論文になると思います。

■令和2年度　施工計画、施工設備及び積算電力土木Ⅲ－1

・添削後（1枚目／3枚中）

令和２年度　技術士第二次試験答案用紙

受験番号	○○○○○○○○○○○	技術部門	建　設　　部門
問題番号	Ⅲ－１	選択科目	施工計画、施工設備及び積算
答案使用枚数	１ 枚目　３ 枚中	専門とする事項	

○受験番号、問題番号、答案使用枚数、技術部門、選択科目及び専門とする事項の欄は必ず記入すること。
○解答欄の記入は、１マスにつき１文字とすること。（英数字及び図表を除く。）

1．過疎化地域での維持管理・更新の課題と観点

1.1 課題1：効率的なメンテナンス手法の確立

　高度経済成長期に整備した橋梁等のインフラが、一斉に老朽化する。一方、従来のメンテナンスは、損傷が深刻化してから修繕を行う事後保全であるため、過疎化地域では、財源や人不足から全ての修繕はできない。今後、限られた財源を考慮し、施設の統廃合を含め、計画的にメンテナンスする必要がある。よって、効率的なメンテナンス手法の確立が課題である。

1.2 課題2：建設現場の省力化

　建設業の就業者は、1997年のピークから約7割になった。今後、少子高齢化に伴い、過疎化地域では、更なる建設業の労働者不足が予想される。一方、インフラの老朽化とメンテナンスの重要性は増していく。これに対応するには、機械化を推進して施工量の向上を図る等、建設現場を省力化する必要がある。よって、いかに建設現場の省力化を図るかが課題である。

1.3 課題3：技術の継承

　構造物の補修の必要性や対策の判断は、維持管理の高度な知識や判断能力を持つ、ベテランに依存する。今後、そのベテランの退職により、彼らが長年培った技術が途切れる問題が生じている。この技術の継承が、次世代に正しくされないと、メンテナンスの品質低下等の問題が、過疎化地域でも発生する。よって、いかに技術の継承を図るかが課題である。

●裏面は使用しないで下さい。　●裏面に記載された解答は無効とします。　24字×25行

令和2年度　施工計画、施工設備及び積算電力土木Ⅲ－1

・添削後（2枚目／3枚中）

令和2年度　技術士第二次試験答案用紙

受験番号	○○○○○○○○○○○	技術部門	建　設　　部門
問題番号	Ⅲ－1	選択科目	施工計画、施工設備及び積算
答案使用枚数	2枚目　3枚中	専門とする事項	

○受験番号、問題番号、答案使用枚数、技術部門、選択科目及び専門とする事項の欄は必ず記入すること。
○解答欄の記入は、1マスにつき1文字とすること。（英数字及び図表を除く。）

2．最も重要な課題（課題1）とその解決策

　過疎地では、特に財源不足が深刻と考え、課題1の「効率的なメンテナンス手法の確立」がコスト縮減に直接効果があると考える。以下に解決策を示す。

2.1 解決策1：AIでの高度なメンテナンスを推進

　AIでの高度なメンテナンスを推進することで、予算の平準化と中長期の修繕計画を立てる。

　例えば、道路舗装修繕をビッグデータの活用とAI分析を行う。3Dによる、舗装の劣化状況や予測、修繕範囲の見える化で、修繕の優先順位を選択し、集中的に施工を行う。結果、過疎化地域でも、計画的な舗装修繕による舗装の長寿命化とLCC縮減が期待できる。

2.2 解決策2：構造物等の標準化

　構造物等の標準化を採用することで、従来の現場合わせの設計施工から、工場製品の活用を標準とする。

　例えば、古い小さな橋梁修繕の場合、従来は現場打ちで手間を要した。今後は、PCa製品やプレハブ鉄筋、各種定型部材を活用し、構造物等の標準化を図る。結果、メンテナンスの設計・施工が効率化され、過疎地においても全体コストの縮減が期待できる。

2.3 解決策3：多様な主体との連携

　民間企業や国・県等、多様な主体との連携や多様な入札契約方式を活用し、効率的にメンテナンスを行う。

　例えば、入札契約方式で地域維持型JVを活用する。従来は、舗装や治水、除雪等、案件毎の契約を、今後

●裏面は使用しないで下さい。　●裏面に記載された解答は無効とします。　24字×25行

令和2年度　施工計画、施工設備及び積算電力土木Ⅲ－1

・添削後（3枚目／3枚中）

令和2年度　技術士第二次試験答案用紙

受験番号	○○○○○○○○○○○	技術部門	建　設　　部門
問題番号	Ⅲ－1	選択科目	施工計画、施工設備及び積算
答案使用枚数	3 枚目　3 枚中	専門とする事項	

○受験番号、問題番号、答案使用枚数、技術部門、選択科目及び専門とする事項の欄は必ず記入すること。
○解答欄の記入は、1マスにつき1文字とすること。（英数字及び図表を除く。）

は、過疎地を含めた広域エリア単位で、地元の精通業者に一括維持管理契約とする。結果、一括管理による事務や施工の効率化、コスト縮減が期待できる。

3．解決策に共通して新たに生じるリスクと対策

3.1 新たに生じるリスク

　自治体の人員不足等で、メンテナンスが不十分となるリスクがある。小規模の自治体は、社会保障費等の増大から財政難である。そのため、新技術の導入や契約方式の転換は、新たな資機材の導入や人材配置等の負担となる。更に、技術力の不足と維持管理を担当する職員数も5人以下の自治体が多く、メンテナンスが不十分となる懸念がある。

3.2 リスク対策

　先ず、インフラの再編・集約を進める。例えば、山間部の過疎化地域の場合、使用頻度の高いインフラの調査・分析をする。そして、地元と協議のもと、使用頻度の低い橋梁や道路の再編や廃止、集約等を図る。

　次に、国が自治体支援や官民連携を積極的に行う。例えば、国の個別補助制度や人材・技術支援、包括的民間委託等で民間を活用する。また、インフラメンテナンス国民会議の地方展開や、市民参加型の施設点検等、多様な主体との連携を含め拡大を図る。

　更に、技術力向上のため、育成コンソーシアムやAI開発支援プラットホーム等の教育に参加し、従来のOJTと併せ、知識管理やOFF-JTを推進する。　　以上

●裏面は使用しないで下さい。　●裏面に記載された解答は無効とします。　24字×25行

（令和元年度　建設環境Ⅲ－１）

Ⅲ－１　これまでの急激な都市化等により、水辺や緑地、藻場、干潟等の自然環境が失われつつあるなど、生態系の破壊、分断、劣化等が進行している。そのため人類の存立基盤である環境が、将来にわたって維持されるよう、生物多様性が保たれた良好な自然環境の保全、再生等の取組を加速する必要がある。このような状況を踏まえ、以下の問いに答えよ。

(1) 社会資本整備事業において、生物多様性の保全、再生等の取組を行うに当たって、技術者としての立場で多面的な観点から課題を抽出し分析せよ。

(2) 抽出した課題のうち最も重要と考える課題を１つ挙げ、その課題に対する複数の解決策を示せ。

(3) 解決策に共通して新たに生じうるリスクとそれへの対策について述べよ。

■令和元年度　建設環境Ⅲ－1

・添削前（1枚目／3枚中）

答案	〈添削コメント〉
(1) 社会資本整備事業における生物多様性の課題 ①美しい河川環境の整備 　河川は治水機能と環境機能の両立を維持することが重要である。しかし、これまでの河川整備は、頻発する水害から人命や財産を守るための治水機能の確保が中心となり、河川に生息する生物への配慮は十分でなかった。今後は、住民の安全性を確保しつつ、生物の生息・生育環境や河川景観の保全・創出の観点からの整備が必要である。 ②港湾行政グリーン化の推進 　港湾は、物流・産業など経済活動の拠点である一方、生物の生息・生育場としての機能を有している。しかし、これまでの港湾整備は、物流、産業に着目した港湾開発により、環境への配慮が欠けていた。そのため、海生生物の生息環境は減少し、閉鎖性海域では流入負荷の蓄積に伴う赤潮の発生などの問題が生じている。今後は、港湾開発と環境の保全、再生・創出を同時に推進する観点からの整備が必要である。	国土交通白書（令和4年度版）（第Ⅱ部第8章第3節）にある、 2　豊かで美しい河川環境の形成、 3　海岸・沿岸域の環境の整備と保全、 4　港湾行政のグリーン化、 5　道路の緑化・自然環境対策等の推進 を踏まえて、多面的に課題を提示すると良いです。 （①と②はOKです。）
③都市部での緑化推進 　都市部の緑地は、人と自然とのふれあい活動の場や生物の生息環境にとっても重要である。しかし、これまでの都市開発では、経済活動や利便性が優先となり、環境への配慮が欠けていた。そのため、生物の生息環境の消失、ヒートアイランドなどの問題が生じている。今後は都市緑化だけではなく、人と生物が共存した良	③について、内容的には良いですが、環境白書・循環型社会白書・生物多様性白書（令和3年度版）（第8章第3節）の観点を入れても良いかと思います。

令和元年度　建設環境Ⅲ－1

・添削前（2枚目／3枚中）

好な都市環境の観点からの整備が必要である。
(2) 最重要課題とその解決策
　最重要課題は、上述の『③都市部での緑化推進』と考える。それは、生物多様性の保全、創出と併せて、気候変動に伴う地球温暖化やヒートアイランド対策にも寄与すると考えたからである。その解決策を以下に示す。
①生態系ネットワークの形成を推進
　都市部において生物多様性を確保するには、緑地を増やすだけではなく、生物の生息・生育環境を改善し、緑地を適正配置する必要がある。具体的には、都市の自然環境を中核地区、拠点地区、回廊地区、緩衝地区の4つの役割に位置づけ、それらを適正配置した生態系ネットワークの形成を推進する。これにより、生物の移動や交流が促進され、生物多様性の確保につながると考える。
②地方自治体の緑化計画への生物多様性の反映
　都市部の生物多様性を確保するためには、計画的に生物の生息・生育環境の創出、保全、再生を進める必要がある。このような取組は、都市計画や緑地政策と関連が深いことから、地方自治体の緑化計画の策定において生物多様性の観点を加える必要がある。この対応策としては、『生物多様性に配慮した緑の基本計画策定の手引き（国交省）』等を活用した緑化計画の策定を積極的に推進することが重要と考える。

〈添削コメント〉
　最重要課題の理由（一例）として、
・公益の確保（＝公衆の安全、環境保全）の観点で最重要
・最大の効果がある
・他（2つ）の課題の基盤となる
といった観点で考えると良いです。

　解決策の前には解決の方向性を挿入すると良いです。方向性の後に、具体策を入れることで、論理的で読みやすい論文となります。

令和元年度 建設環境Ⅲ－1

・添削前（3枚目／3枚中）

③多様な参画による維持管理体制の構築

良好な都市環境、緑地を推進するためには、継続的な維持管理が重要となる。地方自治体だけでは、費用、人材的にも限りがあるため、地域住民やNPOなどによる維持管理体制を構築することで対応を図る。これにより、地域住民の関心も高くなり、不確実な事象に対する早期かつ順応的な対応が可能になると考える。

(3) 共通するリスクとそれへの対応

①外来種の侵入リスク

新たな緑地の整備は、外来生物侵入による在来種への影響リスクを高める。その対応には、定着段階に応じた優先度に基づき、科学的知見や費用対効果を踏まえた計画・立案が必要となる。防除を継続することにより得られた成果等を踏まえた上で、順応的管理を行う。また、実現可能性分析の精度を上げ、PDCAサイクルを実施することが重要と考える。

②財政難により緑化計画を実行できないリスク

地方自治体では、財政難により生物多様性に配慮した緑化計画を実行できないリスクがある。その対応としては、既に事業が実施されている施策や既存の体制を整理し、地域に即した対応を取り入れることで合理化を図る。

〈添削コメント〉

(3) では、(2) で挙げたP（計画：課題解決策）に対するDCA（課題遂行、遂行状況の確認、計画の修正）のことを書くと良いです。

①の対応策について、より具体的に書いてみると良いです。

②のリスクについて、財政難によるリスクもあると思いますが、建設環境の技術士としての専門性の観点からリスクと対策を挙げてみるとより良いです。

■令和元年度　建設環境Ⅲ－1

・添削後（1枚目／3枚中）

令和元年度　技術士第二次試験答案用紙

受験番号	○○○○○○○○○○○	技術部門	建　設　部門
問題番号	Ⅲ－1	選択科目	建設環境
答案使用枚数	1 枚目　3 枚中	専門とする事項	

○受験番号、問題番号、答案使用枚数、技術部門、選択科目及び専門とする事項の欄は必ず記入すること。
○解答欄の記入は、1マスにつき1文字とすること。（英数字及び図表を除く。）

(1) 社会資本整備事業における生物多様性の課題

①美しい河川環境の整備

　河川は治水機能と環境機能の両立を維持することが重要である。しかし、これまでの河川整備は、頻発する水害から人命や財産を守るための治水機能の確保が中心となり、河川に生息する生物への配慮は十分でなかった。今後は、住民の安全性を確保しつつ、生物の生息・生育環境や河川景観の保全・創出の観点からの整備が必要である。

②港湾行政グリーン化の推進

　港湾は、物流・産業など経済活動の拠点である一方、生物の生息・生育場としての機能を持っている。しかし、これまでの港湾整備は、物流、産業に着目した港湾開発により、環境への配慮が欠けていた。そのため、海生生物の生息環境は減少し、閉鎖性海域では流入負荷の蓄積に伴う赤潮の発生などの問題が生じている。今後は、港湾開発と環境の保全、再生・創出を同時に推進する観点からの整備が必要である。

③道路の緑化・自然環境対策

　道路は生活や経済活動に不可欠であり、基本的な社会資本としての機能を持っている。しかし、これまでの道路整備では、生活や経済活動が優先となり、環境への配慮が欠けていた。そのため、生物の生息環境の消失、ヒートアイランドなどの問題が生じている。今後は、道路利用者への快適な空間の提供、周辺と一体

●裏面は使用しないで下さい。　●裏面に記載された解答は無効とします。　24字×25行

令和元年度　建設環境Ⅲ－1

・添削後（2枚目／3枚中）

令和元年度　技術士第二次試験答案用紙

受験番号	○○○○○○○○○○○○	技術部門	建　設　部門
問題番号	Ⅲ－1	選択科目	建設環境
答案使用枚数	2 枚目　3 枚中	専門とする事項	

○受験番号、問題番号、答案使用枚数、技術部門、選択科目及び専門とする事項の欄は必ず記入すること。
○解答欄の記入は、1マスにつき1文字とすること。（英数字及び図表を除く。）

となった良好な景観の形成、良好な都市環境の観点からの整備が必要である。

（2）最重要課題とその解決策

河川は、陸域と海域のすべてに影響することから、上述の『①美しい河川環境の整備』を最重要課題とする。この課題を解決するには、水陸の環境を持続的に維持することが重要である。その具体策を以下に示す。

①良好な河川環境の保全・形成

多様な主体との連携による生態系ネットワークを形成するため、流域の生態系の保全・再生を推進する。具体的な事例として、湿地の再生や魚道の整備、コウノトリの野生復帰に向けた取組み等が挙げられる。

②河川水量の回復

良好な河川環境を保全するためには、豊かな河川水量の確保が必要である。このため、河川整備基本方針等において動植物の生息・生育環境、景観、水質等を踏まえた必要流量を定め、この確保に努める。

③山地から海岸までの総合的な土砂管理の取組みの推進

土砂の流れの変化による河川環境の変化や海岸浸食等を抑制するため、山地から海岸まで一貫した総合的な土砂管理の取組みを推進する。具体的な事例として、総合土砂管理計画の策定、土砂を適正に流すことのできる透過型砂防堰堤の設置、ダムにおける土砂バイパス等による土砂の適切な流下、養浜等による砂浜の回

●裏面は使用しないで下さい。　●裏面に記載された解答は無効とします。　24字×25行

令和元年度　建設環境Ⅲ－1

・添削後（3枚目／3枚中）

令和元年度　技術士第二次試験答案用紙

受験番号	○○○○○○○○○○○○
問題番号	Ⅲ－1
答案使用枚数	3 枚目　3 枚中

技術部門	建　設　部門
選択科目	建設環境
専門とする事項	

○受験番号、問題番号、答案使用枚数、技術部門、選択科目及び専門とする事項の欄は必ず記入すること。
○解答欄の記入は、1マスにつき1文字とすること。（英数字及び図表を除く。）

復等が挙げられる。
（3）共通するリスクとそれへの対策
①進捗管理の基準となる指標の選定
　生物多様性に関する施策については、効果が表れるまでに時間がかかるものがあり、効果を判定する基準も曖昧になるリスクがある。その対策として、施策を計画する際には、進捗を管理するための指標を組み込む。具体策を以下に示す。
・短期的に成果が出そうなアウトプット指標と成果が出るまでに時間がかかるアウトカム指標を組み合わせる。
・『都市の生物多様性指標（簡易版）』のスコアを参考に具体的な指標を定める。
②進捗管理体制の検討
　専門家だけの管理体制だと、多くの関係者の意見が反映されず、地域に実情に合わない結果をもたらすリスクがある。その対策として、進捗管理の『場』と『主体』を明確にし、その結果を公表する。具体的な対策を以下に示す。
・組織横断的な関係者による進捗管理体制を構築する。
・行政評価を活用して、施策の評価を行うとともに、課題や改善点を行うなど、進捗状況を確認する。
・行政等の広報誌やHPで進捗管理の結果を公開する。

●裏面は使用しないで下さい。　●裏面に記載された解答は無効とします。　24字×25行

第5章

口頭試験対策

5.1　傾向と対策

5.1.1　試問事項と切り口

口頭試験は、技術士としての適格性を判定することに主眼をおき、筆記試験における記述式問題及び受験申込書の業務経歴を踏まえて実施されます。

試問事項については、図表5.1のとおり示されていて、技術士に相応しい経歴及び応用能力、体系的専門知識が備わっているかが問われます。

図表5.1　口頭試験の試問事項と試問時間

試問事項［配点］		試問時間
Ⅰ　技術士としての実務能力		20分 （10分程度延長の場合もあり）
①コミュニケーション、リーダーシップ	［30点］	
②評価、マネジメント	［30点］	
Ⅱ　技術士としての適格性		
③技術者倫理	［20点］	
④継続研さん	［20点］	

出典：令和４年度　技術士第二次試験受験申込み案内
（日本技術士会　技術士試験センター）

令和元年度以降の実績を踏まえ、口頭試験の主な試問事項をまとめると、図表5.2のとおりです。

平成時代によく見られた、業務経歴・業務内容の詳細に係るプレゼンは求められず、いきなり一問一答に入るケースが増えており、コミュニケーション→リーダーシップ→マネジメント→評価→技術者倫理→継続研さん（→補足試問）という流れで行われることが多くなっています（図表5.3参照）。

コミュニケーション

・コミュニケーションをどのように発揮したか？
・コミュニケーションの留意点・工夫点を挙げよ。

リーダーシップ

・リーダーシップをどのように発揮したか？
・関係者とどのような利害が生じたか？
・この利害調整をどのように行ったか？
・リーダーシップの留意点・工夫点を挙げよ。

マネジメント

・マネジメントをどのように発揮したか？
・資源（人員、設備、金銭、情報等）をどのように配分調整したか？
・マネジメントにおいて留意した点・工夫した点を挙げよ。
・業務の役割分担をどのように行っているか？
・部下や若手への教育をどのように行っているか？（コロナ禍、留意・工夫している点）

評価

・成功例・失敗例を挙げよ。
・業務を現時点で振り返ってどう評価しているか？
・業務で得たことをどう活かしているか？
・担当業務分野の今後の見通し・課題を説明せよ。
・この業務を「業務内容の詳細」に選んだ理由は何か。
・筆記試験（テーマ）に関する試問

技術者倫理

・業務遂行に当たり、技術者倫理の視点で心がけていること、留意していることはあるか？
・技術者倫理の視点から、利害調整をどのようにしているか？
・業務において、間違いや不正が見つかったときにはどのように対応しているか？
・業務遂行に当たり、不当な要求・請求を受けた場合、どのように対応するか？
・○○業務において、技術者倫理の観点でどのような対応をしたか？

継続研さん

・技術士第二次試験に向けて、どのような継続研さんを行いましたか？
・資質向上のために何を行っているか？　これまで何を行ってきたか？　これから何を行いたいか？
・学会発表や論文発表を行ったことはあるか？
・最近関心のある技術的トピックスを挙げよ。
・技術士取得後の抱負は？
・CPD の目的は何か？
・CPD 登録はしているか？
・技術士 CPD の概要を答えよ。

図表5.2　口頭試験の主な試問事項

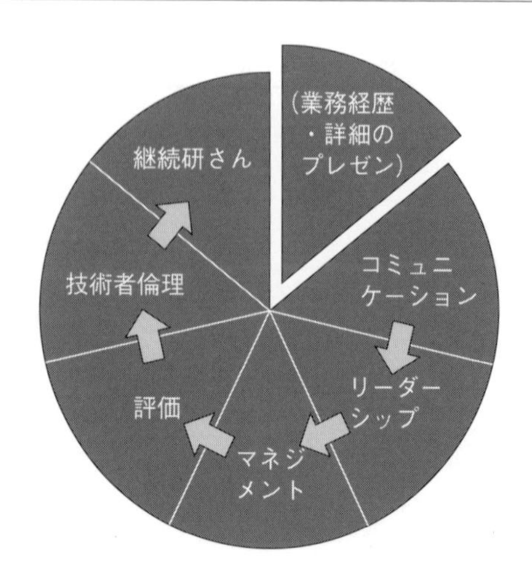

図表5.3　口頭試験（一般部門）の流れ

その他の特徴としては、以下のとおりです。

✓　試験官が3名のパターンが多い
✓　各資質能力（コンピテンシー）について、2〜3つの試問がなされる
✓　各資質能力（コンピテンシー）を「どのように発揮したか？」が主な試問パターンといえる
✓　試験官が納得できる解答が得られない場合、追加試問がなされることがある
✓　各試問について、業務経歴にある5つの業務のうち、いずれかを特定される場合と、特定されない場合がある
✓　あらかじめ、試験官が各受験生に対する試問を用意している
✓　業務経歴・業務内容の詳細に係るプレゼンは求められず、いきなり一問一答に入るケースが（令和に入って）大半を占めている
✓　リーダーシップ・コミュニケーションをセットで試問されるケースも多い
✓　コミュニケーションに始まり、継続研さんで終わるパターンが多い

口頭試験において、リーダーシップとマネジメントの定義が理解できていないことから、試験官から定義を示されたうえで再試問される場合があります。

また、配点は低いものの、技術士としての適格性を判定することに主眼を置かれていることから、技術者倫理、継続研さんに関する試問に対して十分な解答ができないと、実務能力の試問に十分な解答ができていたとしても、不合格となる場合があります。

5.1.2　口頭試験の試問例

以下に口頭試験の試問例を6つ（合格例5つ、不合格例1つ）紹介します。口頭試験の実際の雰囲気を大まかに感じ取ってください。受験生の立場と試験官の立場の両方で読んでみてください。

令和3年度口頭試験（受験生の科目：都市及び地方計画）※合格
令和3年度口頭試験（受験生の科目：道路）※合格
令和3年度口頭試験（受験生の科目：道路）※不合格
令和3年度口頭試験（受験生の科目：施工計画、施工設備及び積算）※合格
令和3年度口頭試験（受験生の科目：建設環境）※合格
令和2年度口頭試験（受験生の科目：土質及び基礎）※合格

令和３年度口頭試験（受験生の科目：都市及び地方計画）※合格

試験官	試　問	回　答
コミュニケーション		
A	公務員なのでさまざまな方とのコミュニケーションを図ってきたと思いますが、どの業務でも構いませんので、工夫した点は？	都市計画マスタープラン・土地区画整理事業において、地域住民・地権者・市民には、専門用語を使わず、整備後のパース絵・模型を使い、鉄道高架等で利便性が増す点などわかりやすく説明。 地域別の懇談会を何度も重ね、理解の促進に努めた。
A	その結果、住民の方の理解度は？	大方の理解は得られた。
	説明会時などのさまざまな意見をどう調整したのか？	行政のできること・できないこと、まちづくりの方向性をしっかり説明し丁寧に対応した。
	業務詳細の空家業務での関係者は？	住民・自治会・不動産会社など関係団体、上司、部下。
	空家業務での庁内におけるコミュニケーションは？	庁内連携会議を開催し、危機対策・消防・都市計画・環境部局等と調整を図っている。
	所有者がわからないケースの場合、固定資産税情報も使えますがそのように対応？	庁内連携会議に税務部局も参画。相続登記がなされていない空家には税務部局と連携し税情報を活用。現所有者に文書にて指導通知を行っている。
リーダーシップ		
A	どの業務でも構いませんが、最もリーダーシップを発揮した点は？	危険な空き家があり、自治会はすぐ解体を市に要求。空き家所有者はすぐに解体を行うことが資金的に無理といった状況。自治会には市が対応することは無理と説明。所有者にはとりあえず危険な部分の修繕を依頼。所有者は危険な箇所をまず修繕。自治会に説明し納得。２年後に所有者は私が提案して制度化した解体補助金を利用し解体。
	解体後は更地のまま？	その後、３階建てのマンションが立地した。
	その場所はどんな場所？	駅周辺の利便性の高い地区。健全な土地利用が図られたと考えている。
	庁内での議論でもさまざまな意見があると思うが、どのように関係部局と調整？	担当課の意向を踏まえながら、公益の確保を念頭に、安全なまちづくり、環境の保全を踏まえ、業務の優先順位を話し合い調整を図っている。

試験官	試　問	回　答
評価		
A	どの業務でも構いませんが、失敗談、その後の改善は？	区画整理事業、都市マス策定の説明の際、いきなり市の案を説明することに難色を示す方が多い。その後、市の案を示す前段で、地域懇談会やワークショップで要望を聞き取り、その後、市の案を説明するように改善。
A	その他の業務で反省点を踏まえ改善したことは？	空き家対策業務で、管理不全な空家所有者に適正管理の依頼文書を送付したが、中々対応いただけないケースがある。その場合、指導文書に危険な状態の部分の写真を添付し、状況を視覚的に伝えるように工夫した。 また、所有者が介護施設に入所している場合は、介護保険課とも連携しケアマネージャーに直接連絡しご家族に対応を依頼。
A	空家の面的な活用はどのように考えている？	スポット的な対応だけではなく、今後は空家の面的な利活用が必要と認識。現在、都市計画課と連携し立地適正化計画の素案とまとめている。駅周辺の地区におけるコモンズ協定、低未利用土地権利設定等促進計画を手法とした面的な活用策を検討している状況。
	現在の取組は？	不動産業協会と連携した空家の流通を進め、スポンジ化対策をしている。
	空家解体後はどのような土地利用がのぞましいと考えますか？	地域住民の交流広場などの公益施設。当市は、地域特性として雪が多いので広場は冬季の雪捨て場にもなる。
	活用策として企業誘致の取組はどうか？	市の経済部局で業務系の土地の斡旋をしている。利活用策での連携が大事と認識。
	利活用を進める上では行政だけでは難しいですか？	限られた人員なので、今後はエリアマネジメントなど、地域の自治会とか民間活用も必要と考えている。

試験官	試　問	回　答
マネジメント		
A	どの業務でも構いませんが、最もマネジメントを発揮した業務は？	空家計画策定時に市内の空家を把握する必要があった。当時の職員は2名。市内の建物棟数は約4万棟。人員・期間的に厳しい状況。そのため、水道の閉栓情報を活用し、空き家の可能性が高い建物を抽出して、空家を推計し、情報・人員のマネジメントを図った。
A	それによって効率化が図られたということですね？	はい。
	今までの業務で最も苦労した業務は？	平成30年に風台風が上陸。一度に20件近い空家の屋根材が飛散し、市民からの対応依頼が集中。危機対策・消防部局と連携し、まず対応すべき緊急性を判断し優先順位をつけ、そこに人員を配分した。
	自治体は職員数が少ないが、課長職としてどのような対策を講じている？	一担当者は一係に長く従事することはせずに、短いスパンで異動するようにしている。それにより幅広い知識が習得できる。一係に長くではなく、複数の係の経験で補うように対応。
	人材育成はどうしていますか？	係員に3カ月に一回、業務計画の作成をお願いしている。その際、係員と面談し、業務の方向性・効率性、課題等を指示し、段階的に成長するように工夫。
	技術的審査の育成はどのようにしていますか？	業務レベルごとに指導マニュアルを作成し、職員の成長に合わせた指導を実施。
技術者倫理		
B	倫理について普段どのように意識して業務を遂行していますか？	公益確保を最優先。環境保全、安全安心なまちづくりを意識している。
B	秘密保持は公務員なので常に意識していると思いますが、その他の倫理と公務員倫理と比べてどう考えていますか？	公益確保、市民に対して誠実な対応で信用を確保するなど技術士倫理綱領と同じ。今までそのような姿勢でやってきたので、技術士倫理はあると自負している。
B	反倫理的要求があった場合の対応は？	まずはその要望の内容を聞き取り、分析して、倫理的・技術的な中庸案を提示し、調整を図る。
	市民に対しての業務姿勢は？	正確に意向を聞き取り、誠実に対応。
	最近の反倫理事例を挙げてください。	○○の電車の空調機の検査偽装問題。公衆はわかり得ないので、しっかり公益確保に努めるべきであり、社会的に影響が大きいので、より高い倫理観が必要と認識。

試験官	試　問	回　答
継続研さん		
B	CPDについてお聞きします。日頃どのような研鑽を行っていますか？	公益法人の自治研究会が主催するまちづくりや空家対策の講習会に参加。
B	現在、他部門での技術士取得はありますか？	ありません。
B	資格は何を持っていますか？	一級建築士と建築基準適合性判定資格を取得している。現在、建築確認の確認済の最終責任者です。
B	建築基準適合判定資格とは、昔でいう建築主事の資格ですか？	はい。
B	建築の知識を高めるために建築の講座は受けていますか？	建築士会が実施する建物の危険度を判定する応急危険度判定士の講習を受けている。
B	建築技術で最近の講座は？気になるトピックはありますか？	木造建築物における大スパンが可能となるCLT（直交集成材）、BIM・CIMなどです。
B	もし、技術士になったらどうしたいですか？	技術士会に入って、最低CPD 50時間取得し、登録したい。学んだ知識を活かして、当市に落とし込んで安全安心なまちづくりに貢献したい。

〈所感〉

・試験官2名。

・優しい感じ。主導的な人は60代（国交省、大学先生？）、副は50歳前後（国交省キャリア風？）

・冒頭から、コミュニケーションの質問。経歴、業務の詳細説明は無し。

・B判定を含め、一切論文については質疑なし

・項目ごとに主⇨副の順で質疑。

・ホワイトボードは無かったような気がします。

・試験時間20分

令和3年度口頭試験（受験生の科目：道路）※合格

試験官	試　問	回　答
コミュニケーション		
A	口頭試験時間は約20分を予定している。それでは早速質問に入る。 業務経歴の中から、多様な関係者とどのように意思疎通を図ったか、具体例を示して答えてください。	業務詳細の道路嵩上げ事業でお答えする。道路がどの程度嵩上げされるか、どの位置に構築されるのか、地域住民にはわかりにくい部分があると思った。このため、住民説明会ではドローン写真やポンチ絵を使ってわかりやすく視覚に訴えるように説明した。また、専門用語ではなくなるべくわかりやすい言葉を使うようにした。
A	関係者の中には地域住民だけでなく、上司や同僚、鉄道管理者、設計業者などもいると思われるが、そのような方々とはどのように意思疎通を図ったか？	そのような方々は、内容を良くわかっている方々であるため、正確さが求められる。このため、協議・調整の際は、図面やデータを提示するなどして正確に伝わるようにした。また、協議内容については議事録に残し、お互いに確認することで、正確な意思疎通を図るようにした。
リーダーシップ		
A	業務経歴の中で最もリーダーシップを発揮した事例を教えてください。	業務詳細でお答えする。現道は地域を通る唯一の道路のため、工事中の通行止めは地域住民から理解が得られなかった。このため、現道への影響がないよう鉄道側にできるだけ寄せて、新たな道路を構築する必要があったが、鉄道管理者としては鉄道の安全確保のためできるだけ鉄道から離して欲しいとの意向があった。そこで私は、道路構築の必要性と他の代替案が厳しいことを鉄道側に説明し、鉄道側の理解を得ることができた。そのうえで鉄道側から最低限の離隔が示されたため、その範囲内で道路計画を立案することで、関係者の合意を得た。

試験官	試　問	回　答
評価		
A	この業務の計画、設計、積算、工事監督の中で最も技術士としてふさわしいと思われる点はどこか？	計画の部分だと思う。
A	業務詳細の中で反省した事例や改善して次に活かした点はあったか？　良かった点でも良い。	道路構築にあたり支障となる電柱や電線を移設する必要があった。年度末に移転が完了するかどうかが、予算管理や次期工事発注のタイミングなどで重要であった。私は電線管理者からの聞き取りで年度末に完了すると認識していたが、直前になり一部完了しないことが判明し、慌てて調整を行うことになった。これ以降、自分で現場を確認し、電線管理者に行程表を作ってもらい協議・調整することで、移転の進捗を把握することができるようになった。本事例については発表会の中で留意点として横展開を図った。
A	業務経歴の中で橋梁に関する事が2つ記載されているが、どちらでもよいので、その業務の中で何か改善した事例があれば教えてください。	業務経歴の3行目の側道橋事業について、下部工施工の際に、非出水期間内で施工しなければならないため、工期短縮のために分割発注を行った。しかし、業者が2社となり現場が輻輳することとなったため、私は、受発注者で構成する工程協議会を設置し、円滑な工事促進となるよう定期的に調整を図った。また、分割発注によりコスト増となったため、杭打機を2社で共有することや、現場の施工ヤードを共有するために、発注者として地元と調整を行いコスト縮減に努めた。

試験官	試　問	回　答
マネジメント		
A	業務詳細には計画、設計、積算、工事監督の一連の業務と記載してあるが、どの部分を担当したのか？	すべてである。工事については一部完了まで携わった。
A	業務経歴の4行目の業務においても、計画、設計、工事などに携わってきたかと思われる。そのなかでも様々な要求事項があったと思うが、人、物、お金、情報などをどのように資源配分したのか？	業務受注者と共に検討を行い、○○工法という無人化施工を採用することで、安全性を確保し、工程の短縮を図った。また、コストについても、通常だと人力施工となるが、無人化施工により同等程度に抑えることができた。
技術者倫理		
B	技術者倫理でどのようなことを念頭に業務に従事しているか？	公益の確保が第一と考えている。
B	公益を確保するために具体的にどのようなことをしたか？	業務詳細の道路嵩上げ工事では、厳しい制約条件の中で安全、品質を確保しながら、工事を完成させた。また、土砂の流出による河川の汚濁を防ぐために、沈砂池を設けるなどして環境の保全にも努めた。
B	例えば○○地震からの復旧では、関係者から色々な要望などがあったと思うが、倫理の観点からどのように利害調整を図ったか？	大きな被災を受けた道路において、通行止めが長く続いており、交通開放の見通しが立たない状況であった。 地域住民からは早期の交通開放の要望があったが、現場は危険な状態で、余震が続く中で復旧を安易に急がせるわけにはいかなかった。そこで、私は住民説明会を開催し、ドローン写真を使い、危険な現場状況や工事の進捗状況を示し、慎重に施工を進める必要があることを説明することで、住民の理解を得た。

試験官	試　問	回　答
継続研さん		
B	継続研さんについてこれまでどのようなことを実施してきたか？	専門誌である日経コンストラクションの購読、日経クロステックのインターネット有料会員による購読、技術士会に入会し修習技術者研修への参加、業務詳細の道路嵩上げ事業に係る各種発表会などを実施。
B	自分の中で研さんする場を持っているか？	技術士会の修習技術者研修にWebで参加し、提示されたテーマを題材にワーキングの実施や意見交換を行っている。また、定期的に若手職員数名を集め勉強会を開催している。
B	学会で発表したことはあるか？	学会での発表はないが、事務所内などで発表を行った。
B	今後はどのように研さんしていくのか？	これまでの研さんは続けていく。さらに、学会での発表や後進の指導もしていきたい。
B	業務詳細以外での失敗事例について、その発生原因、改善手法について説明してください。	業務経歴2行目の業務において、道路の新設工事であったため、さまざまな法令・条例上の手続きが発生した。その中で○○地区における開発行為に係る手続きの漏れが発生し、大きく手戻りが生じた。 これを機に、道路工事における法令・条例上の手続きチェックリストを作成し、関係者間で周知した。チェックリストは随時フォローアップされている。
B	そのチェックリストは今でも使用されているのか？	フォローアップしながら使用されている。

〈所感〉

受験者控室には20名ほど待機していた。想定問題を見直したが、緊張して全く頭に入らなかった。試験室前の椅子ではさらに緊張が高まり、深呼吸するのが精いっぱいだった。人にもよるが、試験会場での事前チェックは難しいと感じた。

・前置きがほぼなく、いきなり質問に入った。業務経歴や業務詳細の説明も求められなかった。

・業務詳細への突っ込んだ質問はなかった。しかし、業務経歴で試験官が興味を持ったと思われるものなど、コンピテンシーを確認する質問が4問もあった。特に○○地震からの復旧については両試験官から質問された。

・○○地震からの復旧業務は試験官から聞かれる可能性が高いと見込んでおり、事前に準備していたため、対応できたと思う。

・業務経歴の橋梁事業に関しては「評価」を確認するものであったが、準備していなかったため、マネジメントの観点から回答した。自分では若干ずれた回答になったと思ったが、試験官はうなずいていたため、悪い回答ではなかったのだろうと感じた。

・全体を通して、質問に対しては結論から端的に回答しようと思っていたが、背景から話してしまったものもあり、若干説明が長くなってしまったように思う。

・業務詳細の評価の質問に対しては電柱移転の事例で回答した。しかし、業務の核の部分である、特殊な工法を使って道路工事を完成させることができたことや、今後、今回の現場のような制約条件のある場所で活用できる見込みがあることを答えたほうがより良い回答だったと思った。

・倫理に関する利害調整の質問が聞き取りにくかったため、試験官Bにもう一度確認したところ、回答しやすいように丁寧に詳しく質問していただいた。

・全体を通して、試験官が私の回答に対して頷かれることが多かったため、悪い感触はしなかった。

令和3年度口頭試験（受験生の科目：道路）※不合格

試験官	試　問	回　答
経歴		
A	業務内容の詳細を手短に説明してください。	（2分程度で説明。）
コミュニケーション		
A	職場のコミュニケーションはどのように取っていますか？	上司や部下に対して迅速な報告、連絡、相談により共通認識を高めました。
リーダーシップ		
A	この業務でリーダーシップを発揮した内容は何ですか？	地元住民に対して施工区間について調整しました。
A	そのほかの関係者は？	道路占用者にマンホールの高さ調整費用の負担協議を行いました。
A	警察もあるのでは？	はい。警察とも調整しました。
評価		
A	この業務は何年かけて行いましたか？	3年です。
A	この工法の評価は？	コスト低減や廃材抑制ができました。5年後の路面の確認を行っています。
A	コストは？　廃材抑制量は？	路上路盤再生工法が1 m^2 あたり約10,000円安かったです。 廃材は約50％低減が図れました。
A	5年後はどのような点検を行いましたか？	目視点検で行いました。
マネジメント		
A	施工業者へのマネジメントはどのように行っていますか？	品質確保や工期遵守のための早期の指示や回答に努めています。
技術者倫理		
B	技術者倫理で意識していることは？	公益確保です。具体的には業務の品質確保や廃材削減です。
B	技術士のアカウンタビリティとは？	専門技術の内容を公衆に対してわかりやすく誤解の無いように説明することです。

試験官	試　問	回　答
継続研さん		
B	継続研さんで行っていることは？　具体的な講習会名は？	講習会の参加や専門誌の購読です。日本道路協会の日本道路会議です。
B	今後の継続研さんの予定は？	日本技術士会に入会して各種の行事に参加したいです。若手技術者の育成を行いたいです。
	若手技術者の育成はどのように行うのですか？	資格取得の支援や、OJTによる指導を行いたいです。
B	CPDポイントを所有しているか？（日本道路協会に入会しているから）	正式なポイントは現在、取得していません。技術士に合格してから取得したいと考えています。
B	今後の抱負を聞かせてください。	道路の維持管理に貢献していきたい。公益確保に努めていきたいです。
その他（時間が余ったので）		
B	路床土CBR3は低いが、路床改良しないといけないのでは？	CBR3以上は打換え工法や路上路盤再生工法の採用が可能となります。3未満の場合は路床改良検討が必要となります。
B	MCIは用いているか？	この現場ではひび割れ率とわだち掘れ量で評価しています。
B	耐久性は何年ぐらい見込んでいるのですか？	使用目標年数は15年程度となりますが、路上路盤再生工法は25年程度の目標とすることができると伺っています。

〈所感〉

右が40歳代くらいの若くて気さくな試験官（A試験官）でした。左側は60～70歳代の謙虚で勉強熱心な感じの試験官（B試験官）でした。A試験官が実務能力の質問、B試験官が適格性の質問を担当されました。

雑談の中から質問が飛んでくるような感じで、ついついしゃべりすぎによる時間浪費に注意する必要がありました。

余った時間での追加質問はB試験官が多くされました。最後はお礼を言われて恐縮でした。

終始穏やかな雰囲気で試験が行われました。試験官が途中で私のずれた回答をフォローしてくださる場面がありました。

マネジメントでうまく回答できなかったように思うので少し心配です。（残念ながら不合格）

【著者コメント】

各資質能力（コンピテンシー）の定義、特にリーダーシップ、マネジメントの定義の理解が不十分であるため、試験官が期待する回答ができなかったことが不合格の要因の一つといえるかも知れません。

令和3年度口頭試験（受験生の科目：施工計画、施工設備及び積算）※合格

試験官	試　問	回　答
試験会場のドアが開き、中央の試験官より入室の誘導を受ける。 【試験開始】 私：椅子の横に立つ。荷物をどうすればよいか確認し、荷物を置くように促される。 右試験官：受験番号と氏名を言ってください（受験番号と氏名を言ったあと、着席を促される）。		
経歴		
A	業務内容の詳細ですが、高圧電線で矢板が入らなかった？	はい。最終的に推進で行いました（話がかみ合わない。）
コミュニケーション		
A	それでは、業務においてどのようにコミュニケーションを取りましたか？	関係者との明確な意思表示において、自治会長に事前に話をし、説明会の書類は、専門用語を使わずわかりやすさを心掛け、図や概略図を用いる。タイムマネジメントを心掛け、事前にこの説明は何分など、説明もわかりやすさを心掛けます（試験官がうなずきながらメモを取るので少し安心する）。

試験官	試　問	回　答
リーダーシップ		
A	あなたがリーダーシップを発揮したことは？	4つ目の業務で、下水道工事の業務ですが、施工業者が交通規制をかけたことで、ある床屋さんが営業妨害だと苦情で、施工業者が私の所に相談に来ました。私が床屋さんのところに伺い、事業の説明を丁寧にしました。事業について理解は得られたが、営業日に工事されると困るということで、それならば営業日以外に施工はどうかと提案し、持ち帰り、施工業者と調整を行いました。床屋さんが別の要望があることで、担当課や自治会長と交え自治会からの要望という形で全体を調整した話をした（1分半くらいで、少し長かったが、試験官の雰囲気を見ておおむねOKだったと思う）。
	（マネジメントの試問の後、再度）この業務でどのようにリーダーシップを発揮しましたか？	（先ほどのでは足りなかったのか？）詳細業務の内容で関係者との利害の調整ですが、推進不能になった後に、三者協議を行いました。施工者は、早く工事を進めたいので、矢板打設などの提案がありました。設計コンサルは、詳細な調査が必要で、最悪、マンホールポンプを検討しなければならない。私どもは、コストがかかるのは困るが、安全対策も大切だ、工期もあり、それぞれの利害がありました。そこで私は、まずは詳細な調査とその結果により、ケーシングと鋼製さや管工法の提案が上がった。私はこれについて理解があったので、部署内で調整し、取りまとめました（1分程度で、少し長かった？　わかりにくかった？　反応はよく覚えていない）。
評価		
A	どの業務でもよろしいですが、評価することはありますか？	詳細業務で、結果的にリカバリーできて良かったですが、事前に例えばサウンディング調査や地中レーダーなど地下埋設物調査に力を入れていれば結果は違ったと思います。推進工事では、事前調査の徹底を申し送りとしました（試験官にはおおむね良好だったと思う）。

試験官	試　問	回　答
マネジメント		
A	あなたがマネジメントを発揮したことは？	業務内容の詳細についてですが、推進が不能になったあと、直ちに施工業者と相談し、工事を一時中止し、推進の人員を試掘や調査に割り振りしました。その後、三者協議、つまり施工業者と設計コンサル、私共と行い、議論のあと、ケーシングと鋼製さや管に決定、概算工事費の算定と工程計算でやりとりを行いました（後で気が付いたが、要求事項を言い忘れたのでわかりづらかったと思う）。
A	今までの業務でいろいろなことがあったと思いますが、例えばコストと工期の要求が相反することなど、何か事例があったら教えてください。 はい。	トレードオフのことでよろしいでしょうか？例えばコストと工期のトレードオフの事例でよろしいでしょうか？ 4つ目の業務で下水道業務になります。建築確認申請の関係で、100 m の下水道施工を年末までにする必要となりました。当初は、開削工法で施工していましたが、開削工法の日進量では間に合わないことが判明しました。こういった、コストと工期のトレードオフの場合、我々は工期を優先しております。工期に間に合わすため、日進量が優れている推進工法に変更し、コストについては理解を得てやりくりし、工期を間に合わせた事例がございます（この時点で試験官の反応はよく覚えていないが、メモを取っていたと思うが、とにかくわかりやすく説明することに頭が一杯で、試験官の状態をよく見ることができなかった。当初は、冷静だったが、途中のアクシデントが原因かもしれない。）。

試験官	試　問	回　答
C	コストについて、最近はコスト縮減についてよく言われていますが、これについて何かやった事例はありますか？	（先ほどの話を活用したほうがいいと瞬時に判断）先ほどの推進工法の事例ですが、開削工法と推進工法を比較すると、推進工法の単価が高いです。しかし、開削工法の場合、舗装の全ての打ち換えを行いますが、推進工法では、一部復旧で済みます。そのため、設計変更でも、少しでも、コスト縮減のため舗装復旧を見直すなど、増額分の圧縮を図るように努めています（文章で書くとこのようなことを言ったつもりだが、伝わっているか不安である。そのときは概ね OK と思ったが、今は不安である）。
技術者倫理		
B	受験の動機は何ですか？	技術系の最高資格であること。あと、退職した大先輩が技術士取れよと背中を押してくれたから受験しました（右試験官はうなずく）。
B	IPD はご存じですか？	（聞いたことがあるが、うろ覚えだ）申し訳ありません。わかりません。
B	3 義務 2 責務はご存じですか？	信用失墜行為の禁止、秘密保持義務、名称表示の義務、公益確保の責務、資質向上の責務です。
B	その中で、特に気を付けているものは何ですか？	公務員なので、公衆の利益の確保、法令遵守に意識しています。
B	技術者倫理に配慮した業務はありますか？ はい。	2 の業務で、BOX カルバートを設置するために、矢板を打設しました。当初はバイブロハンマで打設していましたが、近隣の地元住民から騒音と振動の苦情がありました。関係者と協議し、バイブロハンマからサイレントパイラーに変更して、住民の安全対策や環境対策に配慮したことがございます（これでいいか不安になったので）。これで答えになっていたでしょうか？

試験官	試　問	回　答
継続研さん		
B	継続研さんをしていることをお願いします。	県や市が行っている技術研修会に積極的に参加しています。
B	具体的にはどのようなことを行っていますか？ 失礼しました。	はい。最近ですと（ここで、中央試験官の携帯が鳴る⇨止める）、市が主催する現場見学会がありましたので、そこで現場の方々に色々と質問をしました（また、中央試験官の携帯が鳴り、室外に出ていく。私の回答も中途半端な形となる。うやむやな感じとなる）。
B	継続研鑽について、具体的にどのようなことを行っていますか？ はい。 そうでなくて、具体的には？ それでは、最近行った講習会について教えてください。	CPDということでよろしいでしょうか？ CPDについては、現時点では記録できていませんが、今後は第三者にも示せるようにしたいと考えています。 先ほどと同様で、恐縮ですが、県や市の講習会や資格取得などに行っています。 土地家屋調査士会の講習会に行きました（ここで右試験官がメモを始める）。○○県土地家屋調査士会の講習会がありました。私は現在国土調査の担当をしているので、境界立会業務に非常に役に立ちました（ようやく採点してもらえたようだ）。

【感想】

自分で言うのも何ですが、落ち着いて受け答えはできたと思います。途中、中央試験官の携帯が鳴って、試験官が途中退出するアクシデントがありました。これが僥倖だったのか、途中で何とかなりそうだと根拠のない自信が出てきました。

予想外の質問はIPD（初期専門能力開発）だけで、業務内容の詳細の説明を求められなかったのは意外でした。

試験が終わった後も、多分、大丈夫だろうと思っていたものの、時間が経過するにつれて、細かいところが気になり始めて、合格発表までのその気持ちから解放されませんでした。

【試験で心掛けたこと】

・冷静を心掛け、試験官の設問をよく聞くことに心掛けた。
・話はわかりやすく、簡潔に心掛けた。
・設問の答えに、コンピテンシーの中のキーワードを組み込むことで、試験官にわかっていますよとアピールする。

【考察】

・複数回の口頭模擬試験を受けることで、自分の癖がよくわかります。特に、想定Q&Aを作るにあたり、注意すべきなのは、自分の想定に固執しすぎて、試験官の質問とズレが出ることです。この対策としては、平常心をもって臨み、試験官の設問をよく確認し、場合によってはアドリブで対応することが必要だと思います。
・試験官は、自分を合格させようと試問していると考えて、答えることが重要だと思います。それだけで、気持ちに余裕ができます。
・試験の評価方法が変わったのか、業務内容の詳細をほとんど聞かれませんでした。これについては、試験官は、コンピテンシーを重点的に確認するような設問を、あらかじめ決め打ちで行ったのではないかと思います。

（追記）

※試問のあった「IPD」とは、Initial Professional Developmentの略で、初期専門能力開発（修習技術者が資質能力の獲得を目指す段階における修習のこと）である。詳細は日本技術士会ホームページを参照。

令和3年度口頭試験（受験生の科目：建設環境）※合格

試験官	試　問	回　答
コミュニケーション		
(※試験官の区分記録なし)	普段の業務の中で多様な関係者との調整があると思いますが、工夫した点は何ですか。	詳細事例は、サーキット場の騒音対策を検討する業務でしたが、発注者、設計業者、地域住民、畜産農家とのやり取りがありました。 発注者や設計業者に対しては、書面主義により、正しい情報を誤解なく伝えるよう心掛けました。資料の作成は、間違った認識が独り歩きしないよう、あいまいな表現を避けるよう注意しました。 地域住民や畜産農家は、年配者も多く、専門知識がないので、例えば、遮音壁を3Dで見せたり、騒音予測結果のコンタ図は発生源と畜舎の位置関係がわかるよう航空写真に示すようにして、視覚的にも理解しやすいよう工夫しました。
	会社内では、部下や同僚とのコミュニケーションがあると思いますが、どのようにしていますか。	現地調査時の留意事項、安全面については、書面を通し情報共有を図るとともに、特に大切な点はミーティングで確認を行いました。
リーダーシップ		
	普段の業務でリーダーシップを発揮することがあると思います。経歴書をみると、これまで多くの経験を積まれていますが、その中でうまくいった事例を説明してください。	詳細事例では、騒音対策として遮音壁の設置の検討を行っていますが、遮音壁のコストなどを心配する発注者と、生産性の低下を心配する畜産農家との調整が難航していました。 詳細事例に記載していますが、すべてに高い遮音壁を設置することは難しいので、どこが重要かを検討して、建設と騒音対策の両立が図れるよう調整しました。 畜産については、騒音の基準がないため、対策を検討するうえで課題でもありました。両者に納得してもらうには科学的な根拠を示す必要があると考え、文献調査を行い、それだけでは不十分なので学識経験者から裏付けを得て検討したことを説明することで両者の理解を得ることができました。

試験官	試　問	回　答
評価		
	これまでの業務を評価して、今後に活かせることがありましたら説明してください。	詳細事例の事業では、騒音対策が最も重要でしたので、遮音壁の高さや位置をしっかりと検討できたと思います。発注者、設計業者とはできること、できないことを調整しつつ進め、設計に反映しています。 本業務では、景観に対する課題は出ませんでしたが、今振り返ると景観への配慮が足りなかったと思います。周辺の環境によっては、高い遮音壁を建てることで人工感や圧迫感が問題となることもあるため、周辺の景観との調和についても考慮が必要だったと考えています。今後、同様な対策を検討する機会があれば、周辺の景観との調和についても検討が必要と考えています。
	畜産の影響については、ほとんど知見がないと思いますが、具体的にどのように考えましたか。	（あまり質問内容を憶えてないが、今振り返ると、畜産への評価はどのように確認しましたか？　という趣旨の質問だったかもしれない？　そうであればトンチンカンな解答になってしまった。⇨質問の趣旨を聞き直して、解答すべきだった。） 知見が少なかったため、畜産の生理生態に精通した先生にヒアリングを行いました。養鶏、養豚は騒音の影響は小さいが、音に敏感な乳牛に対しては特に配慮が必要と助言していただきました。その結果を踏まえて、騒音対策を検討しました。
	畜産の専門家とは、普段、あまり関わりがないと思いますが、どのような関係ですか？	私は○○県の畜産排水の対策を検討する業務を担当していて、委員会などを通して面識がある先生です。

試験官	試　問	回　答
マネジメント		
	これまで、たくさんの業務を経験されていて、詳細事例でも多くの工夫をされていますが、業務を進めるうえで、人員、設備、金銭、情報の資源を調整して業務を進めた事例を説明してください。	詳細業務では、騒音対策がボトルネックになり、この対策が決定しないと、詳細設計や予算取りにも影響するため、重点的に人員、お金を配置しました。 各検討段階では、誤った判断で手戻りがないようにするため、発注者、設計業者との打合せを通常よりも多く行い、情報共有を図りました。また、要所では、私の要望で上司にも打合せに参加してもらい、情報共有や技術指導を受けました。 （評価についてはダメな部分もありましたが、その他は比較的スムーズにいったと思います。この時点で会場に設置されている時計を見ると 11～12 分程度だったと記憶。）
（ここで、倫理のみ 40 歳代で硬い感じの公務員風の方に進行役が変わった。質問がぼんやりして、解答しにくかった。）		
技術者倫理		
	普段の業務を進めるうえで、技術者倫理の何に気をつけていますか？	公益確保の責務を重視しています。例えば、工事の騒音が大きいと、ストレスから体調を崩すことがあり、そうなると公益を確保できなくなります。そのため、騒音対策が公益確保になると考え、最重視しています。
	実際の業務の中では、具体的にどのようにされていますか。	詳細事例で説明します。 この業務では、遮音壁のコストと畜産の生産性の低下の調整で難航していましたが、遮音壁をこれより下げると公益の確保をできなくなる高さがありましたので、この高さよりは絶対に下げないという目標で利害調整をしました。
	簡単でいいので、その他で技術者倫理において気をつけていることは？	（公益確保ばかりで解答していため、他も聞きたかったのか？　それとも点数が合格に達していなかったか？） データの改ざんは、公衆の安全を脅かすことにもつながるので、絶対にしないことを肝に銘じて業務を行っています。 （データの改ざんと聞いただけで、頷いてメモをしていた。やっと他の事例を言ってくれたという感じ。これで倫理はクリアできたか？）

試験官	試　問	回　答
継続研さん		
	現在、どのような継続研さんをされていますか？	これまでは、講習会に参加することで継続研さんしています。 最近では、日本騒音制御工学会、畜産の悪臭対策、職場のコミュニケーション力 UP などの講座を受講しています。
	コロナで WEB での講習会が増えたが何か変わりましたか？	これまでは講習会を受講するためには県外に行く必要があり、旅費がネックとなっていました。金銭的なこともあり、業務に関係する重要なものしか受講できませんでした。WEB に変わることで講座を受ける機会が増えて、私にとってはプラスになっています。
	今後は、どのように継続研さんを続けていきますか？	これまでは、受け身の自己研さんが中心でしたので、今後は社内の勉強会開催を行いたいと思います。また、畜産の排水対策のデータが蓄積しているので、整理して対外的に発表したいと思います。 （倫理でつまずいたと思い、この時点では舞い上がってしまっていた。学会発表を建設環境関連の業務ではなく、畜産で答えてしまった……。）
	畜産の業務で学会発表とのことですが、どのような内容ですか？	○○県の畜産排水処理を検討する業務です。 排水対策については、全国共通のマニュアルが出ていますが、気候の特性が他県とは異なるため、そのまま活用できません。沖縄の気候条件に合わせた排水処理技術を検討して、沖縄型のマニュアルを作成する業務です。
	学会への入会は考えていますか？	騒音と、畜産などの学会に入会したいと考えています。 （16 番目の質問で、学会発表を畜産で答えてしまったので、以下を補足した。） 騒音についても、さまざまな対策を検討してきたので、整理して学会で発表したいと思います。
以上で口頭試験を終わります。 お疲れ様でした。		

（感想）

全体的にぼんやりした質問が多く、適切な回答ができたかどうかの不安も多いです。得点が合格点に達したので次の質問にいったのか、見切りをつけられて次にいったのか判断できないところがあります。

実際振り返ってみると、適切に回答したつもりでも、質問に対して適切な回答ができていないこともわかりました。満足のいく内容とはいきませんでしたので、不安な気持ちが大きいですが、静かに結果を待ちたいと思います。

令和２年度口頭試験（受験生の科目：土質及び基礎）※合格

試験官	試　問	回　答
経歴		
A	本人確認のためマスクを下ろしてください。	（マスクをおろす）
A	最初に提出いただいた経歴と業務内容の詳細を簡単に説明してください。	私は＊＊＊＊年に現在の会社に入社し、１年目は高速道路直下空洞充填工事に伴う水文調査を通じて、地元、発注者、施工会社の利害調整を行った。２つめと３つめは既設構造物の変状対策を通じて土質及び基礎の専門的学識を身につけてまいりました。４つめは地すべりの災害復旧対応で、２年目に携わった補強土壁の業務で得たグラウンドアンカー設計の知識を活かし、迅速な災害復旧に励みました。５つめは既設構造物を活かした高標高部の落石対策業務を通じて専門的学識を発揮し、業務を遂行いたしました。 続いて、業務詳細の説明をします。 本業務は沢を横断する道路盛土を立ち上げる補強土壁の変状対策業務です。本業務の問題点は、工期が７か月、その中で調査、解析、設計を行うタイトなものでした。私は、主担当技術者として管理技術者の指導の下、限られた資源を配分し、発注者、防災ドクターと意思疎通を行い、その意見の調整を行いました。本業務の課題は、２点、１つは変状メカニズム解明の調査の提案、実施、２つは補強鋼が破断した補強領域のせん断抵抗の評価です。１つめについては、変状が顕著な３断面でボーリング調査を行い、孔跡を用いて水位、動態観測を提案しました。２つめは、破断は部分的な事象であるため全体の安全率を1.0として逆算によりせん断抵抗を評価しました。 補強土壁の補修設計は全国的にあまり例のないものですが、補修設計のひとつの方向性をして提示できたと考えております。 以上が詳述業務の概要でございます。

試験官	試　問	回　答
コミュニケーション		
A	これまでの業務経験で、コンサルタントのお立場だと多様な関係者がいたと思います。そのなかでコミュニケーションをどうとってきましたか？	はい。詳述業務における関係者は発注者、防災ドクター、社内のメンバーです。コミュニケーションの相手によっては、その目的に応じて方法は変わります。例えば発注者さんですと、工期が短いことから迅速な意思疎通が必要でした。そこで、業務スケジュール管理表にお互いが次回打合せまでに整理しておくことがらを記載し、共有することで迅速な意思疎通を図りました。
A	その中で困難だったことは？	地質調査、観測を早めに行う必要がありました。そこで、特に道路使用許可等の手続を迅速に行うということがひとつ困難でした。
リーダーシップ		
A	これまでの業務経験で最もリーダーシップを発揮したものがあれば具体的に教えてください。	リーダーシップとは、関係者の利害を調整し、プロジェクトの目標に向けてとりまとめる資質と認識しています。その点では、1年目の業務ですが、高速道路直下の亜炭廃坑を充填する工事で、水文調査にコストを割けない発注者と、綿密な調査を望む地元との利害が相反していました。私は、地下水の流向、水源の利用頻度、充填箇所からの近接度から水源をランク分けし、調査頻度、項目を調整しました。頻度の少ない住民には理由と有事の対応を説明し、結果、発注者想定のコストより若干オーバーしましたが、双方歩み寄れる緩衝点での解決を導きました。
A	当時はリーダーシップを意識していなかったが、今振り返れば……　といったところですね？	そのとおりです。ですが、利害調整は行わなければという認識はございました。

試験官	試　問	回　答
評価		
A	これまで経歴で評価をし、良かった点を次に活かした事例はありますでしょうか？	詳述の補強土壁の業務では、既設の補強鋼があるところにグラウンドアンカーと横ボーリングを打設します。ですので、これらが干渉するおそれがあったので3Dモデルを用いて干渉チェックを行いました。このときに施工業者の方から施工がスムーズだったと好評でした。そこで、4つめの地すべり対策でも横ボーリングを扇形配置したところにアンカーを打設する設計でしたが、同様の手法で干渉チェックを実施いたしました。
A	補強土壁に受圧板を張り付ける格好となるが、壁面は割れなかったですか？	割れないということを計算で確認しました。現在、施工は完了していますが、壁面にそのような変状も生じていないことを確認しております。
マネジメント		
A	マネジメントの観点ですが、いろいろな要求事項があるなかで資源の配分を行った業務を具体的に説明してください。	詳述の業務の要求事項は7か月の工期の遵守でした。加えて、折り返し3か月半のところに防災ドクターの意見聴取があったので、それまでに調査完了することがコントロールポイントでした。ボーリング班の複数班体制、資料取りまとめのための人員の補充を重点的に配分いたしました。
A	社内のメンバーから不平はなかったか？	グループ会議を開催し、進捗の遅れているところにフォローに回ることを日ごろより行っていましたのでそのような声は幸いなかったです。
技術者倫理		
A	これまでの業務で技術者倫理をどう意識し取り組んできたか？	最も意識しているのは公益の確保です。土構造物の設計においては、安全の担保、環境の保全、将来にわたる維持管理等さまざまな項目を総合的に検討し、最適案を抽出するよう心掛けております。
A	そういった意味ではいろんな利害が絡み合う中で、どのように調整したか？	詳述の業務では、対策工として発注者はコストがかからない押え盛土を、防災ドクターはアンカーをというように意見が割れた。押え盛土は管理範囲が広がり工事用道路が必要、溜池部の軟弱地盤対策が必要となることを説明し、維持管理性に優れるアンカーを採用するよう長所、短所を整理して両者に説明し、納得いただきました。

試験官	試　問	回　答
継続研さん		
A	継続研鑽に絡みましてこれまでどのような取り組みをしてきたか、そして技術士取得後はどのように励んでいきたいか？	自主学習、災害調査の参加、講習会の参加を通じてCPDを年間50単位以上取得してきました。技術士取得後は、それらに加えて論文の発表、講習会の講師といった対外的な活動を通じて研鑽に励みます。
A	学会に所属しておられますか？	いいえ、所属しておりません。
その他（時間が余ったので）		
B	業務詳細で、グラウンドアンカーを最終的に採用とあるがデメリットはあったか？	従来のアンカーは目視点検が難しい。具体的にはキャップを外して初めてさびきっていたという事例もある。今回は、そのような維持管理のデメリットを考慮して透明のキャップの製品を採用し、防錆油の残量を確認可能な製品を採用した。
B	現在、工事はどのような状況ですか？	工事は完了している。防災点検でグラウンドアンカーの目視点検に加えて歪計、壁面の傾斜計を用いて対策工の効果を評価している。
B	問題は生じていないか？	今のところ変状は収束傾向にあります。
C	今、技術員という立場ですが、後進はいらっしゃいますか？ もしいればどのような教育指導を心掛けていらっしゃいますか？	教育指導は2点ございます。1つは自ら手を動かすこと、設計計算がブラックボックス化していることを危惧しています。ですので、自ら手計算をするという指導をしています。2つは、やりがいの維持です。組織として持続するために、実際の設計が完了した構造物を見に行って当時の考えの共有、そのスケール感を通じてやりがいを醸成するよう心掛けています。
C	ブラックボックス化は私も懸念しております。両方とも良い取り組みだと思いますので今後もぜひ続けていってください。	はい、続けて参ります。
A	よろしいですか。 それでは以上で口頭試験を終わります。	ありがとうございました。失礼いたします。

〈所感〉

・試験時間は17分。

・業務経歴や詳述説明がくる前提で準備していました。自身の成長過程とコンピテンシーの上乗せを意識できたかと思います。

・一方、試験官の意図に対してストレートに答えることができたかは疑問が残ります。答えのない試験の難しさを思い知らされた次第です。

・自分の準備してきたことは発揮できました。後悔はありません。結果は真摯に受け止めます。（見事合格）

5. 2　筆記試験後、口頭試験に向けた To Do List

5. 2. 1　筆記試験の論文再現・フィードバック

口頭試験において、筆記試験に係る試問があることから、筆記試験の論文再現を行う必要があります。筆記試験において、持ち帰り可能な問題用紙の余白に論文骨子をしっかり記載していれば、論文再現は容易です。一言一句を正確に再現する必要はありません。筆記試験直後に大まかな論文構成を再現したうえで、自身でのフィードバックをしてみましょう。その後、周囲の技術士や（講座を受講している人は）講師にコメントをもらうと良いです。令和元年度以降の技術士第二次試験合格者ですと、試験制度改訂を踏まえた的確なコメント・アドバイスをいただきやすいといえます。

上述のことを筆記試験の後の半月以内に一とおり終わらせておきましょう。時間が経過すると記憶が薄まり、再現に時間と労力を要します。

フィードバックやコメントを踏まえ、自身の資質能力（コンピテンシー）理解度をチェックしましょう。筆記試験合格発表までしばらく日がありますので、筆記試験再現論文の改良案を作ってみましょう。

また、選択しなかった筆記試験問題にも目を通しておきましょう。時間が取れれば、論文骨子を作成してみると良いです。口頭試験で、選択しなかった筆記試験問題に関する見解を求められる場合がまれにあります。

5. 2. 2　出願資料のおさらい

筆記試験を終えて、出願資料を読み直してみると、さまざまな気づきがあるはずです。改善点が見つかる場合もあるでしょう。

5つの業務経歴及び業務内容の詳細について、各資質能力（コンピテンシー）の視点から、自身の成長プロセス等をおさらいしてみましょう。

・これまでの業務経歴を通して、どのように成長してきたのか？

・各業務の概要（業務の範囲、期間、社会的意義（目的）、あなたの立場・役割）
・各業務経歴において、各資質能力（コンピテンシー）の視点でどのように考え、どのように行動したのか？
・各業務経歴における問題・課題は何だったのか？
・各課題をどのように遂行したのか？（各問題をどのように解決したのか？）
・各業務をどのように評価しているか？　良かった点、悪かった点（反省点）は何か？　それを以降の業務にどう活かしているか？

5.2.3　業務経歴と業務内容の詳細のプレゼン準備

令和に入ってからは、口頭試験の冒頭に、業務経歴や業務内容の詳細について、数分間のプレゼンテーションを求められることは少なくなっていますが、自身の業務経歴を体系的に整理できますので、あらかじめ準備をしておきましょう。

あなたが技術士に相応しいことを試験官に認めてもらう試験です。業務が主役ではなく、あなたが主役です。業務自体の説明にならないよう気をつけましょう。

前項5.2.2で挙げたポイントを踏まえて、プレゼン骨子を作成してみましょう。

5.2.4　想定問答集の作成

業務経歴と業務内容の詳細をベースに、想定問答を作ってみましょう。これを行うことであなたの資質能力（コンピテンシー）理解度を多面的にチェックすることができます。

図表5.4に口頭試験の視点と試問例を挙げます。これを参考にあなたのオリジナル想定質問集を作成し、それに対する回答をつくりましょう。このプロセスを通して、あなたの資質能力（コンピテンシー）理解度をさらに高めることができます。

口頭模擬試験での試問やフィードバックをこの想定問答集に反映させていきましょう。

図表5.4　口頭試験の試問例

資質能力（コンピテンシー）	主な試問例	解答のポイント（一例）
コミュニケーション	コミュニケーションをどのように発揮したか？	業務シーン、コミュニケーションの相手・方法、内容を挙げる。 相手の立場・理解度・専門性を踏まえて、専門技術をわかりやすく正確に説明（説明責任を適切に果たす）。
	コミュニケーションの留意点・工夫点を挙げよ。	明確かつ効果的な意思疎通を行うために何をしたかを説明。 例：模式図、模型、わかりやすい表現・例え 相手にとって都合の良い情報だけでなく、悪い情報（例リスク等）も伝える。
リーダーシップ	リーダーシップをどのように発揮しましたか？	業務シーン、関係者、利害の内容、利害調整の方法、内容を挙げる。
	関係者とどのような利害が生じましたか？	事業・プロジェクトによって恩恵を得る立場、制限を受ける立場となる関係者を挙げる。
	この利害調整をどのように行いましたか？	業務目的及び相手の立場を踏まえて、どのように解決策を考え、提示したかを説明。 これまでの実務経験・知見を活用。
	リーダーシップの留意点・工夫点を挙げてください。	中立性・公平性に配慮。 関係者が納得すれば何でも良い訳ではない。 個人ではなく、組織として対応。
マネジメント	マネジメントをどのように発揮しましたか？	業務シーン、要求事項を踏まえて、人員・設備・金銭・情報等の（限られた）資源のやりくりをどう行ったか？
	資源（人員、設備、金銭、情報等）をどのように調整しましたか？	要求事項を踏まえた、限られた資源の調整（例：優先順位、平準化、流用）
	マネジメントにおいて留意した点・工夫した点を挙げてください。	要求事項の特性を踏まえたこと
	業務の役割分担をどのように行っていますか？	業務シーン、要求事項を踏まえて、人員・設備・金銭・情報等の最適化、若手への機会付与の視点も重要。
	部下や若手への教育をどのように行っていますか？（コロナ禍、留意・工夫している点）	例：質問しやすい場の提供・雰囲気づくり、OJTとOFF−JTの組合せ、オンライン面談・研修、理解度確認

図表5.4　口頭試験の試問例（つづき）

資質能力（コンピテンシー）	主な試問例	解答のポイント（一例）
評価	成功例・失敗例を挙げよ。	業務シーン、成功・失敗要因、成功・失敗例を今後にどう活かしているかに触れる。
	業務を現時点で振り返ってどう評価しているか？	資質能力（コンピテンシー）の視点から評価できる点、反省点・改善点を挙げると、答えやすい。
	業務で得たことをどう活かしていますか？	次段階や別の業務にどう活かしているかを挙げる。 社内での水平展開、論文発表等
	担当業務分野の今後の見通し・課題を説明してください。	業務の外部環境・内部環境を踏まえて答える。（例：人口減少、環境負荷低減、法令遵守）
	この業務を「業務内容の詳細」に選んだ理由は何ですか。	技術士に相応しい業務＝資質能力（コンピテンシー）を大いに発揮していることをアピール。
	筆記試験（テーマ）に関する試問	復元論文をフィードバックして、改善点を整理する。テーマに関する国の施策や自身の立場での意見等を整理する。
技術者倫理	業務遂行に当たり、技術者倫理の視点で心がけていること、留意していることはありますか？	業務の特性を踏まえたうえで、公益の確保を最優先していることや、技術士倫理（法令遵守、環境保全、社会の持続性、職責）が損なわれるリスクを踏まえての留意点等
	技術者倫理の視点から、利害調整をどのようにしていますか？	業務の特性を踏まえ（明確なデザインを持ったうえで）、技術者倫理（公益等）とトレードオフになるシーンを挙げて、リーダーシップをどう発揮しているかを述べる。
	業務において、間違いや不正が見つかったときにはどのように対応していますか？	対応手順を説明する。まずは事実確認・応急措置→組織内での共有→技術者倫理を踏まえて組織としての対応→組織内・法務部署・顧問弁護士を交えた対応策検討→所轄官庁への通報
	業務遂行に当たり、不当な要求・請求を受けた場合、どのように対応しますか？	対応手順を説明する。毅然とした対応・個人で対応しない→組織内での共有→技術者倫理を踏まえて組織としての対応→組織内・法務部署・顧問弁護士を交えた対応策検討→所轄官庁への通報

図表5.4　口頭試験の試問例（つづき）

資質能力（コンピテンシー）	主な試問例	解答のポイント（一例）
（技術者倫理）	公益通報者保護法について知っていますか？　法改正されたことを知っていますか？	公益確保のために、企業不祥事を内部通報した人を保護する法律。労働者等が公益のために通報を行ったことを理由として解雇等の不利益な取扱いを受けることのないよう、どこへどのような内容の通報を行えば保護されるのかという制度的なルールを明確にするもの。 近年も社会問題化する事業者の不祥事が後を絶たないことから、令和2年に法改正を行い、通報を行いやすく、通報者を保護しやすくなるようにした。事業者に対し、内部通報に適切に対応するために必要な体制の整備等（窓口設定、調査、是正措置等）を義務付けている（第11条、※中小事業者（従業員数300人以下）は努力義務）。
	○○業務において、技術者倫理の観点でどのような対応をしましたか？	業務の特性・シーンを説明したうえで、公益の確保、法令遵守、環境保全、社会の持続性、職責の観点で述べる。
継続研さん	技術士第二次試験に向けて、どのような継続研さんを行いましたか？	関連省庁の公表資料等の活用、技術士からの受験指導等
	資質向上のために何を行っていますか？　これまで何を行ってきましたか？　これから何を行いたいですか？	専門誌購読、日本技術士会・学会への入会、オンライン学会・講演会等の聴講、日本技術士会・職場・業界でのセミナー参加
	学会発表や論文発表を行ったことはありますか？	有→実績説明 無→その他の発表実績等
	最近関心のある技術的トピックスを挙げてください。	新技術・新工法、持続可能性、環境配慮、感染症対策等
	技術士取得後の抱負を聞かせてください。	「技術士」の看板を活かして更なる活躍（企業内外、後進育成、技術部門・科目における貢献等）
	CPDの目的は何ですか？ CPD登録はしていますか？ 技術士CPDの概要を教えてください。	継続研さんと、これを第三者に証明すること。 求められる4つの視点、3年で150 CPD時間目標。

5.2.5　口頭模擬試験の活用

口頭試験本番前に、複数回の口頭模擬試験を受けることをお勧めします。独学で行う人もいらっしゃいますが、自分の癖や弱点に気づくことは難しく、または気づくのに時間を要し、本番に間に合わないおそれもあります。第三者から客観的に見てもらうことで、最短距離で準備を進めることができます。

職場の技術士や友人・知人の技術士に口頭模擬試験をお願いすると良いでしょう。あるいは、口頭模擬試験講座も活用すると良いです。最近はオンライン会議システムを用いた模擬試験も行われています。技術士からコメント、アドバイスをもらい、レベルアップを図りましょう。口頭模擬試験を踏まえて、想定問答集の推敲を重ねましょう。

図表5.5に口頭模擬試験の活用イメージを示します。口頭模擬試験を受けて、そのフィードバックを行うことを複数回繰り返すことで、口頭試験本番に向けて万全の態勢で臨めるでしょう。

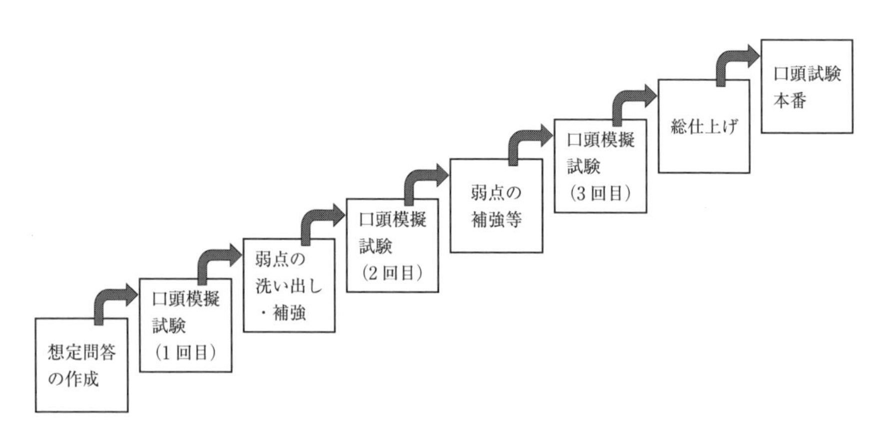

図表5.5　口頭模試の活用イメージ（一例）

5.2.6　口頭試験終了後

口頭試験の出来映えにかかわらず、再現メモ（試験官からの試問とあなたの応答）を作成しましょう。口頭試験直後に行うと記憶が新鮮なので、より短時間でより正確なものができます。これを行うことで、俯瞰的かつ客観的に口頭試験を振り返ることができます。また、周囲の技術士等に再現メモを見てもらい、意見等をもらうと良いです。

不合格になってしまった場合、口頭試験の再現メモを踏まえ、不合格の原因を分析し、次年度の受験に活かしていきましょう。口頭試験で不合格になってしまう原因としてはいくつか考えられますが（下表参照）、主な原因は、出願時の実務経験証明書が不十分であることです。

口頭試験で不合格になってしまう原因（一例）

- ✓　実務経験証明書において、受験科目と（5つの）業務経歴の内容が一致していない。
- ✓　実務経験証明書において、（5つの）業務経歴または業務内容の詳細（720字）が適切に記述されていない。
- ✓　口頭試験において、試問の主旨を理解できず、適切に答えられなかった。
（資質能力（コンピテンシー）の定義の理解不足、コミュニケーションの不足）

周囲の協力も借りながら、客観的かつ冷静に不合格原因を分析し、ここを克服したうえで、次年度の技術士第二次試験に臨みましょう。

おわりに

本書をご購入いただき、ありがとうございます。本書が、皆さんの技術士第二次試験合格の大きな原動力になることを祈っております。

本書の出版にあたり、日刊工業新聞社編集局の鈴木徹氏には多大なご助言を賜りました。近藤一寿氏には執筆協力（第4章、第5章の情報提供）をいただき、(株)ブレイクスルーラボの太田吉博氏、輿ひかり氏には原稿校正及び助言をいただきました。また、著者等の受講生有志より出願関連資料（第2章）、記述式問題の論文（第3章、第4章）及び口頭試験再現メモ（第5章）を提供していただきました。ここに深く感謝申し上げます。

皆様の学習をサポートするサイトを用意しました。お役に立つ情報（動画解説等）等を提供しておりますので、ぜひご覧ください。

・サポートページ（URL）のご案内

https://coolangeng.com/kensetsu-booksupport/

著者紹介――

森　浩光（もり　ひろみつ）

1972年長崎県長崎市生まれ。技術士（建設、総合技術監理部門）。九州大学工学部卒業。政策研究大学院大学まちづくりプログラム修了。独立行政法人にて主に都市計画事業（土地区画整理事業）に従事。2012年より技術士試験受験指導に従事。Webサイト、YouTubeチャンネル「技術士ライトハウス」を運営。

執筆協力者（※第4章、第5章において、建設部門建設環境科目を担当）

近藤　一寿（こんどう　かずひさ）

1968年福岡県北九州市生まれ。技術士（建設部門、環境部門、総合技術監理部門）。京都大学工学部合成化学科卒業後、繊維メーカーにてポリエステル樹脂・繊維の開発を7年、環境調査・環境影響評価を16年経験。その後、ゼネコンに転籍入社し、除染関連業務や組織内教育を担当。

技術士第二次試験「建設部門」
難関突破のための受験万全対策

NDC 507.3

2023年 2月27日 初版1刷発行

（定価は、カバーに表示してあります）

©著者 森 浩光
発行者 井水治博
発行所 日刊工業新聞社
東京都中央区日本橋小網町 14-1
（郵便番号 103-8548）
電話 書籍編集部 03-5644-7490
販売・管理部 03-5644-7410
FAX 03-5644-7400
振替口座 00190-2-186076
URL https://pub.nikkan.co.jp/
e-mail info@media.nikkan.co.jp
印刷・製本 新日本印刷株式会社
組版 メディアクロス
本文イラスト 加賀谷真菜

落丁・乱丁本はお取り替えいたします。

2023 Printed in Japan

ISBN 978-4-526-08253-5 C3052